U0362132

教育部人文社会科学重点研究基地重大项目成果
南开大学亚太经济合作组织（APEC）研究中心

亚太区域合作与全球经济治理研究丛书

教育部人文社会科学重点研究基地重大项目结项成果（项目号：15JJD810013）

区域经济一体化背景下的东亚生产分工优化研究

胡昭玲　等著

南开大学出版社

天津

图书在版编目(CIP)数据

区域经济一体化背景下的东亚生产分工优化研究 /
胡昭玲等著. —天津：南开大学出版社，2023.10
（亚太区域合作与全球经济治理研究丛书）
ISBN 978-7-310-06474-8

Ⅰ.①区… Ⅱ.①胡… Ⅲ.①工业经济－国际分工－
研究－东亚 Ⅳ.①F415.1

中国国家版本馆 CIP 数据核字(2023)第 194804 号

区域经济一体化背景下的东亚生产分工优化研究
QUYU JINGJI YITIHUA BEIJINGXIA DE
DONGYA SHENGCHAN FENGONG YOUHUA YANJIU

南开大学出版社出版发行
出版人：陈　敬
地址：天津市南开区卫津路 94 号　　邮政编码：300071
营销部电话：(022)23508339　营销部传真：(022)23508542
https://nkup.nankai.edu.cn

天津创先河普业印刷有限公司印刷　全国各地新华书店经销
2023 年 10 月第 1 版　　2023 年 10 月第 1 次印刷
240×170 毫米　16 开本　15.25 印张　5 插页　215 千字
定价：89.00 元

如遇图书印装质量问题,请与本社营销部联系调换,电话:(022)23508339

总　序

　　亚太地区的人口约占世界总人口的 1/3，地区国内生产总值（GDP）总量和贸易总额在世界上所占的比重也都超过了 50%。因此，始于 20 世纪 80 年代末的亚太区域合作进程不仅关乎本地区的经济增长和繁荣，对世界经济的发展也具有重要的影响。

　　需要强调的是，亚太区域合作进程是由多种因素驱动的，既缘于地区成员之间日益紧密的经济联系，也受到大国地缘战略的影响。同时，就客观条件而言，亚太地区地域辽阔，经济体众多，各成员在社会制度、经济发展水平、文化、历史等方面存在很大的差异。因此，亚太区域合作具有比较显著的多样性和灵活性，呈现出多层次、多领域、多途径的特征。

　　进入 21 世纪以来，随着新一轮区域经济一体化浪潮在全球范围内兴起，以及世界贸易组织（WTO）多边贸易谈判遇阻，亚太区域合作进程加速，在形式上集中表现为各种类型自由贸易协定（FTA）和区域贸易协定（RTA）的大量衍生。在亚太区域经济一体化水平不断提升的背景下，传统的贸易投资自由化和便利化合作向全球价值链合作领域纵深发展，各成员经济政策的协调从关税、非关税等"边界上"措施向"边界内"的规制领域延伸，并由此引发了区域乃至多边贸易投资规则的重构。与此同时，域内大国纷纷加大了战略投入，使得亚太地区成为大国利益交汇最多、战略博弈最激烈的地区。从长远来看，亚太区域合作进程将对全球经济治理的格局演变产生至关重要的影响。

　　以 1991 年加入亚太经济合作组织（APEC）作为标志，中国从 20 世纪 90 年代初开始全面参与亚太区域合作进程，这是我国为了适应新一轮区域经济一体化浪潮的兴起，并满足以经济建设为中心和加快推进市场经济改革的国内任务需要而采取的重要举措。除了欧盟之外，中国的主要贸易和投资伙伴主要集中于亚太地区。因此，积极参与亚太区域合作使中国享受了更加开放的贸易和投资环境，进一步密切了与区域内各成员的经贸关系，为此后参与多边、区域、本区域和双边层次的多元化国际经济合作体系奠定了基础。不仅如此，亚太区域合作还为中国推动建立更加公平合理的国际经济新秩序提供了机遇和平台。

《中华人民共和国国民经济和社会发展第十四个五年规划和2035年远景目标纲要》指出，要坚持实施更大范围、更宽领域、更深层次对外开放，依托我国大市场优势，促进国际合作，实现互利共赢，推动共建"一带一路"行稳致远，推动构建人类命运共同体，使全球治理体系朝着更加公正合理的方向发展。对于正在迅速崛起的中国而言，尽管综合国力不断提升，在今后较长一段时期内其仍将是一个具有世界影响力的亚太大国。基于这一定位，深入推进亚太区域合作既是我国参与全球经济治理的重要组成部分，也将为我国进一步提升在全球经济治理体系中的地位和影响力提供契机和有效抓手。

有鉴于此，南开大学亚太经济合作组织研究中心作为教育部人文社会科学重点研究基地，组织研究中心的学术团队共同撰写"亚太区域合作与全球经济治理研究丛书"，对当前亚太区域合作的新趋势和热点问题进行跟踪研究。希望本丛书的出版能够为推进该领域的理论和应用研究成果创新做出有益的尝试和贡献。

刘晨阳

南开大学亚太经济合作组织研究中心　主任

目　录

第一章 导论

第一节 研究背景与意义

全球价值链分工已经成为当前国际分工的主要形式，特定产品生产过程的不同阶段分布于不同经济体，价值创造过程中的一系列功能性活动或环节由多国共同承担和完成，并由此将世界各国、各地区和各产业联系起来。与此相对应，深化国际分工、将各经济体的比较优势在分工模式中加以充分发挥，是当前优化全球资源配置、促进各经济体经济增长与福利提升的重要途径。全球价值链起源于20世纪60年代东亚的区域内供应链，即以日本为先导的"雁阵"模式。20世纪90年代以后，随着垂直专业化分工的兴起，东亚地区原先梯次分明的"雁阵"分工模式逐步向新的网络化区域分工体系过渡，东亚也发展成为全球价值链中合作最为紧密的地区。

东亚作为长期以来全球经济增长最快的地区，正是与区内经济体在发展过程中基于各自比较优势形成的较为成熟的地区生产网络密切相关。东亚经济体通过地区分工体系，形成了彼此间与生产相关的高度的贸易和投资关联，促成了事实上的地区经济一体化。但长期以来，这种一体化基本上是依靠市场力量驱动的，政府间制度型的经济合作发展相对滞后，从而使区域内生产分工格局在一定程度上受到扭曲。换言之，东亚生产网络的形成先于该地区的合作机制建设，是由市场驱动而成的"自然"网络，在其形成过程中受各种阻碍性因素影响的痕迹仍惯性存在。东亚各经济体比较优势形态的动态变化，也因生产网络中阻碍性因素的惯性存在而未能有效促进地区生产分工的优化。考虑到当前全球分工的演进、产业调整的趋势及机制化合作的快速推进，东亚生产网络在分工的深度和广度上仍存在很大的优化空间。

本书在对东亚生产分工进行深入、细致研究的基础上，通过对区域内经济体比较优势形态及其与分工状况的匹配性分析，对分工的程度与状况进行评价，并从区域经济合作的视角研究其对地区生产分工的影响，从而为推进东亚机制化区域经济合作、优化地区生产分工及中国①参与东亚经济一体化的实践提供相应政策建议。

本书研究的理论意义在于：将全球价值链分工、地区分工优化与区域经济一体化结合起来，丰富和深化了有关国际生产分工的相关研究。东亚生产网络主要是基于各经济体的要素禀赋在全球生产分工格局深化的过程中形成的，本书在产品内国际分工理论框架下，从比较优势与生产分工匹配性的角度，对东亚生产分工优化进行研究，为国际生产分工的研究提供了新的视角。本书构建了基于经济体广义禀赋条件的比较优势测度体系，并在建立新的比较优势和分工状况评价方法的基础上，对东亚生产网络中经济体间分工与比较优势形态的匹配性进行比对研究，这不仅有助于补充国际分工领域的研究方法，而且也为比较优势理论的检验及其理论含义的引申提供了更为丰富的成果。

本书研究的实践意义在于：第一，东亚作为全球生产网络中的三大区块之一，对该区域生产分工的发展演变及东亚经济体在全球价值链中的竞争优势与分工地位进行科学评判具有重要的现实意义。本书综合运用多元统计分析、计量检验等手段，对东亚经济体在全球价值链分工中的角色进行研究，力图纠正传统统计方法与东亚真实分工水平及分工利益的背离，这对于正确认识东亚的国际分工地位具有借鉴意义。第二，本书对东亚地区生产分工与区域经济合作之间的关系加以探讨，寻求制度化合作框架下优化区域分工的方向，从而为东亚经济体参与国际

---

① 本书中提到的"中国"实际指中国大陆（内地），在与国家之间进行比较时采用"中国"一称，与台湾、香港、澳门同时出现时称"中国大陆（内地）"。

分工及区域经济合作战略的制定提供有益的参考。第三，作为东亚地区最大的经济体，立足东亚经济合作、深化东亚区域内分工是我国对外合作的重要战略。本书对东亚地区分工优化的路径及中国的对策加以探讨，对于我国参与地区分工和区域经济一体化相关战略与政策的制定具有重要的参考价值。

第二节　研究现状综述

本书在全球价值链分工背景下，对东亚区域经济一体化与地区生产分工的关系及其政策含义进行研究，主要涉及以下领域的研究成果。

一、有关全球价值链的研究综述

全球价值链（Global Value Chains，GVC）的兴起使国际分工和生产的组织方式发生了巨大变化。Porter（1985）提出了"价值链"的概念，Kogut（1985）将价值链的概念从企业层面扩展到区域和国家层面，认为国家或地区之间的资源禀赋差异决定了其比较优势所在的价值环节。当同一价值链条上生产过程的各个环节通过跨国生产网络组织起来，价值链即被称为"全球的"。"全球价值链"的概念由 Gereffi 等（2001）首次提出，而 DFAIT（2011）的定义被广泛使用，即全球价值链描述了产品和服务从设计开始到最终使用的一整套活动，以及这些活动是如何跨越国界、分布于不同的地理空间的。一些术语常被与 GVC 视作相同或近似的概念交替使用，例如垂直专业化（Vertical Specialization）、国际生产分割（International Fragmentation of Production）、全球生产共享（Global Production Sharing）、国际外包（International Outsourcing）、价值链切片（Slicing up the Value Chain）等，不同概念的侧重点略有不同，但其共同核心仍是国际生产。"全球生产网络"是"全球价值链"的另一替代词，但一些学者认为全球生产网络侧重强调全球生产商之间相互作用的复杂性，Sturgeon（2001）从组织规模、地理分布和生产性主体三方面对二者做了区分。

有关全球价值链的研究文献数目众多，国际贸易理论与国际投资理论等均被用于解释全球价值链的生产组织问题，但目前尚缺乏统一的分析框架和综合性的理论模型。其中，传统的比较优势贸易理论是研究国际生产分割的基础框架，这类研究起步较早（如 Sanyal 和 Jones，1982；Dixit 和 Grossman，1982 等）。而引入产业组织分析范式的新新贸易理论是常用的另一类模型框架，关注企业边界和组织模式选择问题，代表性研究包括 Antras 和 Helpman（2004，2006）等，他们将 Melitz（2003）异质企业贸易模型和 Antras（2003）企业内生边界模型相结合，分析了异质企业的组织形式、所有权结构和中间投入品生产地点等的选择问题。

按照研究内容，有关全球价值链的研究文献主要可以划分为三个方面：一是形成动因，二是对价值链的勾勒和测度，三是经济效应分析。Amador 和 Cabral（2014）在分析大量相关文献的基础上，将全球价值链分工的动因归纳为技术进步与贸易成本降低、经济与贸易自由化、FDI（外商直接投资）流动与企业内贸易三个因素。对于全球价值链分工程度和地位的测算主要有使用贸易数据和投入产出数据两类方法，后一类分析指标又包括垂直专业化比率（Hummels 等，2001）、平均传递步长（Dietzenbacher，2005）、出口复杂度（Rodrik，2006）、上游度和下游度指标（Antràs 等，2012，2013；Fally，2012）、GVC 地位指数（Koopman 等，2014）等，分析常用的数据来源包括联合国贸易数据库、世界投入产出数据库（WIOD）、经济合作与发展组织和世界贸易组织（OECD-WTO）增加值贸易（TiVA）数据库、全球贸易分析模型（GTAP）等。以上测度方法各有优劣，但单一的指标分析无法反映价值链分工环节之间经济技术特征的不同及经济体之间在分工中的差异化程度。目前对于全球价值链的测度主要集中在国家和行业层面，但近期一些研究将宏观指标与微观企业数据相结合，开始关注企业层面的研究（Alfaro 等，2019）。对于全球生产网络经济效应的研究则更具复杂性和理论上的挑战性，概括起来，主要内容包括对贸易规模与贸易平衡的影响、对技术进步与产业升级的影响、对劳动力市场与收入分配的影响等。

除了上述三个方面的研究，近年来有关全球价值链重构及其影响的研究文献日趋增多。工业 4.0 时代全球价值链分工呈现新的发展趋势（Ramiou 和 Vroom，2009；杨丹辉，2016），而全球经济失衡、由发达国家主导的国际分工严重的市场失效导致了全球价值链重构（Milberg 和 Winkler，2010；谭人友等，2016；毛蕴诗和郑奇志，2016）。一些学者关注了全球价值链重构对产业（张明之和梁洪基，2015；邵安菊，2016）和企业（张天顶，2017）发展的影响；也有学者研究了全球价值链重构与"一带一路"倡议及区域价值链构建的互动关系（李丹和董琴，2019；戴翔和宋婕，2019；张彦，2020）。

二、有关东亚生产分工的研究综述

东亚已经成为全球生产和分工新模式的中心（WTO and IDE-JETRO，2011），一些学者对东亚生产网络的存在及其特征做了分析。20 世纪 90 年代以前，东亚地区贸易和投资的发展加强了经济体之间的依存，实际上已经在某些行业形成了区域性生产网络，如电子、汽车和服装业等（Urata，2004）。基于 Akamatsu（1935）提出的"雁行产业"发展形态说，小岛清等提出了东亚生产分工的"雁行模式"，即以日本为头雁带动"亚洲四小龙"、东盟（Association of Southeast Asian Nations，ASEAN）各国及东亚各经济体的发展。而日本企业则构筑起"日本怀抱中的区域生产联盟"（Hatch 和 Yamamura，1996）。20 世纪 90 年代以后，东亚的国际分工逐步向新的水平型网络化区域分工体系过渡。张帆（2003）从宏观和微观两个层面分析了东亚新型分工体系的特点；Kasahara（2004）认为"雁行模式"已然衰落；MacIntyre 和 Naughton（2005）认为欧美技术结合中华圈网络已经取代了日本在东亚生产网络中的作用；唐海燕和张会清（2008）同样认为中国大陆逐渐成为东亚制造中心，削弱了日本和"亚洲四小龙"的影响力。Kuwamori 和 Okamoto（2007）从产业关联的角度验证了东亚生产分工网络的存在；Kimura（2006）从产业内贸易的类型、FDI、服务贸易等多个维度对东亚生产网络进行分析；陈静等（2009）、彭支伟和刘钧霆（2008）等探讨了东亚垂直专业化分工的影响因素；胡昭玲等

（2016）基于产品复杂度的视角研究了东亚区域生产分工的格局变迁。众多研究证明，东亚已经成为世界上垂直专业化生产最为发达的地区（如 Athukorala 和 Yamashita，2006），像东亚这样涉及多个经济体及多个产业的、沿产品价值链进行组合的区域性生产网络在世界上独一无二（Ando 和 Kimura，2005）。近年来，也有少数文献考察了全球化调整、新冠疫情等对东亚产业链分工的影响（成新轩，2019；陈继勇和杨格，2020）。

还有一些学者在研究东亚生产网络的同时，就其对贸易、经济增长等方面的影响做了分析。例如，Ng 和 Yeats（1999，2003）利用零部件贸易数据的分析表明，东亚的生产共享对于其整体贸易具有重要作用；张伯伟和彭支伟（2006）、张伯伟和胡学文（2011）探讨了东亚生产网络的变迁、产业分工模式与区域产品竞争力来源之间的关系；彭支伟等（2010）通过一般均衡模型探究了外部冲击对区域经济的扰动及区域市场整合对外部冲击效应的影响。

上述有关东亚生产网络的研究多限于单纯依靠多国投入产出表或国际贸易标准分类（SITC）下明确指出的零部件贸易数据。多国投入产出表关于产业部门的划分较为粗略，与国际贸易标准分类之间的转换存在困难；而国际贸易标准分类虽然历经修正，但关于零部件的界定不够全面，并且这类使用贸易统计数据的分析常常忽略了区域分工网络中的产业关联效应。总体看来，研究人员对东亚生产网络的演变和现状尚缺乏较为完整的描述，特别是对其分工形态缺乏细致全面的刻画。

三、有关东亚区域经济合作的研究

随着东亚各经济体在生产过程中的关联日益紧密，它们之间的经济联动性也日渐加强（Choe，2002）。Goto（2002）对东亚各国经济结构相似性的研究表明，20 世纪 90 年代各国的经济波动与日本经济出现了更多的相同趋势。在此背景下，各国之间在经济政策方面也自发加强了配合，如 Kwan（2001）通过对东亚各国政策目标相似性的研究发现，从政策目标一致性上判断，东亚经济体早在 20 世纪

90 年代末就已基本和欧盟国家处于相同的水平。而 1997 年亚洲金融危机之前，东亚地区的经济一体化主要依靠市场力量自发推动，政府间的机制性合作很少，因而这个时期的东亚区域经济一体化是一种非机制性的一体化。但东亚各国经济相互信赖程度的日益加深对经济一体化提出了更高的要求，这在客观上要求在东亚地区建立制度化的争端解决机制和更正式的经济活动规则。东亚各国开始了构建机制性区域经济合作的努力，使得区域内部各经济体的经济波动表现出更强的同步性（Akhtar，2004；Sato 和 Zhang，2006）。亚洲金融危机以后，东亚经济的机制性合作始于货币金融领域，但与该地区贸易和投资领域协作取得的进展相比，区域货币金融合作还相对滞后，并面临来自区域内外多方面的阻力，而在当前基础上扩大和深化区域贸易与投资合作可能是在较短的时期内更易于取得的成果。

一些学者对东亚机制性区域经济合作的前景与路径做了研究。薛敬孝和张伯伟（2004）采用可计算一般均衡（CGE）模型对各种可能的贸易合作安排的效果进行模拟对比，认为建立包括各主要经济体的"10+3"贸易安排是东亚的最佳选择。Chirathivat（2004）认为，涵盖整个东亚的自由贸易协定可以视为向东亚共同体迈进的第一步，但这样一个协定的达成需要建立一个恰当的经济背景以覆盖一些重要的议题，比如合作范围和框架、贸易创造和贸易转向效应、运输成本及原产地原则等。Kawai 和 Wignaraja（2007）则进一步认为，将东亚地区现存的彼此重叠的多边自由贸易协定整合成一个单一的自由贸易协定［东盟十六国（ASEAN+6），其中六国包括中国、日本、韩国、印度、澳大利亚和新西兰］，对区域成员各国的福利提升效果将最为显著，同时对非成员国造成的福利损失也最小。东盟应通过加强内部市场的整合，争取成为深化东亚经济一体化进程的轴心，而中日韩三方也应一致加强同东盟的协作。总体看来，已有的对各种东亚自由贸易与投资安排经济效应的评估多基于较早的投入产出数据，虽然个别文献考察了诸如《区域全面经济伙伴关系协定》（RCEP）签署等新变化对东亚产业合作的影响（陶涛，2020），但考虑到近年来世界经济格局与区域一体化形式和内涵的巨大变化，亟须有关东亚区域经济合作的最新研究成果。

四、有关比较优势的研究综述

比较优势是东亚生产网络形成最为重要的基础，比较优势理论也是研究价值链分工问题最为基础的理论框架。基于此，本书对东亚生产分工程度与效率的评价拟从经济体之间分工形态与比较优势形态的匹配性入手，因此，有关比较优势的研究也是需要关注的领域。

传统的比较优势理论包括李嘉图的相对技术差异论与赫克歇尔-俄林（H-O）的生产要素禀赋论两条主线，在传统理论的逻辑框架下，劳动生产率和要素禀赋均被视为外生变量，比较优势的内生性来源未受关注。随着新贸易理论和内生增长理论的发展，学者们逐渐引入规模经济（Dixit 和 Stiglitz，1977）、技术进步（Dollar 和 Wolff，1993）、干中学效应（Krugman，1987）、知识资本和产品质量差异（Grossman 和 Helpman，1989，1990）等因素对比较优势的内生化影响进行探讨，并将单一角度的比较优势发展为多种因素综合作用下的比较优势，由比较静态研究转向动态研究。近年来新贸易理论兴起，从微观层面分析企业的贸易、投资等行为，以及外包和一体化等全球化生产组织行为，为比较优势研究提供了新的思路。在全球价值链分工背景下，较之传统的比较优势理论，拓展后的综合性比较优势理论能够更好地解释一国的经济发展及在国际分工体系中的地位提升。

关于比较优势研究的另一分支是对其进行测度与实证分析。传统的比较优势测度方法通常从市场份额与贸易表现角度，使用单一指标进行分析，以 Balassa（1965）的显示性比较优势指数为代表。近十几年来，一些学者开始关注比较优势的多重影响机制，一般均衡的新李嘉图模型（Eaton 和 Kortum，2002）及将李嘉图模型与 H-O 模型结合起来的 RHO 理论的出现，为新的比较优势量化方法的建立奠定了基础。Levchenko 和 Zhang（2011）使用综合体现技术、要素与投入成本的生产率指标，分析了多国比较优势的动态变化；杨高举和黄先海（2014）使用相似方法，对中国比较优势的状况与趋势做了判断。但这类实证研究还较为罕见，而且如何将作为分工基础的比较优势与分工格局对应起来加以评价，也是亟待解决的问题。

此外，也有学者从比较优势视角研究东亚生产分工格局的形成与演变。Ng 和 Yeats（2003）利用东亚区域的零部件统计数据分析东亚产品内分工扩大的原因，研究证明各经济体从事不同工序生产取决于各自的比较优势；史龙祥（2006）通过比较优势理论分析了东亚经济的"后雁行模式"形态；Kimura 等（2007）认为比较优势理论适合解释东亚区域的产业内及产品内国际贸易模式；Haddad（2007）利用东亚地区各经济体的经济数据实证考察了东亚地区的梯度产业分工模式；刘重力等（2009）使用增广引力模型分析了东亚垂直分工网络；于津平（2003）及石柳和张捷（2013）都研究了东亚经济体之间的比较优势、经济体间的贸易互补性与竞争性。

五、对相关研究的总结性评述

综上所述，现有关于全球价值链分工的研究尚缺乏系统、综合的框架，而关于东亚生产分工的研究也较为分散，缺少完整、细致的刻画和描述。在价值链分工背景下，比较优势仍是区域分工最为重要的基础，而传统的比较优势与分工形态的评价方法存在缺陷，二者难以对应和匹配，从而无法满足对东亚生产网络建立在比较优势基础上的分工格局做出准确评判的需要。而且，鲜有文献将地区生产分工与区域经济合作联系起来进行研究。本书拟在现有研究基础上，在上述方面有所推进和创新。

第三节　本书的内容安排

本书拟在勾勒东亚生产网络空间布局与产业关联的基础上，通过对该体系分工状况和区域内经济体比较优势形态的匹配性分析，对东亚生产网络的分工程度及效率进行评价，并从区域经济合作的视角探究其对地区生产分工的影响，据此提出推进制度型区域经济合作、优化地区生产分工的机制设计和对策建议。全书共分十章。

第一章阐述了本书的研究背景与意义，并对国内外相关领域的研究现状加以归纳和评述，在此基础上介绍了本书的研究内容与思路。

第二章到第四章对东亚生产网络的演变与形态等加以分析，探讨东亚经济体在区域与全球生产网络中的空间位置和分工地位。具体而言，第二章回顾了东亚生产分工的发展演变，主要分析了东亚生产网络的兴起、演进、理论基础与特征等问题。第三章在阐述东亚经济、贸易概况的基础上，分析东亚经济体在区域与全球生产网络中的产品和价值分布特征，并勾画了东亚生产网络的构成与形态。第四章采用零部件贸易数据、投入产出数据等不同的数据和测算方法，对各经济体参与全球和地区价值链分工的程度、所处的分工地位及其参与生产分工的获益情况进行测度、分析。

第五章和第六章通过研究东亚生产分工与经济体比较优势的匹配性，对东亚的生产分工状况做出评价。其中，第五章基于新李嘉图比较优势（RHO）理论，综合考察劳动力成本、物质资本、人力资本、技术及制度质量等多种因素对比较优势的影响，构建有关比较优势的实证分析模型和综合评价指标。利用上述多维度的细分比较优势基础的指标体系，我们对东亚经济体的比较优势形态进行评价与维度分解。第六章以机械行业为例，基于聚类分析，对全球及东亚经济体机械行业的分工情况加以描述。通过对不同类别经济体生产分工与比较优势的对应分析，提炼出不同生产环节比较优势形成的核心影响因素，从而形成国际生产分工的比较优势评判标准，并运用系统耦合理论构建灰色关联系统耦合模型，评估东亚机械行业的生产分工与比较优势的关联度，从而对地区生产分工的现状进行评价。

第七章和第八章重点分析东亚区域经济合作的发展与演进，以及其对地区生产分工的影响。第七章梳理了东亚地区由市场驱动型区域经济一体化到制度推动型区域经济一体化的发展历程，并从贸易一体化、金融一体化、经济技术合作及劳动力市场一体化等方面分析东亚区域经济一体化的现状与程度。第八章就区域经济一体化，特别是制度型区域经济一体化对东亚生产分工的影响进行分析与实证检验，在区域经济一体化背景下对东亚生产分工优化的问题加以进一步探讨。

第九章和第十章是结论与政策建议部分。第九章就推动东亚生产分工优化的区域经济一体化制度安排，以及在相关合作机制下改进地区生产分工、提升东亚整体竞争优势与国际分工地位的路径和对策进行研究。第十章是对中国的对策建议，使研究落脚并服务于中国参与东亚区域分工和经济合作的实践。

第二章　东亚生产分工的发展演变

从 20 世纪 60 年代开始，东亚经济出现了集体性快速增长，部分经济体更是在这种地区性高速增长中实现了奇迹式增长。东亚地区经济的高速增长引起了全世界的广泛瞩目，被称为"东亚奇迹"。与"东亚奇迹"密切相关的是"雁阵模式"，甚至可以说，正是"雁阵模式"的平稳发展成就了"东亚奇迹"。"雁阵模式"是东亚各经济体通过区域内生产合作与贸易、投资产生的地区生产分工的组织形式。东亚区域分工体系最初是自然演变而成的结果，即东亚各经济体根据自然存在的发展水平差距和要素禀赋条件差异从事层次分明的生产分工，从而形成了"雁阵模式"稳定发展的基础。具体而言，各国基于自身比较优势大力发展相应的出口产业："领头雁"日本专业化生产并出口技术密集型产品，亚洲新兴工业化经济体作为"雁身"专业化生产并出口资本密集型产品和中低端技术含量的产品，位于"雁尾"的中国与东盟诸国则主要生产并出口技术含量最低的劳动密集型产品。这一发展模式推动了东亚经济的快速增长，并很好地适应了经济一体化的发展潮流。

随着经济全球化的深入发展，分工和贸易进一步延伸至产品生产工序层面。20 世纪 90 年代以来，产品内国际分工迅速在世界范围内发展蔓延（Feenstra，1998；Hummels 等，2001），产品生产过程的国际精细化生产分割促进了生产链条延伸，在此基础上，地域上相邻的经济体凭借区域内分工合作优势，形成高度协作的区域性生产网络。正是在这一背景下，价值链分工在东亚地区迅速兴起，东亚地区生产分工模式发生重大转变，从传统的产业间分工逐步发展为产业内分工和产品内分工，形成了日益复杂的东亚生产网络，并发展成为与北美自由贸易区、欧盟鼎足而立的典范式区域生产分工体系。

　　与此同时，在 20 世纪 90 年代以后，伴随着日本、"亚洲四小龙"及中国大陆（内地）等东亚经济体的差异性发展，东亚主要经济体的经济运行状况和发展状态逐渐呈现出一些新的趋势和特征。首先，作为"领头雁"的日本经济增长遭遇停滞，技术创新能力快速降低，导致其对区域经济的领飞和拉动能力日趋削弱。其次，处于"雁身"的"亚洲四小龙"和东盟诸国不断进行经济赶超，这些亚洲新兴工业化经济体的迅速发展形成了对更高附加值技术的强烈需求，它们通过自身技术创新结合国外技术引进，实现了产业结构的不断优化和升级，发展势头愈发迅猛，导致亚洲新兴经济体与日本之间的产业结构差距不断缩小。最后，东亚地区另一个不可忽视的重大改变是中国通过改革开放取得了引人瞩目的发展成就，同亚洲较发达经济体之间的差距逐渐缩小，并将进一步改变东亚地区生产、分工和贸易模式的发展方向。

　　东亚各经济体发展状态的变化导致了比较优势的动态转变，对"雁阵模式"下雁行结构的均衡发展产生了较大冲击，而产品内国际分工框架下各经济体的分工状态和格局也开始发生深刻变化。进入 21 世纪后，东亚地区经济发展的新特征趋于明朗，学术界对于梯度分布的"雁阵模式"产生了质疑，普遍认为日本原有的"领头雁"地位受到了威胁，"多核驱动"的动力机制正在东亚地区孕育而生，东亚生产分工体系已然重新布局，网络化生产分工成为东亚地区经济发展的核心特征。在此背景下，对东亚生产网络的整体轮廓及其特征进行刻画与识别就具有非常重要的意义。随着东亚区域生产分工体系的不断演变，传统的"雁阵模式"如何发展，在新的地区生产分工中各经济体的分工形态和分工格局有何特征，如何实现东亚分工网络的深层发展，这些都是值得思考的问题。本章就东亚生产分工的演变及不同发展阶段的特征进行梳理。总体来说，第二次世界大战以后，东亚生产分工的发展主要经历了两个阶段，即从 20 世纪 60 年代的"雁阵模式"发展到当前的"网络化分工模式"，而东亚生产分工发展模式的变迁与区域内经济体的发展水平及经济体之间的经济合作发展密切相关。

第一节 "雁阵模式"的发展与衰落

一、"雁阵模式"的兴起与发展

"雁阵模式"兴起的重要背景之一是日本产业政策的调整和改革,第二次世界大战后,日本产业政策的调整为"雁阵模式"的出现提供了重要契机,"雁阵模式"的发展与日本产业化演变的历史互相交错。第二次世界大战以后,日本已经意识到任何一国不可能在所有重要的出口商品上同时保有竞争力,在国际竞争中取胜的唯一方法是持续实现产业和产品升级。于是,日本将国内产业区别设定为"朝阳产业"和"夕阳产业",前者指从更加发达的国家转入的优势产业,后者指那些丧失了比较优势的产业。日本政府加大对朝阳产业资金和政策的支持力度,同时降低或者撤回对夕阳产业的扶持,并将这些已经丧失了竞争优势的产业转移到较不发达的其他亚洲国家,主要目的是通过政府有针对性的政策有侧重地促进日本国内产业结构的优化和升级。

在产业结构调整初期,羊毛、棉线、服装等产业属于日本当时的朝阳产业,日本从更加发达的国家进口羊毛、棉线、服装等产品,这些由西方发达国家批量化生产的产品凭借价格优势一度对东亚各国手工行业生产造成了巨大冲击。随着日本和东亚其他国家的产业升级历程,朝阳产业的内容在不断发生变化。简单回顾日本产业调整的历程,朝阳产业经历了如下变迁:20世纪40年代的煤矿行业,50年代的钢铁和化工行业,60年代的汽车、造船行业,70年代的计算机和电子信息行业,80年代的航空、生物技术和新型材料行业。从短期来看,在这种分工模式下,日本和西方发达国家处于绝对的统治地位,其产业转移政策势必对后发国家的产业发展造成一定程度的冲击。但从长期来看,先进国家在特定产业上的统治地位及对后发国家的产业冲击均难以持续。一方面,东亚新兴经济体凭借低廉的劳动力和原材料成本，以及相邻市场优势，积极开拓发展路径；另一方面，资本运作促使发达国家通过贸易、投资和技术转移手段在后发国家投资建厂，逐步促进了技术密集度较高的纺织、钢铁、化工和机械等丧失竞争力的产业向后发国家传递，最终引起后发国家的产业结构转型升级。

20 世纪 60 年代以来，以产业升级为目标，发达国家将部分产业转移至其他国家（地区），促使东亚各国（地区）专业化从事具有比较优势产业的生产。在此背景下，东亚地区形成了较为成熟的以日本为"领头雁"、以亚洲新兴工业化经济体（"亚洲四小龙"）为雁身、以东盟部分发展中国家为"雁尾"的产业间垂直分工，这种分工模式被称为"雁阵模式"。这种发展模式的主要特征是，东亚各经济体无论在产业复杂度还是经济发展水平上都呈现"日本—'亚洲四小龙'—东盟诸国及中国沿海地区"的阶梯分布。当时的日本无论是经济还是技术水平都正处于高速腾飞阶段，专业化生产由西方发达国家转移来的钢铁、造船、汽车、机械等技术密集型产业，并为整个亚太地区的经济发展提供了强劲的拉动力。"亚洲四小龙"迅速抓住东亚产业转移契机，极力推行出口导向型战略，重点发展由日本和其他发达国家转移而来的轻纺工业等劳动密集型加工产业，也在短时间内实现了经济的腾飞，成为全亚洲最发达、富裕的地区。东盟诸国和中国则凭借丰富的劳动力资源优势，集聚了大量劳动密集型加工产业，利用日本的技术、资金和市场，迅速提升自身产业实力，促进了地区生产和贸易的繁荣。"雁阵模式"在东亚地区非常有效，促进了东亚地区至少三十年的集体性高速增长，是"东亚奇迹"得以出现的主要原因。

20 世纪七八十年代，"雁阵模式"的发展进一步成熟，日本对亚洲地区的投资和产业转移更加梯次分明。已经丧失竞争力的国内产业先是转移至"亚洲四小龙"，最后转移到东盟和中国。在此期间，日本始终掌握对东亚地区生产和贸易的主导权，通过直接投资和经济援助将东亚各个经济体集结在以日本为核心的生产分工体系内，并逐步形成与欧盟和北美相抗衡的区域性经济圈。

二、"雁阵模式"的衰落

"雁阵模式"有效地促进了东亚和东南亚地区的经济发展与繁荣。首先是 20世纪 50 年代中国台湾和中国香港的经济增长奇迹，之后，60 年代新加坡和韩国经济迅速腾飞，70 年代马来西亚和泰国，80 年代中国大陆（内地）和印度尼西亚经济也得到了明显的发展。

20 世纪 90 年代开始，经历了三十多年的高速发展，东亚生产分工体系逐渐形成新的格局。主要原因是，此前的增长使得东亚各经济体的经济力量发生了很大的变化，各经济体之间的经济实力已经不再梯次分明，而"雁阵模式"存在的基础是各经济体产业具有梯度差异，要求产业互补性较大。随着后发国家（地区）经济水平的提升，位于"两翼"和"雁尾"的经济体经过几十年的高速增长和产业结构调整实现了经济力量的大幅提升，尤其是亚洲新兴工业化国家（地区）逐步摆脱逐级跟进日本的传统模式，跳跃式地进入知识技术密集型产业发展。加之日本经济不景气，衰落、陷入停滞，GDP 增速放缓，甚至出现负增长，失业率也大幅度上升，无法继续发挥"领头雁"的拉动作用（见表 2.1）。在达到一定经济发展程度之后，"亚洲四小龙"、东盟和中国大陆（内地）的产品竞争力不断增强，甚至大量返销日本。由于东亚各经济体的比较优势和经济发展水平发生了很大的动态变化，各经济体之间的差异日益缩小，建立在此基础上的"雁阵模式"也失去了进一步发展的土壤。

表 2.1 20 世纪 90 年代日本主要宏观经济指标

指标	1990	1991	1992	1993	1994	1995	1996	1997	1998	1999
GDP 增长率	5.1	3.8	1.0	0.3	0.6	1.5	5.0	1.6	-2.5	0.2
物价上涨率	2.31	2.67	1.74	0.61	0.17	-0.64	-1.44	0.27	0.33	-0.3
失业率	2.11	2.09	2.16	2.49	2.89	3.14	3.35	3.39	4.11	4.75

资料来源：中国财经时报网. 从中日对比看中国保险科技的未来，2018-11-29。

事实上，"雁阵模式"固有的缺陷和国际分工的发展变迁使这一分工模式的衰落成为必然。首先，以一国为引领的发展模式难以提供持久的动力保障。第二次世界大战以后，日本通过海外直接投资和技术转移，将东亚经济体聚集在以日本为核心的区域生产体系之中，带动了地区经济的高速增长。但随着日本经济泡沫的破裂，日本陷入长期的衰退和停滞，难以提供国内外经济发展的持续动力，也因此阻碍了"雁阵模式"的继续发展。其次，后发国家逐级跟进的赶超式发展难以提供创新动力，不利于后发国家发展模式的创新。在"雁阵模式"下，后发国家单纯地依靠对先发国家的模仿获得了短期内的经济腾飞，但从长期来看，这种模仿的赶超式发展存在很大的隐患，主要有两个弊端：其一，后发国家的发展依赖于日本和其他发达国家的市场、技术和资金，缺乏自主性；其二，后发国家深受发达国家和自身发展不确定性的双重干扰。"雁阵模式"之下，后发国家在分工地位上的劣势导致这些国家处于相对不利的位置，一旦日本和其他发达国家发生市场动荡，这些不安定因素就将迅速传导至后发国家，导致后发国家的发展后继无力。最后，随着东亚和全球经济的进一步发展，分工深入产业和产品内部，"雁阵模式"下的产业间分工模式必将逐渐被新型分工所取代。随着东亚各经济体之间经济差距的不断缩小，产业互补性持续降低，产业竞争性逐渐提高，东亚分工难以再维持梯度分明的"雁阵"排列模式。水平的和垂直的分工纵横交错，形成了更加复杂的网络化分工体系，并取代了原本平稳发展的产业转移和产业间分工模式。在上述因素的共同作用下，平稳的"雁阵模式"很快被打破。

第二节　东亚生产网络的发展演进

在"雁阵模式"下，东亚地区的生产分工主要由日本主导，以产业间分工合作为特征。日本承接西方发达国家转移的资本密集型行业，区域内后发国家主要提供工业原料或者进行一些简单消费品的制造。随着韩国、新加坡等新兴经济体不断发展，东亚分工合作逐步向产业内分工转变，领域从劳动密集型行业扩展到钢铁、船舶、电子等资本、技术密集型行业。随着经济全球化和生产分工的进一步深化发展，20 世纪 80 年代末期及 20 世纪 90 年代初期，产品内国际分工在全球蔓延，并开始深入影响东亚生产分工与贸易。加之日本和"亚洲四小龙"货币的大幅升值削弱了其制造业的竞争力，它们逐步将一些劳动密集型产业转移到低劳动成本的东盟四国和中国大陆（内地），东亚地区逐渐形成了产业间分工、产业内分工和产品内分工并存的复合型网络分工体系。东亚地区生产网络的迅速扩张不仅重塑了东亚经济体之间的分工结构，而且促使区域内各经济体共享国际产业链分工的发展机遇。

一、价值链分工的兴起

早在 1967 年 Balassa 就提出了"垂直专业化"这一名词，但直到 20 世纪 90 年代，随着垂直专业化分工与贸易迅速发展，这一经济现象才引起理论界的普遍关注，学者们使用"国际生产分割""外包""产品内分工""价值链切片"等不同名称描述这种新型分工与贸易现象。尽管名称不同，但本质上都是指产品生产过程被分割为不同工序或区段，各国根据比较优势从事特定生产环节，形成以工序或区段为对象、在垂直方向上的分工体系。这种基于产品不同生产阶段与不同价值环节的新型分工模式在东亚地区率先得到了快速发展，其结果是"雁阵模式"走向衰落，东亚价值链分工体系开始兴起与繁荣。

在这种新型分工模式下，每个国家的生产行为是基于各自的比较优势专业化从事本国有优势的某一个或某几个生产阶段，而不是完整地从事产品各个阶段的生产。一国从别国进口中间品作为本国生产的投入品，利用进口的中间品生产加工后出口至第三国，第三国再将进口品作为中间品投入，这样的过程一直持续到最终产品出口至最终目的地为止，这种进口中间品加工后再出口的模式也促进了中间产品和零部件的大量跨国流动。Ng 和 Yeats（2003）的测算表明，制造业零部件贸易占 2001 年东亚区域内制造业贸易总额的 25%；Athukorala 和 Yamashita（2006）的研究表明，东亚地区零部件出口占全球零部件出口总额的比重不断上升，2003 年已经达到 42.7%，东亚发展中经济体零部件贸易对制造业贸易的贡献度达到 28%。建立在中间品和零部件贸易基础之上的区域生产共享成为东亚分工的主要模式，价值链分工已然成为带动东亚区域经济发展的主导力量。

以中国为例，价值链分工和贸易具体表现为加工贸易的繁荣发展，中国进口西方发达国家和东亚其他经济体的半成品，再加工、组装为最终品并出口至其他经济体。根据《中国海关统计年鉴》提供的数据，1981 年中国加工贸易出口占总出口的比例为 4.82%，1990 年上升为 40.94%，1995 年达到 50%，此后一直到 2008 年金融危机爆发前的 2007 年，中国加工贸易比重都高于一般贸易。加工贸易的盛行，对中国的生产模式和分工利益产生了极大影响，出口价值中包含了越来越多的国外价值。北京大学中国经济研究中心课题组（2006）的研究表明，中国出口贸易中来自外国提供的中间产品的价值比率不断提高，其中越来越多的份额来自日本、韩国和东盟国家（地区），这些国家（地区）成为中国的来料基地。

可以说，20 世纪 90 年代，垂直专业化分工模式在东亚的兴起，既是建立在产业转移和产业分工基础之上的"雁阵模式"衰落的标志，也是东亚生产分工向着网络化模式发展的契机。东亚各国经济发展状况的动态变化势必引起东亚生产分工格局的演变，"雁阵模式"下严格的梯度分工次序难以延续，新的网络化生产分工格局在东亚地区逐步形成。

二、东亚生产分工的网络化演变

世界银行（1993）认为，在东亚奇迹式的经济增长中，宏观经济基本面和经济政策的作用至关重要，其中最为重要的是，随着国际分工的深化及经济一体化的不断发展，东亚区域生产分工体系逐渐超出了日本的控制，形成了国际生产和销售网络。Kasahara（2004）指出，20 世纪 90 年代以来，东亚产品内分工与贸易迅速发展，"雁阵模式"已然衰落，新的东亚生产分工体系重新布局。陈勇（2006）也提出，东亚的"雁阵"分工模式正演化为网络化分工体系。张伯伟和胡学文（2011）的分析表明，东亚通过零部件贸易有效地利用了各经济体的比较优势，缔造出了区域内的生产分工网络。

如以上研究所述，在过去几十年间，东亚地区的分工体系迅速向网络化生产分工演变。在新的东亚生产分工网络下，东亚进入"大竞争时代"（张帆，2003）。MacIntyre 和 Naughton（2005）认为，欧美的技术和中华圈网络的结合已经取代了日本在东亚区域生产网络中的作用。唐海燕和张会清（2009）指出，中国大陆在融入东亚生产网络的过程中，逐渐崛起成为东亚制造中心，削弱了日本和"亚洲四小龙"在地区生产网络中的影响力。

事实上，东亚生产网络在扩张过程中呈现出如下特点：第一，参与网络的国家和地区不断增多，已辐射至东亚所有国家和地区；第二，各国和地区参与力度不断增强，所涉及的产品种类和贸易量大规模增长；第三，分工网络所涵盖产品的技术含量不断上升，从纺织服装、木制品、纸制品和家具等轻工业产品转向了较复杂的制造业产品，且其以办公和通信设备、电子机械为主。东亚生产网络不断进行动态演化和自我强化，促进了东亚经济的增长和产业升级。日本贸易振兴机构亚洲经济研究所（IDE-JETRO）利用亚洲国际投入产出表①，对东亚区域生产分工体系及其动态演变做了细致的勾画，如图 2.1 所示。

由图 2.1 可以看出，1985—1990 年，东亚生产体系的基本框架是以日本为核心的供应链的建立和扩张。1985 年东亚区域内价值链只有印度尼西亚、日本、马来西亚和新加坡四个主要参与国。当时，日本作为东亚地区最先发展起来的工业国，围绕本国经济发展构建了区域内的供应链，从资源丰富的东亚国家，如印度尼西亚和马来西亚引入生产资源和自然资源，以满足本国国内产业发展的需要。1990 年，韩国、中国台湾和泰国加入东亚区域价值链分工中，参与的主要经济体增加到七个。在这个时期，日本仍然是东亚区域生产分工的核心，其国内的生产依然依赖于印度尼西亚和马来西亚等国的资源，但与此同时，其也开始将产品供应给东亚其他经济体，尤其是新兴工业化国家（地区）。在这个阶段，受 1985 年签署《广场协议》后日元升值的影响，日本加速向东亚邻国搬迁生产基地，在日本国内核心部件供应商和国外附属机构之间建立起密切的联系。

---

① 该表包含中国大陆、印度尼西亚、日本、韩国、马来西亚、菲律宾、新加坡、泰国、中国台湾和美国 10 个国家（地区）的数据。

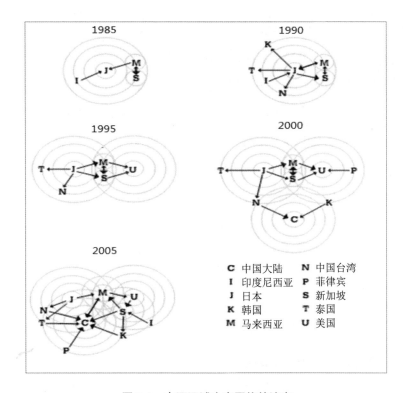

图 2.1 东亚区域生产网络的演变

资料来源：WTO，IDE-JETRO.Trade Patterns and Global Value Chains in East Asia: From Trade in Goods to Trade in Tasks[M]. Geneva：WTO，2011. pp. 75.。

　　1995 年东亚生产体系最显著的变化是美国的参与。美国是通过与马来西亚和新加坡建立产业关联融入东亚区域分工的，换言之，在东亚生产分工中，马来西亚和新加坡扮演了桥梁的角色，将东亚和美国联系起来。这一时期，东亚生产体系逐渐丰富，更趋向于国际化。2000 年东亚生产分工在广度上继续延展，中国大陆也参与进来，与韩国和中国台湾建立了产业关联，并通过中国台湾与以日本为中心的供应网络联系起来。同时，美国在菲律宾建立了其在东亚的新的供应基地，将菲律宾也纳入生产体系中来。在亚太地区，包括日本、中国、美国"三极"的生产网络的基本构架建立起来。

　　2005 年东亚生产体系发生了更为显著的变化。区域价值链分工的中心已经转移至中国,美国和日本则被推到外围。中国以其丰富、廉价的劳动力资源为基础,从东亚其他主要经济体进口中间品,并在国内加工组装成最终产品,再返销回东亚其他经济体或出口到欧美市场。在区域生产分工网络中,存在着技术梯度差异,日本和新加坡等新兴工业化经济体承担核心零部件和高技术含量中间品的生产;泰国、马来西亚等也是中国中间品的进口来源地,而来自这些经济体的中间品中有很大一部分是由日本等国的附属机构提供的。上述分工模式显著提升了中国在东亚地区的重要地位,中国扮演了区域内生产共享和区域间成品贸易的中枢角色,也成为全球生产网络中连接东亚和欧美的关键节点。

第三节　东亚生产网络的理论基础与特征

一、东亚生产网络的理论基础

从本质上来看,全球生产网络的出现实际上是全球生产体系的重大变革,是对价值链分工、国际生产模块化、国际外包等国际化生产现象的总体概括,主要特征为跨国公司通过在世界范围内投资建厂、建立"制造基地"、模块化生产或业务外包等形式对世界各地的生产资源加以整合。在这一生产体系中,不同的经济体根据各自的比较优势,利用大量的进口零部件或中间品进行模块化生产,专业化从事特定的生产环节。在区域经济一体化的推动下,国际生产网络的组织形式更多地表现为国际生产分工在区域层面的迅速发展。北美、欧盟和东亚成为全球三个主要的区域性国际生产分工网络,或者称为全球价值链的三大区块。

作为生产分工在产品层面的深化,比较优势理论仍然是解释网络化分工模式最主要的理论基础。Dixit 和 Grossman(1982)指出,基于各经济体的要素禀赋差异形成的比较优势,产品各生产环节在不同经济体间进行分配,形成了垂直专业化分工,并由此获得专业化生产的利益。Grossman 和 Helpman(2002)、卢锋(2004)、Lall 等(2005)也认为,基于要素密集度差异的比较优势是形成垂直专业化分工的基础。不同的生产环节或工序在拥有不同要素禀赋的经济体之间被合理安排，各经济体充分利用自身的比较优势参与国际分工，发挥其所长，更容易形成专业化生产能力和规模经济效应。垂直专业化分工的核心驱动力在于要素禀赋不同所导致的比较优势，东亚各经济体也正是基于各自的比较优势加入价值链分工的不同环节。

此外，根据 Ando 和 Kimura（2005）的研究，网络化分工模式还可以从如下几个角度加以解释：第一，分割理论。东亚存在的生产加工区位模式（某一行业产品的生产高度分割，并在不同的地方进行生产）可以在一定程度上用分割理论解释，即当连接不同生产阶段的运输成本、通信成本和各种生产阶段间的协调成本足够低时，生产分割就是经济有效的。全球化使得连接不同生产阶段的成本普遍降低，许多行业可以进一步分割生产环节以降低生产总成本。第二，集群理论。规模经济和集聚效应并不一定取决于一国的要素禀赋，在极端情况下，一国完全可以偶然获得集聚效应。集聚和产业集群作为区位优势的一个来源，其重要性日益受到重视，尤其对于较不发达的国家更是如此，东亚经济体显然意识到了政府在形成集聚或产业集群中的潜在作用。第三，企业内部化理论。公司的边界设置决策称为"内部化决策"，一般公司的上游边界是"购买材料或零部件"，下游边界是"出售产品"。公司通常将这些内部化活动分割为在不同地方进行的不同环节，与此相关的决策称为"区位决策"，公司同时制定"内部化决策"和"区位决策"，生产网络的形成就是这些决策在宏观层面的体现。

二、东亚生产网络的特征与问题

尽管北美和欧盟区内也存在类似的生产网络，但是东亚区域生产网络非常独特，表现出以下特点：第一，东亚生产网络已经成为东亚区域内每个国家（地区）经济的重要部分，任何抛开东亚生产网络独立分析单个国家（地区）经济活动和贸易问题的研究都是不周全的。第二，东亚生产网络的范围广，涉及东北亚到东盟地区众多不同收入水平的经济体，跨国要素价格差异和其他区位优势有效地促进了价值链分工的形成。第三，东亚生产网络包括跨国公司的内部交易和市场交易，跨国公司及各经济体的本土公司间正在形成复杂的企业间关系。简言之，东亚地区生产分工体系是一个涉及众多价值链、体现不同经济体特色的复杂生产网络。在这个不断扩张且深化的生产网络中，分工由产业间、产业内拓展到产品内部，水平分工和垂直分工链条纵横交错，既包括延伸至该区域其他经济体的垂直性生产链条，又包括遍布世界的分销网络。东亚各个经济体位于网络中的不同节点，发挥各自的生产优势，并影响整个网络的发展。

但是，东亚各经济体之间无论在自然资源禀赋和价值链参与现状上都存在较大差异，主要经济体之间的投入产出关联程度也不相同。部分经济体由于地缘政治、经济发展程度等原因，与大多数经济体之间存在较为紧密的投入产出关联，但也有部分经济体只与少数经济体存在关联。除了价值链合作关系不均衡问题，东亚生产分工网络还存在以下三个主要问题：第一，在网络化分工条件下，处于价值链分工不同位置的经济体获得的价值各不相同。各经济体利益分配不均衡，处于主导地位的经济体大量攫取其他经济体的分工利益。第二，发展中经济体缺乏自主发展的动力，容易陷入"低技术陷阱"。在网络化分工模式中，发达经济体对核心技术及核心生产环节紧紧把控，处于绝对的垄断地位。发展中经济体只能从事低端的加工生产和装配环节，沦为世界工厂，远离了管理、设计、研发、推广、服务等高附加值的技术密集型生产环节，其主要目标是以最低的成本实现对发达经济体产出的复制与模仿，而不进行积极主动的技术创造，有被锁定在价值链分工低端环节的风险。第三，经济波动沿着生产网络传导，对各经济体的风险抵御能力提出了更高的要求。在东亚生产分工中，不仅区内各经济体之间的投资和贸易关联密切，东亚地区对外部市场的依赖程度也较高。无论是来自区域内部的经济波动，还是外部市场的扰动，都将沿着地区分工网络在各经济体之间传递和放大，给东亚生产网络造成潜在的危险。而东亚经济一体化的现状、面临的阻碍，以及区域内多数经济体的产业结构和发展模式又决定了东亚地区并不具备很强的抵御风险的能力。

第三章　东亚生产分工网络的格局

东亚生产分工网络由中国、日本、韩国及东盟十国（新加坡、马来西亚、老挝、越南、缅甸、泰国、印度尼西亚、菲律宾、文莱和柬埔寨）①等经济体组成，从地理位置上可以将其划分为两个子区块——东北亚子区块和东盟子区块。前者由中国大陆（内地）、日本、韩国、中国台湾、中国香港五个经济体组成，后者由东盟十国组成。区内各经济体依据各自的比较优势和经济发展水平，组成较为稳定的地区生产分工网络，有效地促进了东亚经济的高速发展。本章首先对东亚地区的经济增长、投资、贸易（特别是中间品贸易）情况进行简要分析，在此基础上，进一步对东亚生产分工网络的形态加以刻画和描述。

第一节　东亚经济贸易概况

在对东亚生产网络进行整体刻画之前，我们首先对东亚地区的经济增长与贸易状况加以简要描述。2008—2009 年的全球金融危机对世界经济造成重创，相比世界上的其他区域，东亚地区主要经济体的恢复速度较快，成为全球经济中最具活力的地区。2020 年，新冠疫情暴发给全球经济带来了前所未有的冲击。国际货币基金组织指出，除中国 GDP 增速为 2.3%之外，东亚地区的经济均有不同程度

---

① 考虑到经济体的影响力和数据可得性，在分析东盟国家时，后文部分地方特别说明了只考虑新加坡、马来西亚、菲律宾、越南、泰国和印度尼西亚六个东盟主要国家，未特别说明的，则包含了东盟十国。

的衰退，但是衰退程度明显低于世界上的其他区域。受疫苗推广、医疗干预、政策支持措施等方面的影响，全球各经济体经济复苏势头出现明显差异。2021 年 4月，《世界经济展望报告》指出，东亚地区除日本外，经济复苏表现明显优于其他区域。

一、东亚经济增长概况

考虑到数据的可得性及分析的便利，本书采用实际 GDP 增长率数据反映不同区域的经济增长情况。表 3.1 列出了全球新冠疫情暴发前（2010—2018 年）世界主要区域的经济增长状况，可以看出，南亚、东亚和东南亚的表现较为突出。从东亚（包括东盟）区域内部来看，主要经济体的经济增长能力存在较大差异。中国大陆（内地）、马来西亚、泰国、越南、印度尼西亚等经济体的表现都相当不错，韩国、中国香港和中国台湾的经济表现差强人意，日本则依旧处于经济衰退的余波之中。为了便于比较，表 3.2 中列出了东亚、欧洲、北美三大区域及世界经济整体的实际 GDP 增长率数据，可以看出，在多数年份，除日本外，东亚主要经济体的经济表现强于北美和欧洲地区。

表 3.1　2010—2018 年世界主要区域实际 GDP 增长率　　　单位：%

区域	2010	2011	2012	2013	2014	2015	2016	2017	2018
澳大利亚与新西兰	2.3	2.6	3.7	2.2	2.7	2.7	2.8	2.3	3.2
加勒比地区	4.3	2.2	1.4	3.5	4.4	4.5	3.2	2.6	4.4
中非	3.9	5.8	5.0	3.9	4.1	4.2	3.8	3.7	2.8
中亚和高加索	7.9	9.4	5.3	7.8	5.1	5.0	2.9	6.2	3.6
东亚	8.8	6.7	5.8	6.0	5.5	5.3	5.2	5.6	5.3
东欧	3.2	4.4	2.3	1.6	1.2	-0.4	1.2	2.8	2.8
中东（地区）	5.2	6.5	2.7	2.9	3.0	1.9	5.9	0.7	1.3
北非	4.3	-0.2	12.1	1.4	1.9	3.7	3.2	4.9	4.3
北美	2.8	1.9	2.3	1.8	2.5	2.8	1.7	2.2	2.7
太平洋岛国	7.8	2.0	3.7	3.7	12.1	4.7	1.7	2.7	0.2
南美	6.7	5.0	2.6	3.3	0.6	-1.1	-2.4	0.7	0.6
南亚	9.1	6.3	5.4	6.0	6.9	7.6	6.8	6.5	7.1

区域	2010	2011	2012	2013	2014	2015	2016	2017	2018
东南亚	7.4	4.9	6.1	5.2	4.7	4.8	4.8	5.3	5.2
撒哈拉以南的非洲	6.7	4.6	3.6	5.2	5.1	3.2	1.5	2.7	2.8
西欧	2.1	1.6	-0.4	0.2	1.7	2.2	1.8	2.3	1.9
西半球（地区）	3.7	2.6	2.4	2.2	2.1	1.9	0.8	1.9	2.3
世界	5.4	4.3	3.5	3.5	3.6	3.5	3.3	3.7	3.7

资料来源：International Money Fund，http://www.imf.org/external/datamapper/NGDP_RPCH@WEO/OEMDC/ADVEC/WEOWORLD。

表 3.2　2010—2018 年东亚主要经济体实际 GDP 增长率及国际比较　　单位：%

经济体	2010	2011	2012	2013	2014	2015	2016	2017	2018
中国大陆（内地）	10.6	9.5	7.9	7.8	7.3	6.9	6.7	6.9	6.6
日本	4.2	-0.1	1.5	2	0.4	1.4	1.0	1.7	1.1
韩国	6.5	3.7	2.3	2.9	3.3	2.8	2.9	3.1	2.8
中国台湾	10.6	3.8	2.1	2.2	4.0	0.8	1.4	2.9	2.7
中国香港	6.8	4.8	1.7	3.1	2.8	2.4	2.2	3.8	3.8
新加坡	15.2	6.4	4.1	5.1	3.9	2.2	2.4	3.6	2.9
马来西亚	7.5	5.3	5.5	4.7	6.0	5.1	4.2	5.9	4.7
泰国	7.5	0.8	7.2	2.7	1.0	3.0	3.3	3.9	4.6
菲律宾	7.6	3.7	6.7	7.1	6.1	6.1	6.9	6.7	6.5
越南	6.4	6.2	5.2	5.4	6.0	6.7	6.2	6.8	6.6
印度尼西亚	6.4	6.2	6.0	5.6	5.0	4.9	5.0	5.1	5.1
东亚	8.8	6.7	5.8	6.0	5.5	5.3	5.2	5.6	5.3
欧洲	2.4	2.4	0.4	0.6	1.6	1.4	1.7	2.5	2.2
北美	2.8	1.9	2.3	1.8	2.5	2.8	1.7	2.2	2.7
世界	5.4	4.3	3.5	3.5	3.6	3.5	3.3	3.7	3.7

资料来源：根据 International Money Fund.Date Mapper 数据整理，https://www.imf.org/external/datamapper/NGDP_RPCH@ WEO/ OEMDC/ ADVEC/ WEOWORLD。

二、东亚贸易概况

从经济增长表现看，东亚是世界上最为活跃的地区。而过去几十年间，东亚的国际贸易也呈现出强劲增长的态势。为了较为全面地展示东亚生产网络的贸易状况，我们分析了东亚主要经济体货物和服务出口与进口的年增长率，以及中间品贸易的情况。为了便于比较，我们加入了欧盟主要经济体德国与北美自由贸易区主要经济体美国的数据。

（一）货物和服务进出口概况

2008 年金融危机发生之前，东亚主要经济体货物和服务的出口和进口年增长率普遍高于欧盟和北美地区两个最重要的经济体——德国和美国。2008—2009 年受全球金融危机的传播和影响，世界贸易遭受重大冲击，日本、中国香港、新加坡等亚洲发达经济体，以及中国（内地）、马来西亚、印度尼西亚、泰国等发展中经济体遭受的冲击丝毫不亚于欧美国家，东亚进出口贸易大幅度下滑（见表 3.3）。危机过后，东亚主要经济体一度显示出极强的恢复能力，进出口贸易快速恢复，而 2012 年以后东亚经济体出现了贸易增速放缓的趋势。2015 年，全球经济回暖，东亚主要经济体货物和服务进出口贸易再度迅速回升。2017 年，全球国际贸易、制造业生产、消费投资信心等降至近年来低点，东亚主要经济体进出口贸易明显收缩。2020 年，新冠疫情在全球扩散蔓延，对世界贸易造成严重冲击。除中国货物和服务出口贸易及越南进出口贸易保持正增长之外，东亚地区其余主要经济体的货物和服务进出口总量下滑明显。2021 年 5 月，联合国贸易和发展会议发布的《全球贸易更新》报告指出，全球贸易从新冠疫情危机中强劲复苏，东亚主要经济体在复苏进程中表现突出。东亚地区经济体早期在疫情防控上取得的成功为其创造了良好的贸易复苏环境，同时，全球对疫情相关产品的旺盛需求也推动了出口增长。

表 3.3　东亚与欧美主要经济体货物和服务出口与进口年增长率　　　单位：%

指标	经济体	2009 年	2011 年	2013 年	2015 年	2017 年	2019 年	2020 年
货物和服务	中国内地	-7.66	6.45	5.82	2.63	6.24	-1.56	2.71
	中国香港	-9.07	4.79	7.82	-1.36	5.89	-6.18	-6.68
	日本	-23.38	-0.12	0.81	3.21	6.62	-1.46	-11.80
	韩国	-0.46	15.42	3.82	0.23	2.48	0.24	-1.71
	新加坡	-7.20	7.69	6.14	4.97	7.38	0.30	-0.25

指标	经济体	2009 年	2011 年	2013 年	2015 年	2017 年	2019 年	2020 年
出口年增长率	马来西亚	-10.88	4.18	0.26	0.25	8.68	-1.04	-8.56
	泰国	-12.14	9.51	2.51	1.25	5.18	-2.95	-19.68
	菲律宾	-4.71	-0.78	1.97	9.97	17.40	2.64	-16.14
	越南	-5.09	10.59	17.82	13.87	17.25	6.24	4.06
	印度尼西亚	-9.69	14.77	4.17	-2.12	8.90	-0.48	-8.14
	美国	-8.29	7.17	2.97	0.27	4.27	0.47	-13.24
	德国	-14.28	8.35	1.00	5.44	4.90	1.27	-9.27
货物和服务进口年增长率	中国内地	-15.65	19.8	6.81	-0.66	16.11	-3.09	-0.42
	中国香港	-8.07	5.63	8.27	-1.78	6.63	-7.21	-6.87
	日本	-15.56	5.73	3.17	0.44	3.31	0.99	-7.16
	韩国	-6.91	14.51	1.64	2.11	8.86	-1.91	-3.13
	新加坡	-9.95	5.69	6.51	3.38	8.07	0.06	-2.29
	马来西亚	-12.73	6.31	1.72	0.80	10.19	-2.39	-7.91
	泰国	-20.77	12.40	1.68	0.00	6.23	-5.17	-14.14
	菲律宾	-2.35	-0.94	7.01	15.01	15.15	2.33	-21.55
	越南	-6.82	4.73	19.92	15.72	18.21	4.85	3.28
	印度尼西亚	-14.98	15.03	1.86	-6.25	8.07	-7.13	-16.72
	美国	-12.61	4.82	1.21	5.19	4.51	1.14	-8.96
	德国	-9.69	7.33	2.68	5.80	5.23	2.86	-8.50

资料来源：中国的数据根据联合国商品贸易统计数据库计算得到，其他数据根据世界银行 WDI 数据库整理。

（二）中间产品进出口概况

Yi（2003）、Jones 等（2005）的研究指出，20 世纪 90 年代国际贸易大幅增长的一个重要原因是产品内分工和全球价值链的出现与发展，生产阶段被分割并分散至不同国家、不同地区，引起中间品在国家间大规模流动，中间品贸易的迅速增长导致了国际贸易的大幅增长。Campa 和 Goldberg（1997）、Hummels 等（2001）的经验研究证实，垂直专业化分工使全球中间品贸易在国际贸易中的比重大幅上升，对各国的生产效率及出口绩效产生了重大影响。因此，中间品贸易状况能够较好地反映垂直专业化分工和全球价值链贸易的发展，而东亚中间品贸易的迅速增长正是东亚生产网络兴起与发展的体现。

表 3.4 反映了 2010 年、2015 年和 2020 年东亚主要经济体与德国、美国中间商品进出口的规模和份额，对中间品进出口份额超过 50%的加粗标示。联合国商品贸易统计数据库提供了中国内地、日本、韩国、中国香港 4 个东北亚经济体，以及新加坡、马来西亚、菲律宾、泰国、越南、印度尼西亚 6 个东盟经济体的相关数据，表 3.4 中包括上述 10 个经济体，无论从贸易额还是经济影响力来看，这 10 个经济体对东亚区块具有很好的代表性。为了便于比较，表 3.4 中仍然加入了德国与美国的数据。从中可以看出，2020 年东亚主要经济体的中间商品进出口占商品总进出口的比重大部分都超过 50%，大多数东亚经济体的中间商品进出口份额高于德国和美国。

表 3.4　2010—2020 年东亚主要经济体与德国、美国中间商品进出口情况

单位：十亿美元，%

经济体	类别	2010 年		2015 年		2020 年		国家	类别	2010 年		2015 年		2020 年	
		规模	份额	规模	份额	规模	份额			规模	份额	规模	份额	规模	份额
中国内地	中间商品出口	621.3	39.4	949.75	41.8	1112.3	42.9	马来西亚	中间商品出口	122.9	**61.8**	125.3	**62.6**	150.6	**64.4**
	中间商品进口	695.8	49.8	916.65	**54.6**	1080.0	**52.5**		中间商品进口	101.6	**61.7**	103.4	**58.7**	112.2	**59.2**
日本	中间商品出口	413.5	**53.7**	325.3	**52.1**	325.5	**50.8**	菲律宾	中间商品出口	22.9	44.5	39.6	**64.5**	43.3	**66.4**
	中间商品进口	257.8	37.1	255.9	40.9	248.2	39.1		中间商品进口	33.9	**58.0**	37.8	56.5	53.8	**56.6**
韩国	中间商品出口	245.7	**52.7**	299.27	**56.8**	338.5	**66.0**	泰国	中间商品出口	88.7	45.4	96.53	45.0	110.9	47.9
	中间商品进口	201.4	47.4	209.62	48.0	221.9	47.5		中间商品进口	108.1	**59.3**	111.83	**55.2**	117.9	**56.8**
中国香港	中间商品出口	238.3	**59.5**	330.31	**64.7**	379.5	**68.8**	越南	中间商品出口	15.9	22.1	44.58	27.5	106.8	37.9
	中间商品进口	257.0	**58.2**	331.94	**59.3**	367.3	**64.1**		中间商品进口	51.9	**61.2**	107.08	**64.6**	178.8	**68.4**
新加坡	中间商品出口	202.4	**57.3**	210.3	**58.7**	225.4	**60.3**	印度尼西亚	中间商品出口	72.6	46.0	71.2	47.4	86.2	**52.8**

续表

经济体	类别	2010 年		2015 年		2020 年		国家	类别	2010 年		2015 年		2020 年	
		规模	份额	规模	份额	规模	份额			规模	份额	规模	份额	规模	份额
新加坡	中间商品进口	155.2	49.6	163.1	**52.9**	194.7	59.3	印度尼西亚	中间商品进口	66.0	48.6	76.6	**53.7**	81.1	**57.3**
德国	中间商品出口	582.8	46.0	580.0	43.7	633.3	45.7	美国	中间商品出口	575.0	45.0	646.1	43.0	630.1	44.1
	中间商品进口	469.4	44.3	464.4	43.9	502.1	42.8		中间商品进口	635.3	32.3	814.4	35.2	885.5	36.8

资料来源：根据联合国商品贸易统计数据库整理计算，http://comtrade.un.org/data/。中间产品包括半成品和零部件，即 BEC 编码为 121、22、322、42 和 53 的产品。

值得注意的是，尽管价值链贸易起源于东亚并且在东亚地区得到了长足发展，但是相对于中间商品出口，东亚的中间服务出口占服务总出口的比重还并不很高。除了菲律宾以劳动力流动形式带动了服务业出口，中间服务出口比重较高（但中间服务出口额依旧很低），达到了 70%以上以外，其他东亚国家的中间服务业出口比重大多较低。以中国为例，截止到 2014 年，中国中间服务出口额为891 亿美元，远低于美国的 1619 亿美元和德国的 1062 亿美元。①

第二节 东亚生产网络中主要经济体的贸易产品及价值特征

近年来，东亚无论是在经济增长、投资还是进出口贸易上都表现出巨大的活力，超过了世界其他国家和地区的平均水平。东亚经济的良好表现与地区生产分工体系的平稳发展密切相关，在东亚生产网络内，各个经济体依据自身的比较优势，从事价值链分工的某一个或某几个环节，而不是包揽整条价值链，极大地发挥了各自的生产潜能。那么，东亚各经济体在地区生产分工中具体从事哪个环节

---

① 根据世界投入产出数据库（WIOD）世界投入产出表计算得到。

的生产？东亚各主要经济体进出口产品的特征是什么？各经济体进出口产品的价值特征又是怎样的？我们利用联合国商品贸易统计数据库的相关数据，通过考察东亚主要经济体分生产阶段的进出口产品及价值特征，对经济体之间的分工形态及其变化进行分析。考虑到经济体规模和数据可得性，本节的分析主要包括东北亚经济体和新加坡、马来西亚、菲律宾、越南、泰国、印度尼西亚 6 个东盟成员国。

一、东亚生产网络中主要经济体的进出口产品特征

（一）东亚经济体分产品阶段的出口产品特征

我们测算了东亚主要经济体在产品内分工不同生产阶段的进出口情况，结果如表 3.5 和表 3.6 所示。参考 Francoise 和 Unalkesenci（2002），将产品内分工生产阶段具体划分为初级产品、中间产品（零部件和半成品）及最终产品（资本品和消费品）几个阶段①。

产品内分工不同生产阶段对应的分工位置和价值链属性不同，体现出分工状态的差异。例如，通常资本品的贸易附加值比消费品更高，如果一国更多地进行资本品的生产和出口，那么该国可能位于价值链中较高的分工位置；出口较多零部件的地区一般处于价值链的上游位置；进口较多半成品的地区一般在国际分工中承担组装、制造的生产环节，获得的分工利益通常较低，处于价值链中比较低端的位置。因此，根据东亚各经济体进出口在生产分工各阶段的分布情况，可以初步分析东亚地区生产分工中主要经济体的分工状况及分工格局的主要特征。

由表 3.5 可知，在东北亚 3 个主要经济体中，日本主要出口零部件，虽然日本的零部件出口在总出口中占比有所下降，但仍然接近 30%。韩国出口的产品阶段相对而言并不集中，1996 年韩国出口半成品占比最高，为 33.1%；而 2003 年出

---

① 在联合国经济大类（BEC）分类标准下，初级产品涵盖 111、21、31 类产品，半成品包括 121、22 和 322 类产品，零部件涵盖 42 和 53 类产品，最终产品分为资本品（41、521）和消费品（112、122、51、522、61、62、63）。表 3.4 至表 3.7 皆遵循此分类。

口占比最高的生产阶段为资本品；但到了 2013 年和 2015 年，韩国的零部件出口贸易快速发展，占比超过 30%，2015 年韩国零部件出口额为 1657.62 亿美元，是 2003 年（489.01 亿美元）的 3 倍以上。中国在消费品出口中占有优势，但是其比例呈现下降的趋势，而资本品和零部件出口相比于 1996 年表现出强劲增长。在东盟 6 个主要国家中，新加坡近 30 年来一直在零部件出口方面占有较大优势，2003 年、2013 年和 2015 年零部件出口比重均超过 40%。印度尼西亚出口较多的是半成品。马来西亚和菲律宾零部件出口比例一直较高，但贸易额与日本、新加坡等经济体相差甚多。例如，2015 年马来西亚和菲律宾零部件出口贸易额分别为 571.73 亿美元和 275.54 亿美元，而日本的零部件出口额为 1734.46 亿美元，分别约为马来西亚和菲律宾的 3 倍和 6.3 倍。泰国和越南则与中国相似，长期在消费品出口上占有较大优势，但其比重下降幅度很大。

表 3.5　东亚主要经济体在产品内分工各阶段的出口情况　　单位：亿美元，%

经济体	年份	产品内分工生产阶段				
		初级产品	中间产品		最终产品	
			零部件	半成品	资本品	消费品
中国	1996	77.40（5.2）	106.14（7.2）	408.42（27.6）	177.03（12.0）	**711.39（48.1）**
	2003	113.27（2.6）	700.06（16.2）	860.65（19.9）	1019.36（23.5）	**1640.81（37.9）**
	2013	161.68（0.7）	4150.95（19.0）	4853.86（22.2）	6190.29（28.4）	**6463.63（29.6）**
	2015	150.63（0.7）	4123.71（18.1）	5373.75（23.6）	6281.11（27.6）	**6805.49（29.9）**
日本	1996	10.37（0.2）	**1445.30（33.4）**	878.64（20.3）	1318.83（30.4）	680.38（15.7）
	2003	23.95（0.5）	**1425.27（31.5）**	965.96（21.4）	1082.61（24.0）	1020.63（22.6）
	2013	93.06（1.4）	**2014.04（30.3）**	1853.71（27.9）	1446.59（21.8）	1235.68（18.6）
	2015	67.55（1.1）	**1734.46（27.8）**	1518.85（24.3）	1289.69（20.6）	1638.17（26.2）
韩国	1996	6.05（0.5）	329.90（26.4）	**413.29（33.1）**	231.61（18.5）	269.24（21.5）
	2003	7.12（0.4）	489.01（26.1）	496.80（26.5）	**506.28（27.0）**	372.59（19.9）
	2013	23.71（0.5）	**1572.68（31.0）**	1492.61（29.4）	1314.70（25.9）	674.55（13.3）
	2015	21.14（0.4）	**1657.62（31.5）**	1335.06（25.3）	1268.92（24.1）	984.80（18.7）
新加坡	1996	17.73（1.5）	**402.35（34.8）**	243.33（21.0）	346.71（30.0）	146.07（12.6）
	2003	11.28（0.8）	**676.76（47.7）**	277.89（19.6）	323.07（22.8）	129.33（9.1）
	2013	26.32（0.9）	**1523.66（49.5）**	697.86（22.7）	464.60（15.1）	364.50（11.8）
	2015	25.83（0.7）	**1391.00（40.1）**	598.73（17.3）	471.84（13.6）	978.98（28.2）

经济体	年份	产品内分工生产阶段				
		初级产品	中间产品		最终产品	
			零部件	半成品	资本品	消费品
印度尼西亚	1996	110.16（24.4）	15.84（3.5）	**191.29（42.3）**	20.61（4.6）	114.50（25.3）
	2003	121.73（20.5）	55.83（9.4）	**255.07（42.9）**	39.64（6.7）	122.70（20.6）
	2013	574.46（32.0）	113.53（6.3）	**714.46（39.8）**	75.17（4.2）	317.64（17.7）
	2015	362.54（24.1）	101.64（6.8）	**610.50（40.6）**	63.22（4.2）	365.76（24.3）
马来西亚	1996	60.20（8.3）	**234.18（32.1）**	186.21（25.6）	115.52（15.9）	132.31（18.2）
	2003	63.31（6.2）	**385.14（38.0）**	254.69（25.1）	186.13（18.4）	124.12（12.2）
	2013	165.53（8.0）	592.72（28.5）	**790.11（38.0）**	262.89（12.7）	265.44（12.8）
	2015	117.32（5.9）	571.73（28.6）	**681.44（34.0）**	257.58（12.9）	374.04（18.7）
菲律宾	1996	5.33（2.6）	**93.50（45.5）**	31.02（15.1）	21.50（10.5）	54.03（26.3）
	2003	4.97（1.4）	**217.52（61.0）**	27.68（7.8）	52.26（14.6）	54.37（15.2）
	2013	42.86（7.7）	**232.10（41.6）**	119.78（21.5）	91.18（16.3）	72.22（12.9）
	2015	27.75（4.7）	**275.54（47.0）**	102.48（17.5）	110.95（18.9）	69.76（11.9）
泰国	1996	32.26（5.8）	99.87（17.9）	105.88（19.0）	69.59（12.5）	**251.08（44.9）**
	2003	44.15（5.7）	188.88（24.4）	166.69（21.5）	126.43（16.3）	**249.18（32.1）**
	2013	123.80（5.7）	428.63（19.7）	595.48（27.4）	416.66（19.2）	**605.81（27.9）**
	2015	76.40（3.6）	431.04（20.4）	519.10（24.6）	395.51（18.8）	**686.79（32.6）**
越南	1997	18.99（23.2）	0.20（0.2）	7.76（9.5）	0.15（0.2）	**54.76（66.9）**
	2003	51.46（25.9）	9.44（4.8）	17.65（8.9）	6.18（3.1）	**113.69（57.3）**
	2013	153.71（11.8）	113.83（8.7）	206.45（15.9）	305.69（23.5）	**522.78（40.1）**
	2015	98.71（6.1）	191.22（11.8）	254.62（15.7）	391.05（24.1）	**684.57（42.3）**

资料来源：根据联合国商品贸易统计数据库整理计算，https://comtrade.un.org/data/。

注：①括号前为贸易额，括号内表示该国在产品内各生产阶段的贸易占比，其中最高比例加粗标注。②由于数据统计的可获得性，越南在 20 世纪 90 年代统计的是 1997 年的数据。

（二）东亚经济体分产品阶段的进口产品特征

进一步观察表 3.6 中东亚主要经济体在产品内分工各生产阶段的进口情况，日本进口较多的产品类型为消费品，1996 年日本消费品进口比重为 30.6%，2003 年和 2015 年日本消费品进口比重均接近 30%，初级产品和半成品的进口比重也较高，而零部件和资本品的进口比例在四个时间节点上都不超过 15%。韩国进口比重最高的是半成品，在 30% 左右。2003 年之前，中国半成品进口比例最高，之后则大量进口零部件和半成品，初级产品进口比重也较高。新加坡零部件进口比重最高，超过 35%。印度尼西亚、泰国和越南半成品长期具有较高的进口比例，而马来西亚和菲律宾进口比重最高的为零部件。

综合东亚主要经济体在产品内分工各阶段的进出口情况，我们发现：日本进口附加值较低的生产区段产品，出口技术含量和附加值高的生产区段产品，在价值链分工中具有较高的分工位置。1996 年和 2003 年，中国半成品进口比重较高，2015 年零部件进口比重最高；虽然中国长期在消费品生产阶段具有较高出口比例，但资本品和零部件的出口优势不断上升，在一定程度上揭示了中国分工状态逐渐脱离加工组装的低端嵌入方式，预示着中国向价值链高端位置攀升。泰国和越南主要进口半成品，重点出口消费品，与前期中国参与垂直专业化分工生产的模式相似，位于价值链分工的低端位置。此外，韩国、新加坡、马来西亚、印度尼西亚和菲律宾进出口占比最高的均为中间产品生产阶段，一方面，这一统计结果体现了东亚高度化的分工生产协作；但另一方面，从具体的进出口贸易额观察，同样是占出口比例比较高的中间产品，韩国和新加坡的贸易额远高于印度尼西亚、马来西亚和菲律宾。

表 3.6　东亚主要经济体在产品内分工各阶段的进口情况　　单位：亿美元，%

经济体	年份	产品内分工生产阶段				
		初级产品	中间产品		最终产品	
			零部件	半成品	资本品	消费品
中国	1996	127.99（9.8）	188.93（14.5）	**576.06（44.2）**	337.51（25.9）	73.81（5.7）
	2003	486.00（12.0）	1172.55（28.9）	**1320.17（32.6）**	890.73（22.0）	186.32（4.6）
	2013	**5333.42（29.4）**	4752.27（26.2）	4099.25（22.6）	2567.77（14.2）	1376.06（7.6）
	2015	3543.28（21.1）	**4699.81（28.0）**	4515.77（26.9）	2393.02（14.2）	1643.76（9.8）
日本	1996	692.79（20.9）	338.32（10.2）	924.65（27.9）	347.18（10.5）	**1014.60（30.6）**
	2003	775.05（21.0）	547.73（14.8）	889.90（24.1）	465.84（12.6）	**1012.39（27.4）**
	2013	**2304.28（29.0）**	889.55（11.2）	2131.76（26.8）	898.63（11.3）	1731.35（21.8）
	2015	1053.96（16.8）	886.67（14.2）	1672.81（26.7）	814.33（13.0）	**1827.91（29.2）**
韩国	1996	239.61（17.8）	251.61（18.7）	**481.46（35.7）**	290.73（21.6）	84.26（6.3）
	2003	357.24（20.7）	399.71（23.2）	**534.88（31.0）**	268.04（15.5）	165.12（9.6）

续表

经济体	年份	产品内分工生产阶段				
		初级产品	中间产品		最终产品	
			零部件	半成品	资本品	消费品
韩国	2013	1495.88（30.8）	823.69（16.9）	**1513.05（31.1）**	563.95（11.6）	467.77（9.6）
	2015	932.71（21.4）	843.14（19.3）	**1253.04（28.7）**	607.86（13.9）	728.13（16.7）
新加坡	1996	81.65（6.6）	**458.98（37.2）**	265.90（21.6）	254.64（20.7）	171.67（13.9）
	2003	95.64（7.7）	**571.12（45.7）**	193.97（15.5）	228.64（18.3）	159.39（12.8）
	2013	444.74（15.2）	**1196.10（41.0）**	518.60（17.8）	400.97（13.7）	358.12（12.3）
	2015	248.37（8.4）	**1059.97（35.7）**	457.43（15.4）	394.74（13.3）	806.93（27.2）
印度尼西亚	1996	50.01（12.4）	78.85（19.5）	**168.32（41.6）**	86.77（21.5）	20.46（5.1）
	2003	68.83（23.8）	43.53（15.0）	**112.51（38.9）**	40.71（14.1）	24.02（8.3）
	2013	245.19（15.6）	262.22（16.7）	**647.12（41.2）**	285.30（18.2）	129.11（8.2）
	2015	173.47（12.2）	213.95（15.0）	**552.23（28.7）**	230.90（16.2）	256.40（18.0）
马来西亚	1996	25.92（3.5）	**278.61（37.3）**	208.34（27.9）	171.91（23.0）	62.96（8.4）
	2003	43.90（5.6）	**398.55（50.8）**	168.10（21.4）	109.77（14.0）	63.51（8.1）
	2013	186.15（10.2）	**565.56（30.9）**	561.98（30.7）	316.70（17.3）	197.20（10.8）
	2015	119.45（6.8）	**527.82（30.0）**	505.80（28.7）	252.23（14.3）	356.45（20.2）
菲律宾	1996	44.88（12.9）	**113.18（32.6）**	98.13（28.3）	57.72（16.6）	32.92（9.5）
	2003	41.73（10.0）	**225.22（54.1）**	88.85（21.3）	30.16（7.2）	30.30（7.3）
	2013	103.81（17.2）	**183.69（30.4）**	154.07（25.5）	77.90（12.9）	84.15（13.9）
	2015	68.01（9.7）	**226.80（32.3）**	202.88（28.9）	88.79（12.7）	115.06（16.4）
泰国	1996	58.02（8.3）	181.92（26.1）	**250.55（35.9）**	145.98（20.9）	61.21（8.8）
	2003	111.46（15.0）	202.73（27.3）	**238.46（32.1）**	130.99（17.6）	58.57（7.9）
	2013	490.82（19.9）	469.72（19.0）	**876.62（35.5）**	413.73（16.8）	216.44（8.8）
	2015	297.03（14.7）	415.54（20.6）	**699.54（34.6）**	361.33（17.9）	246.75（12.2）
越南	1997	3.42（4.1）	1.19（1.4）	**54.96（65.5）**	2.11（2.5）	22.21（26.5）
	2003	8.38（3.7）	26.92（11.9）	**115.20（51.0）**	45.00（19.9）	30.59（13.5）
	2013	83.98（6.8）	311.72（25.1）	**556.13（44.9）**	169.78（13.7）	118.19（9.5）
	2015	92.67（5.6）	416.40（25.1）	**654.39（39.5）**	270.03（16.3）	224.26（13.5）

资料来源：根据联合国商品贸易统计数据库整理计算，https://comtrade.un.org/data/。

注：①括号前为贸易额，括号内表示该国在产品内各生产阶段的贸易占比，其中最高比例加粗标注。②由于数据统计的可获得性，越南在20世纪90年代统计的是1997年的数据。

二、东亚生产网络中主要经济体的进出口产品价值特征

一方面，东亚地区的中间品进出口贸易繁荣，部分国家中间品进口（出口）额占进口（出口）总额的 60% 以上，反映了东亚垂直专业化分工的迅速发展。通过划分产品生产阶段核算各国进出口产品特征发现，东亚不同经济体进出口的主要产品位于价值链分工的不同区段，体现出东亚各个经济体之间存在广泛、深入的生产分工协作关系，而各经济体优势生产区段的差异也体现了其在价值链分工地位上的差异。

而另一方面，即使一个经济体的进出口产品比重特征未发生明显改变，若其在产品内分工某个特定区段的单位出口价值得到了提高，即揭示出该经济体在这个生产区段内高价值含量的复杂产品出口比重提高，从而在一定程度上反映出其分工地位的提高；若一个经济体在产品内分工某个特定区段的单位进口价值较高，则表明该经济体在东亚生产网络中承担了该生产区段的复杂产品。因此，对东亚主要经济体价值链分工每个特定区段进出口产品价值的测算和分析可以反映出一个经济体在某个特定生产区段内进口（出口）产品的品质差异，从而可以间接解释不同经济体在同一个生产区段内的分工位置差异。下面我们即对东亚主要经济体在价值链分工五个不同生产阶段的进出口产品价值特征进行分析，从而对东亚生产网络中不同经济体的位置分布加以考察。

（一）东亚经济体分产品阶段的出口产品价值特征

CEPII-BACI 数据库[①]提供了不同编码标准下不同国家各类产品的进出口总额，以及以统一单位衡量的进出口数量，可以用来测算各经济体不同类别产品的进出口单位价值。利用上述数据库，根据联合国编码转换对照表（先利用 HS1992-HS1996 对照表，再利用 HS1996-BEC 对照表），测算东亚主要经济体在产品内分工各生产阶段的出口和进口单位价值，结果分别如表 3.7 和表 3.8 所示。

---

① CEPII-BACI 数据库是由 CEPII 开发的世界贸易数据库，原始数据由联合国统计司（COMTRADE 数据库）提供，包含了 200 多个国家历年进出口目的地、HS 六分位编码、产品进出口数量、产品进出口价值等信息，且所有 HS 六分位编码产品进出口数量单位统一为"吨"，进出口价值单位统一为"千美元"，因此可以用来计算 HS 六分位编码进出口产品平均价格。

通过比较产品内分工各阶段的单位出口价值发现，东亚各经济体普遍在零部件出口阶段单位价值最高，资本品次之，消费品再次之，半成品和初级产品出口价格最低。这与我们的主观理解相一致，也解释了专业化对于零部件和资本品生产阶段的生产能获得较其他阶段更高附加值的事实。

对不同国家、各分工阶段的产品出口价值加以比较，可以发现：第一，菲律宾、马来西亚、新加坡、日本和韩国零部件单位出口价值较高，结合表 3.5 中日本、新加坡、马来西亚和菲律宾零部件出口比重也较高的事实，可知以上四国在零部件生产和出口上具有明显的比较优势，主要出口零部件生产区段内价值含量较高的复杂产品。越南和印度尼西亚在 1996 年和 2003 年的零部件出口价格均较低，不同的是越南零部件出口价格上升明显，印尼依旧出口低价零部件。中国的零部件出口价格在东亚也属于较低水平，但从零部件单位出口价值稳步提升的趋势可以看出，中国零部件生产优势正在累积，逐步向零部件生产的较高环节移动。第二，新加坡、菲律宾和马来西亚资本品出口价值较高，反映出这些国家在价值含量高的复杂资本品的生产和出口上优势明显。相比 1996 年，2015 年日本和菲律宾资本品出口价值下降明显，中国、泰国和越南资本品出口价值有大幅提高，揭示了以上国家在资本品生产上的差距在缩小。第三，东亚主要国家的半成品出口价值相差不大且相对比较稳定，日本和新加坡半成品出口价值略大于其他国家，在半成品生产阶段的分工地位高于其他国家。第四，不同国家消费品出口价值相差较大。尽管从表 3.5 可知，中国、泰国和越南消费品出口比重最高，但从单位出口价值看，以上三国与日本、韩国和新加坡的差距确实不小，尤其是中国消费品出口的单位价值在东亚几乎是最低的，揭示了中国、泰国和越南主要生产和出口低价值含量的低端消费品。第五，初级产品的出口价值普遍不高，新加坡略高于其他东亚国家。总体来看，各国在初级产品生产阶段的差距较小，即东亚主要国家在该生产阶段上的地位相当，各国生产并出口的初级产品价值含量和复杂程度也相当，这与初级产品的特性相关。

概括起来，从单位出口价值看，新加坡在产品内分工五个生产阶段的出口上都有优势，在东亚生产网络中从事各个生产区段内的高价、复杂产品的生产和出口，处于价值链分工的高端位置。日本在零部件、消费品和半成品三个阶段的分工位置较高，韩国的优势是复杂消费品的生产与出口。马来西亚在零部件和资本品两个阶段出口优势明显，主要从事这两个生产区段中复杂产品的生产。菲律宾在零部件生产区段分工位置较高，近年来已逐渐失去资本品生产优势。中国、印度尼西亚、泰国和越南在各阶段的出口产品价值均低于其他几国，但是中国和越南资本品和零部件的出口价值皆有了显著提升，这反映了在资本品和零部件生产区段上，中国和越南逐步向更高环节的复杂产品移动，它们在这两个分工阶段的分工位置有所提升。

表 3.7　东亚主要经济体在产品内分工各阶段的出口单位价值　　单位：美元

经济体	年份	产品内分工生产阶段				
		初级产品	中间产品		最终产品	
			零部件	半成品	资本品	消费品
中国	1996	0.12	5.62	0.06	3.08	0.14
	2003	0.07	9.15	0.45	8.83	1.22
	2013	0.17	9.86	1.25	15.19	0.57
	2015	0.13	9.85	1.02	15.50	0.47
日本	1996	0.22	20.76	1.37	14.33	8.80
	2003	0.13	15.50	1.16	0.57	9.76
	2013	0.18	17.55	1.57	12.34	9.83
	2015	0.14	16.81	1.33	10.05	9.13
韩国	1996	0.37	17.55	1.29	1.68	6.47
	2003	0.31	12.83	0.86	1.19	5.08
	2013	0.38	16.31	1.14	5.93	6.02
	2015	0.30	16.53	0.96	4.66	5.94
新加坡	1996	0.59	16.87	1.32	18.04	4.87
	2003	0.34	37.57	1.19	17.93	3.64
	2013	0.56	66.32	1.84	18.96	8.24
	2015	0.52	64.32	1.57	12.12	8.24
印度尼西亚	1996	0.08	7.72	0.43	8.31	3.82
	2003	0.09	7.79	0.41	0.64	0.03
	2013	0.08	8.15	0.67	6.64	3.97
	2015	0.07	7.56	0.54	3.56	4.48

经济体	年份	产品内分工生产阶段				
		初级产品	中间产品		最终产品	
			零部件	半成品	资本品	消费品
马来西亚	1996	0.20	32.45	0.52	9.60	3.28
	2003	0.24	34.05	0.39	16.29	2.30
	2013	0.27	56.75	0.67	25.91	3.56
	2015	0.13	43.32	0.56	24.23	2.74
菲律宾	1996	0.12	69.71	0.90	29.38	2.62
	2003	0.09	74.90	0.65	30.46	1.83
	2013	0.06	38.94	1.38	12.48	1.55
	2015	0.06	40.84	1.12	4.84	1.81
泰国	1996	0.33	15.61	0.56	10.41	1.34
	2003	0.26	17.26	0.51	8.94	1.23
	2013	0.40	12.98	0.87	14.10	1.76
	2015	0.26	12.93	0.71	14.51	1.31
越南	1996	0.16	6.20	0.47	6.06	1.74
	2003	0.15	6.96	0.54	2.10	2.19
	2013	0.27	18.90	0.51	40.31	3.22
	2015	0.17	22.88	0.59	50.50	3.48

资料来源：根据 CEPII-BACI 数据库相关数据整理计算。

注：以 1996 年为基期，利用国内生产总值（GDP）平减指数消除通货膨胀的影响。

（二）东亚经济体分产品阶段的进口产品价值特征

进一步观察表 3.8 中东亚主要经济体在产品内分工各生产阶段的进口单位价值情况可以发现，产品内分工各阶段进口价值依旧是零部件最高，资本品次之，消费品再次之，半成品和初级产品最低，这与分工各阶段的产品特征相关，并且同各阶段产品出口单位价值的排序是一致的。

表3.8　东亚主要经济体在产品内分工各阶段的进口单位价值　　　单位：美元

经济体	年份	产品内分工生产阶段				
		初级产品	中间产品		最终产品	
			零部件	半成品	资本品	消费品
中国	1996	0.20	11.92	0.77	8.76	2.01
	2003	0.11	22.07	0.64	12.12	0.03
	2013	0.18	41.78	1.30	26.01	3.09
	2015	0.11	35.34	1.05	28.17	2.58
日本	1996	0.11	26.18	0.79	16.38	5.61
	2003	0.10	21.59	0.73	22.33	4.07
	2013	0.24	14.99	0.98	26.73	5.37
	2015	0.14	13.42	0.70	23.96	5.10
韩国	1996	0.11	34.76	0.78	11.12	3.79
	2003	0.11	34.63	0.60	12.00	1.94
	2013	0.27	24.61	0.94	9.45	4.06
	2015	0.15	23.42	0.75	10.81	4.24
新加坡	1996	0.07	32.06	1.04	6.73	3.40
	2003	0.15	31.53	0.91	6.52	3.01
	2013	0.27	63.47	1.18	7.78	4.71
	2015	0.15	60.07	0.88	7.34	4.00
印度尼西亚	1996	0.19	11.25	0.73	8.44	0.82
	2003	0.14	8.29	0.50	6.00	0.83
	2013	0.36	8.95	0.83	7.75	2.16
	2015	0.20	8.21	0.68	8.05	1.75
马来西亚	1996	0.16	15.12	0.71	1.13	1.72
	2003	0.11	26.39	0.62	2.05	1.22
	2013	0.25	20.52	1.17	15.68	2.70
	2015	0.11	17.40	0.78	10.40	2.05
菲律宾	1996	0.14	16.50	0.63	8.03	1.79
	2003	0.13	24.66	0.58	5.12	1.12
	2013	0.24	17.32	0.74	7.85	2.11
	2015	0.11	15.82	0.61	6.37	1.81
泰国	1996	0.17	11.84	0.83	6.34	3.64
	2003	0.16	16.19	0.72	0.98	2.39
	2013	0.39	14.91	1.05	15.99	2.02
	2015	0.21	13.79	0.94	16.71	2.50

经济体	年份	产品内分工生产阶段				
		初级产品	中间产品		最终产品	
			零部件	半成品	资本品	消费品
越南	1996	0.30	6.48	0.53	7.30	4.39
	2003	0.12	1.39	0.88	3.43	1.87
	2013	0.27	26.51	1.26	13.40	2.70
	2015	0.20	25.46	0.85	8.93	2.15

资料来源：根据 CEPII-BACI 数据库相关数据整理计算。

比较不同国家各分工阶段产品的进口单位价值可知：第一，日本、韩国、新加坡、马来西亚和菲律宾零部件的进口单位价值在东亚各国中处于最高水平。并且，日本、韩国和新加坡用于最终生产和消费的产品也是价值含量高的复杂产品。第二，中国的零部件、资本品在前两个时间点的进口单位价值在东亚各国中处于中等水平，反映中国在东亚生产网络中承接了价值含量中等、复杂度一般的零部件和资本品的生产，但是 2013 年和 2015 年中国进口资本品和零部件单位价值有了明显提升，进一步证实中国在东亚生产网络中的分工地位稳步攀升。第三，印度尼西亚、泰国和越南在五个生产阶段的进口单位价值都较低，表明这些国家在产品内分工各阶段承接的都是东亚生产网络中价值含量最低的简单产品的生产，但 2013 年和 2015 年的统计结果表明，泰国在资本品生产阶段、越南在资本品生产阶段和零部件生产阶段的分工位置有所改善。

第三节 东亚生产分工网络勾画

东亚地区各个经济体通过中间产品和零部件贸易形成稳定的投入产出关联，并最终形成错综复杂的生产分工网络。本节首先利用产品贸易数据，分析东亚区块与全球生产网络其他区块之间的零部件贸易流向，以测算东亚区块和世界其他区块之间的投入产出关联。通过保留较大的关联，舍弃较小的关联，即可勾画出全球生产网络的整体布局及东亚在其中的位置。之后，按照同样的方法，测算东亚主要经济体之间的贸易关联，考察各经济体之间的价值链分工依赖程度，勾勒出东亚地区生产分工网络的形态。

一、全球生产网络的区域分布

在区域经济一体化的推动下，全球生产网络的组织形式更多地表现为国际生产分工在地区层面的迅速发展，全球价值链分工具有明显的区域特征。目前，北美、欧盟和东亚成为全球三个最主要的区域性生产分工网络，我们称之为全球价值链分工的"核心区域"。与此同时，随着发展中经济体纷纷参与到全球生产网络之中，为了更加全面地勾勒全球价值链分工中不同区块之间的关联，我们还考虑了南亚、中东和非洲、西亚、大洋洲、南美五个区块，并将这五个区块称为全球价值链分工的"边缘区域"。①利用 2015 年区域层面的零部件贸易数据，以一个区域流向其他区域的零部件占该区域零部件出口总额的比重衡量两区域之间的价值链关联度强弱，分析不同区块之间的价值链合作程度及投入产出关联。表 3.9 列出了各大区域之间的零部件出口额及其占该区域零部件出口总额的比重，对比重超过 10% 的加粗标示。

表 3.9 中的数据测算结果表明，全球生产网络呈现明显的三足鼎立局面，其中，东亚占据绝对的主导地位。2015 年东亚零部件出口额约为 13 950 亿美元，远高于欧盟与北美，甚至比所有其他区块之和还多。并且，不同区块之间的零部件

---

① 根据能够获得的数据，南亚区块包括 4 个主要经济体，分别为巴基斯坦、印度、斯里兰卡、尼泊尔；中东和非洲区块包括 23 个主要经济体，分别为埃及、沙特阿拉伯、阿联酋、摩洛哥、突尼斯、约旦、喀麦隆、布基纳法索、塞内加尔、贝宁、尼日尔、几内亚、中非共和国、多哥、南非共和国、乌干达、赞比亚、布隆迪、卢旺达、马达加斯加、肯尼亚、莫桑比克、毛里求斯；西亚区块包括 15 个主要经济体，分别是土耳其、叙利亚、格鲁吉亚、伊拉克、伊朗、巴林、阿富汗、阿曼、也门、以色列、巴勒斯坦、黎巴嫩、卡塔尔、阿塞拜疆、亚美尼亚；大洋洲区块包括 12 个主要经济体，分别是澳大利亚、斐济、基里巴斯、马绍尔群岛、密克罗尼西亚联邦、新西兰、帕劳、巴布亚新几内亚、萨摩亚、所罗门群岛、汤加、图瓦卢；南美区块包括 12 个主要经济体，分别为哥伦比亚、委内瑞拉、圭亚那、苏里南、厄瓜多尔、秘鲁、巴西、玻利维亚、智利、巴拉圭、乌拉圭、阿根廷。

贸易呈现以下几点特征：第一，东亚、北美、欧盟三大区域内部的价值链合作程度远高于跨区域的价值链合作程度，说明运输成本下降和通信技术进步虽然使得空间距离对贸易的影响大大降低，但距离仍然是阻碍价值链合作的主要因素，在一定程度上限制了三大区域之间的零部件贸易。第二，在全球生产网络中，北美对东亚市场的依赖程度远高于对欧盟市场的依赖，而欧盟对东亚和北美的依赖程度相当。第三，三大核心区块之间的价值链合作程度高于它们与边缘区块的合作程度。在全球价值链分工中，核心区块对边缘区块的依赖程度较低；相反，边缘区块对三大核心区块的零部件市场依赖度非常高，大量的零部件流向了东亚、北美和欧盟市场。

表 3.9　2015 年区域之间零部件出口流向　　　　单位：亿美元，%

区域	东亚	北美	欧盟	中东和非洲	南亚	西亚	大洋洲	南美
东亚	9384.50 **(67.27)**	678.37 **(17.46)**	939.28 **(11.05)**	78.49 **(16.03)**	34.60 **(16.35)**	64.88 **(21.20)**	18.62 **(27.40)**	7.8 (4.46)
北美	1919.60 **(13.76)**	2368.08 **(60.95)**	948.29 **(11.16)**	48.49 (9.90)	46.99 **(22.21)**	39.79 **(13.00)**	18.16 **(26.73)**	59.23 **(33.85)**
欧盟	1276.01 (9.15)	386.79 (9.95)	5134.28 **(60.41)**	176.12 **(35.96)**	55.76 **(26.35)**	102.70 **(33.55)**	7.84 **(11.54)**	24.82 **(14.19)**
中东和非洲	324.04 (2.32)	133.92 (3.45)	542.39 (6.38)	35.01 (7.15)	30.76 **(14.54)**	26.35 (8.61)	3.88 (5.72)	4.45 (2.54)
南亚	279.77 (2.01)	27.41 (0.71)	96.23 (1.13)	6.81 (1.39)	5.61 (2.65)	4.10 (1.34)	0.74 (1.09)	0.85 (0.49)
西亚	218.21 (1.56)	95.41 (2.46)	342.47 (4.03)	64.58 **(13.19)**	19.37 (9.15)	25.94 (8.47)	0.99 (1.46)	0.71 (0.41)
大洋洲	129.13 (0.93)	55.35 (1.42)	54.96 (0.65)	1.90 (0.39)	2.16 (1.02)	0.94 (0.31)	14.62 **(21.52)**	0.55 (0.31)
南美	237.45 (1.70)	106.01 (2.73)	163.73 (1.93)	5.47 (1.12)	7.50 (3.54)	4.05 (1.32)	1.14 (1.67)	71.45 **(40.84)**
其他	181.84 (1.30)	34.05 (0.88)	278.03 (3.27)	72.91 **(14.89)**	8.83 (4.17)	37.33 **(12.20)**	1.96 (2.87)	5.10 (2.91)
总额	13 950.55	3885.39	8499.66	489.78	211.58	306.08	67.95	174.96

资料来源：根据联合国商品贸易统计数据库整理计算，https://comtrade.un.org/data/。

注：非洲包括所有非洲国家及中东国家。括号上方数据为零部件出口额，括号内数据为出口额占出口总额的比重。由于四舍五入，表中数据加总存在误差，表3.10、表3.11 同。

　　我们以区域之间零部件出口占该地区零部件总出口的比重反映区域之间的投入产出关联,在勾勒区域间零部件流向时忽略较弱的关联,只考虑比重超过10%的出口目的区域,从而大致勾画出全球生产网络的价值链合作布局,如图 3.1 所示。其中,箭头的方向表示产品的流向,圆圈大小表示区域零部件出口规模大小。

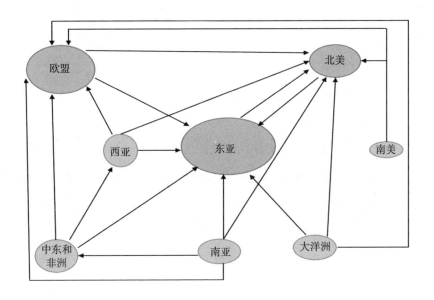

图 3.1　全球生产网络的区域分布

资料来源:胡昭玲,张咏华.APEC 区域经济合作发展报告:东亚价值链分工与合作现状[M]. 北京:高等教育出版社,2017。

　　显然,无论在零部件贸易规模上,还是在价值链分工关联程度上,东亚、欧盟和北美均位于全球生产网络的核心位置。三大区块之间的价值链分工合作相对于边缘区域较为密切,而且均对边缘区域的价值链分工与贸易起着重要作用。在本书分析的八大区域中,东亚无疑在全球生产网络中居于最重要的地位。中东和非洲、南亚、西亚、大洋洲、南美区域位于全球生产网络的边缘,不仅在零部件贸易规模上远低于核心区域,而且对整个生产网络形成和发展的作用也明显较低。

二、东亚生产分工网络布局

不同于北美自由贸易区和欧盟,东亚生产网络的空间分布非常广泛,包括不同规模、不同经济发展水平的众多经济体。东亚生产网络最初只是起源于东亚的个别国家,之后快速扩展到东盟各国,最后将重心转向中国,形成了非常完整、成熟的区域生产分工体系。整个生产网络经历几十年的平稳发展,在一般机械、电子机械、运输设备、精密仪器等制造领域,区域内不同经济体的企业之间形成了非常稳定的生产关系,推动了整个东亚经济的快速增长,引起了东亚贸易结构的显著变化,并改变了东亚经济体与区域内外国家和地区的国际分工状况。

(一)东亚经济体之间的生产分工合作现状

通过分析东亚主要经济体之间的投入产出关联,可以考察东亚经济体之间的价值链依存度和生产合作关系。我们利用 2015 年双边贸易数据,统计东亚主要经济体的零部件出口流向,以流向一国的零部件出口比重大小反映生产分工中价值链合作关系的强弱。东亚生产网络主要由东北亚子区块和东盟子区块两个部分组成,我们分别分析了这两个子区块的情况。表 3.10 显示了东北亚 5 个经济体的零部件出口流向,表 3.11 显示了东盟 6 个主要经济体的零部件出口流向,对比重超过 10%的加粗标示。

从表 3.10 可知,第一,中国大陆(内地)是中国台湾、中国香港、日本和韩国最重要的价值链合作伙伴,以上 4 个东北亚经济体对中国大陆(内地)的零部件出口比重均超过 19%,同时,中国大陆(内地)对东北亚经济体的价值链依赖程度也较高。第二,不同东北亚经济体对东亚区域生产网络的依赖度存在较大差异。中国台湾和中国香港对东北亚内部零部件出口的比重分别约为 80%、90%,韩国为 67%,中国大陆(内地)和日本在 55%左右。第三,东北亚经济体与其他经济体之间的价值链合作关系不均衡,总体来看,东北亚经济体之间的价值链分工合作关系强于东北亚经济体与东盟经济体之间的分工合作。

就具体的东北亚经济体而言,中国大陆(内地)与东北亚经济体之间的价值链分工合作非常密切,其零部件主要出口目的地为中国香港、韩国、日本和中国台湾；而同东盟经济体零部件贸易比重不高，价值链合作程度较低。日本零部件出口分布比较合理，与东亚主要经济体都有一定程度的价值链合作，其中，中国大陆（内地）是日本最重要的零部件出口目的地，其次是泰国、中国香港、中国台湾和韩国。韩国最大的零部件出口目的地是中国大陆（内地），中国香港和越南也是韩国零部件重要的出口目的地。中国香港对中国内地的依赖度很高，零部件出口占比接近80%；中国香港与东亚其他经济体的价值链合作关系都比较薄弱，除日本外对其他经济体的零部件出口占比均不足2%。中国大陆（内地）、中国香港和新加坡是中国台湾最重要的价值链合作伙伴，此外，中国台湾同日本、韩国也有较强的价值链合作关联。

表 3.10　2015 年东北亚主要经济体零部件出口流向　　单位：亿美元，%

目的地	出口地				
	中国大陆（内地）	中国香港	日本	韩国	中国台湾
中国大陆（内地）	—	**1700.0** **(77.63)**	346.11 (19.89)	**591.48** **(35.63)**	317.13 (25.78)
中国香港	**1110.0** **(26.62)**	—	100.29 (5.76)	**188.23** **(11.34)**	253.73 (20.63)
日本	274.36 (6.58)	50.50 (2.31)	—	55.39 (3.34)	94.91 (7.72)
韩国	280.87 (6.74)	37.97 (1.73)	89.61 (5.15)	—	88.02 (7.16)
中国台湾	177.34 (4.25)	41.18 (1.88)	98.58 (5.67)	44.37 (2.67)	—
新加坡	123.40 (2.96)	29.78 (1.36)	45.59 (2.62)	46.87 (2.82)	**125.04** **(10.17)**
马来西亚	80.70 (1.94)	16.41 (0.75)	43.50 (2.50)	15.98 (0.96)	34.19 (2.78)
泰国	76.86 (1.84)	22.69 (1.04)	101.49 (5.83)	13.05 (0.79)	19.61 (1.59)
菲律宾	33.45 (0.80)	15.38 (0.70)	29.86 (1.72)	35.29 (2.13)	26.31 (2.14)
越南	115.11 (2.76)	28.65 (1.31)	33.04 (1.90)	119.64 (7.21)	14.14 (1.15)

续表

目的地	出口地				
	中国大陆 （内地）	中国香港	日本	韩国	中国台湾
印度尼西亚	43.72 （1.05）	5.05 （0.23）	38.62 （2.22）	7.75 （0.47）	3.85 （0.31）
世界其他地区	1842.52 **（44.18）**	240.39 **（10.98）**	808.61 **（46.48）**	540.36 **（32.56）**	253.64 **（20.62）**

资料来源：根据联合国商品贸易统计数据库整理计算，https://comtrade.un.org/data/。

由表 3.11 可以看出，东盟经济体参与地区生产分工的特点如下：第一，相比东北亚经济体，东盟各国对东亚地区生产网络的依赖度更高。东盟各国流向东亚区域内的零部件出口比重均值接近 70%，新加坡流向区域内的零部件比重更是超过了 76%，仅有不足 24%的零部件流向了东亚区域外。第二，在地区生产分工中，东盟经济体对东北亚经济体的依赖度高于东盟经济体之间的相互依赖度。东北亚子区块中的中国内地、中国香港及日本都是东盟经济体重要的零部件出口目的地，而东盟子区块中只有新加坡是东盟经济体比较重要的零部件出口目的地。第三，东盟经济体之间的价值链合作关系存在较大差异。相对于其他国家，新加坡在区域经济合作中一直采取更加积极的态度，2000 年以后，其相继与亚太地区的众多国家（地区）签订了自由贸易协定，这些努力不断地提升着新加坡与东盟经济体之间的分工合作力度，新加坡与马来西亚的价值链分工联系较为密切，同印度尼西亚和菲律宾的零部件贸易往来也比较活跃；马来西亚与新加坡经济发展水平和地理位置都比较相近，但马来西亚与新加坡和泰国以外的东盟国家间价值链合作并不密切；泰国与东盟国家间的分工合作关系比较均衡；菲律宾对新加坡的分工依赖度最高（11.23%），对印度尼西亚的依赖度最低（0.68%）；越南与东盟经济体之间的合作关系都较为薄弱，具有进一步提升的空间；印度尼西亚与新加坡、泰国和马来西亚之间有较为密切的生产合作关系，与菲律宾和越南也有较强的价值链关联。

表 3.11　2015 年东盟各经济体零部件出口流向　　　　单位：亿美元，%

目的地	出口地					
	新加坡	马来西亚	泰国	菲律宾	越南	印度尼西亚
中国大陆（内地）	239.90 (17.26)	93.97 (16.44)	47.85 (11.26)	23.76 (8.62)	25.76 (13.47)	2.36 (2.32)
中国香港	272.47 (19.60)	64.02 (11.20)	40.69 (9.58)	46.58 (16.90)	29.14 (15.24)	2.30 (2.26)
日本	67.04 (4.82)	31.44 (5.50)	46.18 (10.87)	47.23 (17.14)	29.10 (15.22)	13.59 (13.37)
韩国	76.68 (5.52)	12.97 (2.27)	9.27 (2.18)	9.33 (3.39)	21.92 (11.46)	1.95 (1.92)
中国台湾	93.25 (6.71)	18.38 (3.21)	11.18 (2.63)	15.44 (5.60)	2.88 (1.51)	1.01 (0.99)
新加坡	—	108.84 (19.04)	18.54 (4.36)	30.95 (11.23)	3.14 (1.64)	19.28 (18.97)
马来西亚	122.95 (8.85)	—	33.01 (7.77)	6.59 (2.39)	4.79 (2.50)	6.56 (6.45)
泰国	58.03 (4.18)	31.16 (5.45)	—	14.15 (5.14)	4.89 (2.56)	9.60 (9.45)
菲律宾	20.93 (1.51)	6.99 (1.22)	12.68 (2.98)	—	2.19 (1.15)	3.88 (3.82)
越南	37.64 (2.71)	5.61 (0.98)	13.76 (3.24)	3.39 (1.23)	—	2.53 (2.49)
印度尼西亚	71.22 (5.12)	7.10 (1.24)	17.41 (4.10)	1.87 (0.68)	6.24 (3.26)	—
世界其他地区	332.94 (23.95)	191.53 (33.50)	174.24 (41.02)	76.57 (27.79)	61.16 (31.98)	38.46 (37.84)

资料来源：根据联合国商品贸易统计数据库整理计算，https://comtrade.un.org/data/。

（二）东亚生产网络的勾画

根据表 3.10 和表 3.11 中显示的东亚主要经济体之间的零部件贸易流向，可以勾勒出东亚生产网络的轮廓。仍然以某一经济体对另一经济体零部件出口占其零部件总出口的比重来反映东亚生产网络内部各个经济体之间的投入产出关联，根据价值链关联的强弱，舍去较弱的关联，保留较强的关联，勾画出东亚生产网络内部的价值链合作布局。图 3.2 中带箭头的线段或折线表示经济体之间的关联，箭头方向代表零部件流动方向，箭头大小代表经济体之间投入产出关联的强度。若某个经济体与 5 个以上其他经济体之间有较强的关联，是东亚生产网络上非常重要的节点，则该经济体用椭圆表示；若与某个经济体存在较强关联的经济体个数少于 5 个，是东亚生产网络上的一般节点，则该经济体用方形表示。

如图 3.2 所示，东亚生产网络主要包括两个子区块——东北亚和东盟，中国内地和中国香港是连接这两个子区块的枢纽。在本书研究的 11 个东亚经济体中，8 个与中国内地有着密切的分工合作关系，7 个与中国香港合作紧密，4 个与新加坡、4 个与日本的零部件贸易往来比重较大。中国内地和中国香港是东亚区域生产分工的中心，新加坡和日本在东亚价值链分工中也具有重要地位。从两个子区块来看，中国内地是东北亚子区块的核心，中国香港同样起着关键作用；东盟子区块中各经济体规模相当，新加坡在东盟子区块中的领导力量较为明显，正在逐步形成核心地位。

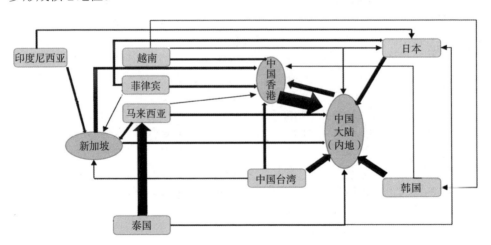

图 3.2 东亚价值链分工网络

需要注意的是，图 3.2 显示的东亚生产网络布局中的关联强弱是以各经济体零部件出口占比高低作为标准，即如果一个经济体流向另一个经济体的零部件占该经济体零部件出口总额的比重较高，则认为存在较强关联，反之则关联较弱，并未考虑各经济体零部件出口的绝对规模。实际上，东亚内部各经济体的零部件出口规模存在很大差异，2015 年中国大陆零部件出口额为 4170 亿美元，而印度尼西亚仅为 101 亿美元。为了检验图 3.2 中结果的稳健性，以 2015 年各经济体零部件出口额占东亚（包括东盟）零部件出口总额的比重衡量其在东亚零部件贸易中的相对重要性，并以此为权重重新计算经济体之间新的关联强度，在此基础上重新勾画东亚内部生产分工网络布局，结果如图 3.3 所示。可以看到，由于一些经济体（如菲律宾、泰国、印度尼西亚等）零部件出口的绝对规模较小，这些经济体及其主要关联在图 3.3 中被略去，但仍然可以看到中国大陆（内地）、新加坡分别在东北亚、东盟区块的重要位置，以及中国大陆（内地）在东亚价值链合作中的中心地位。中国作为世界上最大的发展中国家，在东亚地区的价值链合作中扮演了极为重要的角色。

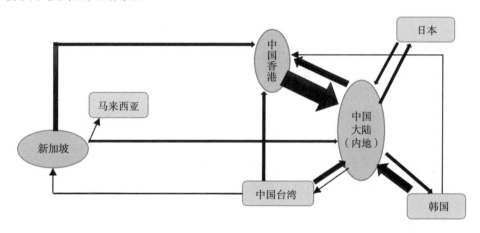

图 3.3　东亚价值链分工网络（加权后）

第四章　东亚经济体参与价值链分工的特征

东亚是全球生产体系重要的组成部分之一，东亚生产网络及东亚各经济体的价值链分工形态呈现多方面的特征。本章在上文分析东亚生产网络演变与形态的基础上，对各经济体参与价值链分工的程度、所处的分工地位及其参与价值链分工的获益情况加以探讨。

第一节　有关价值链分工的测度方法

价值链分工的特征分析依赖于相关指标的构建与测度，目前运用最为普遍的三类度量方法分别是基于零部件贸易数据的度量方法、基于加工贸易海关数据的度量方法及基于投入产出表的度量方法。此外，近几年还兴起了基于全球投入产出表的测算方法和基于企业层面数据的测算方法，新的度量方法的出现与完善不断拓宽了全球价值链的研究范畴，对于这种新型生产分工模式的认识愈发深入。以上几类测度方法在数据复杂度、测量结果准确度和揭示的价值链分工信息完整性上各不相同。

一、价值链测度的主要方法

（一）基于零部件贸易数据的测度方法

利用零部件贸易数据度量价值链分工的主要优点是信息覆盖率高，测算的复杂度最低，并且易于进行跨国比较，能够识别一国与特定贸易伙伴之间的关系。但是这种度量方法最主要的缺点是度量结果的精确度较低，并且度量结果的准确性严重依赖于贸易统计的产品分类方法。通常情况下，零部件数据来自标准国际贸易分类（SITC）的加总，包括 SITC7（机械和运输设备）和 SITC8（杂项制品）。尽管在度量精确度上存在不足，但是这种度量方法数据简单且更新速度快，从联合国贸易数据库中能够获得每年的最新数据，因此运用这种方法测度国际分工的文献比较丰富，代表性研究文献包括 Yeats（1998）、Ng 和 Yeats（1999）、Athukorala（2006）、Gaulier 等（2007）、Orefice 和 Rocha（2014）。

（二）基于加工贸易海关数据的测度方法

基于加工贸易海关数据的测度方法，顾名思义，这种度量方法依赖于对海关统计数据的分析。使用的海关统计数据包含海关协议规定的相关贸易信息。值得注意的是，加工贸易只是国际分工的狭义衡量，捕捉的仅仅是元件或材料出口（进口）到国外（国内）进行加工，然后重新进口（出口）的例子，只能揭示价值链分工与贸易的表象。相关的研究文献有 Swenson（2005、2007、2013）对美国的研究，Helg 和 Tajoli（2005）对德国和意大利的研究，Egger 和 Egger（2001）、Baldone（2007）对欧盟的研究，Lemoine 和 Ünalkesenci（2002，2004）、Gaulier 等（2005）对中国的研究。

（三）基于投入产出表的测度方法

随着价值链分工研究的深入，出现了基于投入产出表（input-output table，简称 I-O 表）的度量方法。投入产出表揭示了国家之间、行业之间的投入产出关联，能够更加准确地表征价值链分工的本质。这类测度分为基于一国投入产出表和基于全球投入产出表两类不同方法。

1. 基于一国投入产出表的测算

基于一国投入产出表的测算方法主要被用于度量生产和出口中包含的国外投入成分。国际生产分工的重要特征就是总产出、总投入或总出口并不完全由一国所创造，而是包含大量的进口投入成分，最初基于 I-O 表的核算目的就是找出进口投入的份额。具体测量时依赖 I-O 表提供的信息，有时会辅以进口贸易统计数据。该度量方法的精确度取决于产品分解是否有效，产品分类越详细，越有助于确保对生产特征的识别并对生产链进行合理跟踪，即给定的某种产品确实是用于另一特定产品生产的中间产品。然而，产品中间投入和流向的数据通常难以获取，使得准确的面板或时间序列分析难以实施。

基于一国投入产出表的分析通常采用两种不同的指标（Hijzen，2005）：其一，侧重国内产出的国外内容，即总产出或总投入中的进口投入份额，由 Feenstra 和 Hanson（1996）提出并以不同的形式在其之后的文献中被广泛应用。其二，侧重出口中包含的直接和间接进口量，由 Hummels 等（1998，2001）提出，被称为"垂直专业化"，垂直专业化指数度量了生产至少在两个国家进行、货物至少两次跨越国际边界的情况。不同于第一种方法用总产出中直接进口投入份额表示分工程度，第二种方法增加了一个条件，即产出必须再出口且考虑出口中间接使用的进口投入。

2. 基于全球投入产出矩阵的测算

全球投入产出矩阵主要被用于测量生产和出口的价值增值来源。随着价值链分工在全球范围内扩张，"原产国"的概念越来越难以应用，产品的最大出口国并不代表贡献最大并获得最大的价值增值。因此，行业出口潜力和竞争力的分析需要考虑该行业融入价值链和中间投入品贸易的情况，对总量贸易的分析需要辅以对增加值贸易的分析。增加值贸易将出口总额分解为国内和国外增值部分，充分追踪了国外增值部分的原产国情况。

在增加值贸易背景下，分析贸易的经济影响需要更加准确的补充性指标，这类指标的构建涉及世界各国之间的所有双边中间投入信息。全球投入产出矩阵的出现，推进了更加一般化的 GVC 度量方法的出现。最近几年利用全球投入产出表捕捉嵌入在贸易中不同维度的价值增值的代表性文献包括 Johnson 和 Noguera（2012）、Daudin 等（2011）、Koopman 等（2010）。尤其是 Koopman 等（2010）提供了基于全球投入产出表的统一度量框架，整合了现有文献中存在的几种度量方法。在该框架下，总出口被完全分解成价值增值部分，先将总出口分解成国内和国外增值成分，并进一步将国内增值分解成最终成为直接进口（从国外回到出口国）的出口和售往第三国的间接出口，从而能够更好地追踪价值增值的来源。

二、不同测度方法的比较

图 4.1 显示了有关价值链分工的不同度量方法的比较，图中横轴表示计算方法所需数据的复杂程度，纵轴代表测度结果的准确性，圆圈大小表示衡量方法覆盖的信息范围，即衡量方法在何种程度上包含了全球维度的 GVC 信息。为了方便排序，将每个维度划分成 5 个不同的层次，那么，离横轴、纵轴越远且圆圈越大的度量方法意味着数据需求更复杂、度量结果更准确和全球覆盖率更高。

从图 4.1 中可以看出，利用零部件贸易数据度量价值链分工的优点是数据简单、能够非常好地反映价值链分工的信息，但是测量结果的准确度最低。加工贸易度量方法数据简单，度量结果准确，但是一般难以获得全球各国的加工贸易数据，因此信息覆盖范围最低。一国投入产出表度量方法覆盖范围广，对数据要求较低，度量结果准确性也较低。基于增加值的测算方法具备度量结果准确性高、覆盖信息广的优势，而这种方法对数据的要求非常高。由于全球投入产出矩阵编制工作量惊人，往往无法获得及时更新的数据。目前经济合作与发展组织（OECD）和世界贸易组织（WTO）提供的增加值数据库基本可以满足度量要求，因此基于增加值的度量在近几年的相关文献中非常受欢迎。基于企业层面数据的测算结果最准确，但这种度量方法对数据的要求特别高，目前在实践中大范围统计企业层面的投入产出关联还存在较大的困难，因此企业层面的数据度量还处于起步阶段。

总之，价值链分工的不同测算方法各有优势和劣势，在研究中需要根据研究目的和拟构建指标的特征合理选择度量方法。本章接下来对东亚主要经济体参与价值链分工的特征加以分析，根据不同指标的特点、可获取的最新数据并结合度量准确性和研究目的，我们分别采取了不同的方法，以期综合评价东亚主要经济体参与价值链分工的程度、地位及获益情况。

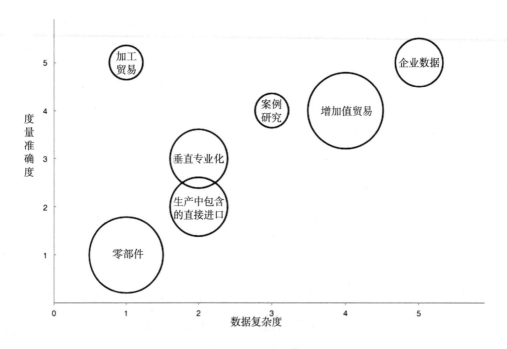

图 4.1　价值链分工不同测算方法的比较

资料来源：J Amador, S Cabral. Global Value Chains: Surveying Drivers and Measures. Working Paper, 2014.

第二节　东亚经济体参与价值链分工的程度

东亚地区作为全球价值链的发源地，价值链分工与贸易由来已久。得益于较早地实施区域内生产价值链分工，相比其他地区，东亚地区的各经济体能更为有效地参与到全球生产链条之中。深度参与区域生产分工有利于东亚各经济体充分发挥自身的比较优势，从而优化资源配置，推进区域产业结构良性发展。价值链分工的相对平稳发展，促进了东亚经济体生产效率和竞争力不断提升，也促使东亚地区的贸易和经济保持了相对高速增长的态势，而经济的增长又使价值链分工的进一步深化成为可能。

20世纪80年代中期和90年代早期，东亚发展中经济体纷纷加强政府调控力度，通过对外直接投资和出口导向战略迅速融入东亚价值链，也为区域价值链的发展注入了新的活力。与此同时，在制度层面，20世纪90年代后半期至21世纪初，WTO和APEC框架下的合作进程趋缓，而以欧盟和美国为中心形成了区域自由贸易网络，制度层面的变化激励和推动了亚洲国家（地区）对双边与区域贸易安排的重视，并与区域外国家积极进行自由贸易谈判（Gary和Wong，2005）。此外，东亚经济体在发展阶段与要素禀赋等方面具有差异性和互补性，加上其所拥有的地缘优势，这些都巩固了东亚生产网络，使得东亚经济体在全球价值链分工中有着更为突出的表现。本节采用零部件出口占比和全球价值链参与度两种不同的指标测度东亚主要经济体的价值链分工参与程度。

一、零部件出口占总出口的比重

价值链分工的快速发展改变了国际分工与贸易的方式，中间品贸易在东亚国际贸易中已经占据主导地位。2000年以后，东亚地区的总量贸易增长非常迅速，中国大陆（内地）、中国香港、中国台湾、日本、韩国和东盟6个主要国家（新加坡、马来西亚、泰国、菲律宾、越南、印度尼西亚）的总出口量由2000年的1.67万亿美元增加到2015年的5.35万亿美元，15年间增幅高达220.36%。与此同时，东亚各经济体的零部件出口也经历了快速增长，2000年东亚地区零部件出口总额为0.48万亿美元，2015年这一数值达到1.40万亿美元，15年间增幅为191.67%。值得注意的是，尽管零部件贸易增长迅速，但仍未超过总量贸易的增速。

由第一节的分析可知，零部件贸易能够较为准确地反映价值链分工的内涵，并且零部件贸易数据也比较容易获取，已有不少文献采用国际贸易标准分类SITC REV 2.0或者REV 3.0中的第7类和第8类机械产品零部件贸易来表示产品内国际贸易。因此，本节首先利用 CEPII-BACI 数据库①提供的 HS96 编码的六分位产品全球双边贸易数据，结合 BEC 分类标准，在 5000 多种产品中提取出 300 多种零部件产品。选取 2000 年、2005 年、2010 年和 2015 年四个时间节点，以东亚主要经济体零部件出口占其总出口的比重衡量经济体参与全球价值链分工的程度。测算结果呈现在表 4.1 中，对零部件出口比重超过 30% 的加粗标示。

东亚主要经济体在价值链分工程度上存在较大差异，在本书测算的 11 个东亚经济体中，只有越南、印度尼西亚两国在四个年份的零部件出口比重均值低于 10%，两国均值分别为 8.04% 和 8.23%；其他经济体的全球价值链参与度都较高，四个时间节点上的均值都接近或超过 20%，日本、中国台湾、新加坡、马来西亚和菲律宾 5 个经济体的均值则超过了 30%；中国大陆（内地）的价值链参与度在东亚地区属于较低水平，低于东亚整体的价值链参与度（26.89%）。值得注意的是，从变化趋势上看，东亚各主要经济体的价值链参与程度的变化趋势有所不同，相比 2000 年，2015 年价值链参与度提高的经济体有 5 个，价值链参与度下降的经济体有 6 个，但主要经济体的价值链参与度依旧很高。2015 年，中国香港、中国台湾、新加坡和菲律宾的价值链出口占总出口的比重超过了 40%，足见这种新型贸易方式在作为价值链贸易发源地的东亚具有非常重要的地位。

表 4.1　东亚整体和主要经济体参与全球价值链的程度　　　　单位：%

经济体	2000 年	2005 年	2010 年	2015 年	均值
中国大陆（内地）	12.92	17.33	19.71	18.29	17.06
日本	**33.32**	**30.86**	**30.88**	27.84	30.73
韩国	23.92	27.45	28.58	**31.50**	27.86
中国香港	28.36	25.93	22.15	**42.86**	29.83
中国台湾	**32.35**	**41.66**	**46.21**	**43.93**	41.04
新加坡	**41.52**	**34.18**	**33.39**	**40.06**	37.29
马来西亚	**34.47**	**34.91**	29.94	28.59	31.98

---

① BACI 数据库原始数据来自联合国商品贸易统计数据库，包含了全球 200 多个国家 HS 六分位产品的进出口价值和数量。进出口数量单位统一为吨，可以计算 HS 六分位产品的进出口单位价值。

经济体	2000 年	2005 年	2010 年	2015 年	均值
泰国	22.44	21.34	20.35	20.43	21.14
菲律宾	**52.62**	**60.51**	**54.98**	**46.98**	53.77
越南	5.59	6.50	8.25	11.80	8.04
印度尼西亚	8.73	10.21	7.20	6.78	8.23
东亚整体	28.50	27.02	25.85	26.17	26.89

资料来源：根据 CEPII-BACI 数据库整理计算。

二、全球价值链参与度

从全球价值链度量方法比较分析可知，以零部件和中间品测算一国价值链参与度可以获得最新的数据，但度量结果的准确性相对较低。因此，为了获得更加准确的全球价值链参与度数据，此处利用全球价值链参与度指标再次衡量东亚主要经济体参与全球价值链分工的程度。Koopman 等（2010）通过将一国出口附加值分解成出口中的间接附加值、出口中的外国附加值等几个部分，提出"全球价值链参与度"（GVC_Participation）核算指标，计算公式如下：

$$GVC\_Participation_{ic} = \frac{IV_{ic}}{E_{ic}} + \frac{FV_{ic}}{E_{ic}} \tag{4.1}$$

其中，IV_{ic} 表示 c 国 i 行业出口中包含的间接国内增加值，衡量有多少增加值被包含在 c 国 i 行业的中间品出口中并经一国加工后又出口给第三国，即别国出口中包含的本国增加值；FV_{ic} 表示 c 国 i 行业出口中的国外增加值；E_{ic} 表示 c 国 i 行业以增加值核算的出口额。该指标越大，表明价值链参与度越高。

由此可见，全球价值链参与度指标包含两个方面的内容：第一，出口中包含的国外增加值比重；第二，国内创造的增加值中用于别国出口的部分。而计算全球价值链参与度指标需要利用投入产出表对出口增加值进行详细分解，OECD 联合 WTO 基于世界投入产出数据库（WIOD）投入产出表数据发布的增加值贸易（Trade in Value Added）统计数据，时间跨度为 1995—2011 年，覆盖 OECD 国家、欧盟国家、非成员经济体，以及世界其他主要贸易国家或地区，涉及增加值贸易的 46 个统计指标，该数据库对增加值的详细分解，为增加值贸易核算提供了极大的便利。本书利用"体现在伙伴国出口中的国内附加值"参与全球价值链的前向关联度指标，以及通过"体现在本国出口中的国外附加值"参与全球价值链的后向关联度指标之和衡量全球价值链参与度。全球价值链参与度指标反映了一国加入国际分工和生产体系的程度，也是描述贸易和投资之间关联的有效指标。基于此，我们接下来整理、计算了 2011 年和 2000 年东亚主要经济体，以及东盟、东北亚经济体、欧盟 28 国和北美自由贸易区的全球价值链参与度，以进行比较分析，结果见图 4.2。

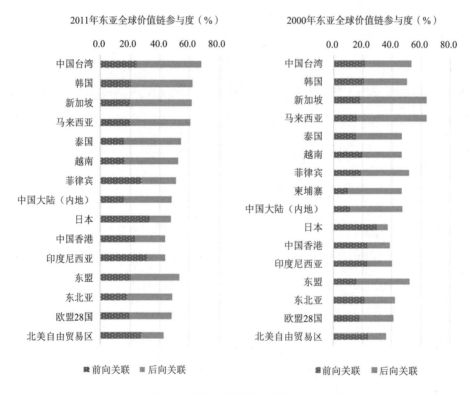

图 4.2　主要经济体全球价值链参与度（单位：%）

资料来源：根据 OECD-TiVA 数据库计算绘制。

由图 4.2 可知：第一，从全球价值链分工三大主要区块看，东亚区块价值链参与度最高，欧盟次之，北美最低；从东亚生产网络内部看，东盟价值链参与度超过了 50%，高于东北亚，表明了东亚价值链分工的深化发展。第二，大多数东亚经济体全球价值链参与度得到了提升，2011 年中国台湾、韩国、新加坡和马来西亚价值链参与度超过 60%，这些经济体极大地参与到了全球和地区生产网络之中；泰国、越南和菲律宾的全球价值链参与度在 50% 左右；中国大陆（内地）和日本的价值链参与度超过 47%，尽管在东亚处于中间偏下水平，但仍高于欧盟和北美自由贸易区的平均水平。第三，东亚各经济体已融入全球生产网络，在全球价值链中的上、下游关联程度都很高，尤其是上游关联更是密切。各经济体出口中包含了大量进口的国外增加值成分，这是东亚全球价值链参与度较高的主要原因。

第三节　东亚经济体的价值链分工地位

价值链分工地位是与经济体在国际生产网络中具体从事的价值链生产环节密切相关的。不同于参与度指标揭示各经济体在国际生产网络中的融入程度，价值链分工地位指标可以反映与分工利益相关的产品生产能力。通常价值链分工地位越高的经济体，越专业化于复杂产品的生产，能够创造越高的价值增值并获得越多的分工利益。随着东亚生产分工格局的不断演变，各经济体的价值链分工地位也随之发生变化。部分经济体通过价值链上的技术溢出及自身技术创新获得了技术赶超，分工地位不断攀升，部分经济体却由于种种原因面临价值链低端锁定的巨大风险。

针对价值链分工地位有不同的测度方法，大致分为三类：第一，利用产品层面数据测算出口产品价格、出口产品技术复杂度、出口产品国内技术含量、出口产品结构的相似度指数等衡量指标；第二，利用一国投入产出表数据可以测算价值链分工上游度、下游度指标；第三，利用全球投入产出数据测算增加值视角下的分工地位指标，例如，Koopman 等（2010）在增加值分解的基础上提出测算一国产业国际分工地位的"全球价值链参与地位指数"（GVC_Position）。在以上三种方法中，基于产品层面的测算数据较为简单，得到了大量运用；上游度和下游度指标更多地反映价值链分工的空间位置，而价值链分工地位与获利能力的关联度更高一些，因此使用较少；增加值视角的测算既能分析价值链分工地位，又能揭示各经济体参与价值链分工的获益情况，在相关研究中得到了广泛应用。本节主要选取产品出口价格及 GVC 地位指数两个不同指标对东亚主要经济体的价值链分工地位进行测算。

一、东亚经济体的出口价格

Schott（2004）的研究表明，当前各国出口产品的重叠度很高，但是不同国家出口的同类产品存在质量差异，如果将这种差异简化为出口产品的价格差异，即高价格型产品和低价格型产品，那么实证经验表明，发达国家往往出口同一产品中的高价格型产品，发展中国家则出口同一产品中的低价格型产品。我们借鉴这一方法，构建东亚经济体零部件出口价格与所有经济体零部件平均出口价格的差异指数，以分析东亚经济体的价值链分工地位，具体公式如下：

$$gp_{ct} = \frac{p_{ct} - p_{wt}}{p_{ct} + p_{wt}} \qquad (4.2)$$

其中，p_{ct} 为 c 国的零部件出口价格，p_{wt} 为世界零部件平均出口价格，gp_{ct} 为 c 国出口的零部件与世界零部件出口平均价格 p_{wt} 的差距。参照 Azha 和 Elliott（2006）的标准，当式（4.2）测算结果 ≥0.15 时，认为 c 国零部件出口价格显著高于世界零部件平均出口价格，即该国零部件质量优于世界平均水平，处于价值链分工的高端位置；当式（4.2）测算结果 <-0.15 时，认为 c 国零部件出口价格显著低于世界平均水平，即该国零部件质量低于世界平均水平，处于价值链的低端位置；当

式（4.2）测算结果位于（-0.15，0.15）时，表明 c 国零部件价格同世界平均水平接近，处于价值链中端位置。计算结果呈现在表 4.2 中，并将价格差距≥0.15 的加粗标示。

从表 4.2 的计算结果可知：第一，东亚主要经济体的全球价值链分工地位并不均衡，有零部件出口价格明显低于世界平均水平的印度尼西亚，也有零部件出口价格高于世界平均水平的中国台湾、新加坡等经济体。具体来看，日本、中国台湾、中国香港、新加坡、马来西亚和菲律宾等 6 个经济体在至少三个时间节点零部件出口的价差≥0.15；韩国、泰国和越南在 2～3 个考察的年份零部件出口的价格差异指数在-0.15～0.15；而中国和印度尼西亚明显在 2～3 个考察年份零部件出口的价格差异指数<-0.15，在 2015 年这两个国家的价格差异指数均为负值。第二，从变化趋势上看，东亚主要经济体的价值链分工地位有向上攀升的趋势。在本书测算的 11 个东亚经济体中，2015 年满足 gp_{ct} ≥ 0.15 的有 7 个经济体，分别是日本、中国台湾、中国香港、新加坡、马来西亚、菲律宾和越南，gp_{ct} ≤ -0.15 的只有印度尼西亚一国，即 2015 年大多数东亚经济体零部件出口价格高于世界平均水平；而 2000 年满足 gp_{ct} ≥ 0.15 的只有 5 个经济体，gp_{ct} ≤ -0.15 的有中国、中国香港和印度尼西亚三个经济体。可见，经过 16 年的发展，东亚经济体价值链分工地位得到了改善。值得注意的是，中国在 2000 年和 2005 年均处于全球价值链分工的低端位置，但 2010 年和 2015 年已经上升至中端位置，而同处于东亚价值链分工低端位置的印度尼西亚却依旧未实现价值链分工位置的攀升。第三，从东亚整体来看，除了 2008 年金融危机后的 2010 年东亚零部件出口均价与世界水平接近，其他三个时间点均高于世界水平。在 2000 年、2005 年和 2015 年，东亚均处于全球价值链分工的中端位置。尽管大多数东亚经济体的价值链分工位置较高，但由于中国大陆（内地）位于价值链分工的低端位置，加上中国零部件出口基数远大于东亚其他经济体，因此显著拉低了东亚整体的价值链分工位置。由此可见，提升中国的价值链分工地位对于提高东亚整体价值链分工地位至关重要。

表 4.2　东亚主要经济体零部件出口价格与世界的差距

经济体	2000 年	2005 年	2010 年	2015 年
中国大陆（内地）	-0.24	-0.18	0.00	-0.12
日本	**0.21**	0.06	**0.27**	**0.15**
中国台湾	-0.06	**0.42**	**0.59**	**0.56**
韩国	0.05	-0.01	**0.22**	0.14
中国香港	-0.31	**0.40**	**0.24**	**0.30**
新加坡	**0.57**	**0.49**	**0.70**	**0.67**
马来西亚	**0.39**	**0.49**	-0.89	**0.56**
泰国	**0.20**	0.02	**0.18**	0.02
菲律宾	**0.73**	**0.69**	**0.73**	**0.56**
越南	-0.02	-0.05	0.11	**0.29**
印度尼西亚	-0.16	-0.28	-0.12	-0.25
东亚整体	0.10	**0.15**	-0.14	0.10

资料来源：根据 CEPII-BACI 数据库测算整理。

二、GVC 地位指数

Koopman 等（2010）在增加值视角下将总出口分解为四个部分（见图 4.3），分别为直接国内价值增值（直接增值）、通过进口国出口到第三国的间接国内价值增值（间接增值）、重新进口的国内价值增加值（再进口）及国外价值增值，并在此基础上提出全球价值链地位指数（简称"GVC 地位指数"）测算方法。该度量方法基于对增加值的分解，构建思路如下：如果一国处于全球价值链的上游环节，该国更多地为别国生产中间产品，则其总出口中的间接国内增加值比例会高于国外增加值比例；反之，若一国处于全球价值链的下游环节，该国更多地使用别国生产的中间产品，则其总出口中间接国内增加值比例会低于国外增加值。因此，可以利用一国的中间品出口额（用于别国生产和出口最终产品）与该国的中间品进口额（用于本国生产和出口最终产品）进行比较，公式如下：

$$GVC\_Position_{ir} = \ln\left(1 + \frac{IV_{ir}}{E_{ir}}\right) - \ln\left(1 + \frac{FV_{ir}}{E_{ir}}\right) \tag{4.3}$$

其中，$GVC\_Position_{ir}$ 表示 r 国 i 行业在全球价值链中的地位，该指数值越大，表明该国越靠近全球价值链的上游位置，分工地位越高；该指数值越小，表明该国越靠近全球价值链的下游位置，分工地位越低。IV_{ir} 表示 r 国 i 行业间接增加值出口，即 r 国 i 行业向其他国家出口的中间品贸易额，衡量包含在 r 国 i 行业的中间品出口中并且经一国加工后又出口给第三国的增加值；FV_{ir} 则表示 r 国 i 行业出口的最终产品中包含的国外增加值，即 r 国 i 行业出口最终产品的国外进口中间品价值；E_{ir} 为 r 国 i 行业以"增加值"统计的出口额。

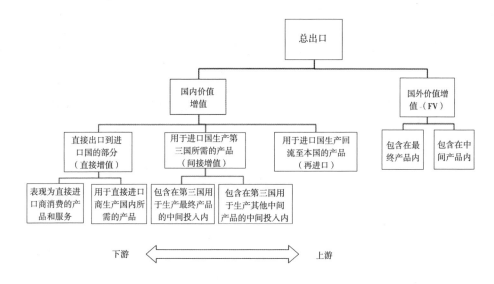

图 4.3　总出口的主要价值增值部分

资料来源：根据 Koopman 等（2010）整理。

我们利用投入产出表，测算了东亚主要国家的 GVC 地位指数，测算结果如表 4.3 所示，对指数为正值的加粗标示。基于零部件出口价格的测算结果表明，东亚经济体零部件出口价格高于世界平均水平，且价值链分工地位有改善趋势，但是在增加值视角下利用价值链参与地位指数的测算结果却与此存在一些差异。从增加值角度测算，只有日本、中国香港和印度尼西亚等少数经济体的价值链分工地位较高，多数东亚经济体的价值链分工地位仍旧较低。尽管中国大陆（内地）的价值链分工地位依旧较低，但这种状况有所改善，且 2008 年金融危机期间中国大陆（内地）的价值链分工地位不降反升。

表 4.3　东亚主要经济体的 GVC 地位指数及国际比较

经济体	1995 年	2000 年	2005 年	2011 年
中国大陆（内地）	−0.18	−0.20	−0.19	−0.13
日本	**0.16**	**0.19**	**0.17**	**0.15**
中国台湾	−0.12	−0.09	−0.08	−0.15
韩国	−0.05	−0.07	−0.06	−0.16
中国香港	−0.05	**0.06**	**0.06**	**0.02**
新加坡	−0.24	−0.21	−0.15	−0.17
马来西亚	−0.12	−0.24	−0.23	−0.16
泰国	−0.10	−0.14	−0.16	−0.19
菲律宾	−0.14	−0.11	−0.12	**0.03**
越南	−0.08	−0.06	−0.10	−0.16
印度尼西亚	**0.04**	**0.05**	**0.08**	**0.16**
德国	**0.05**	**0.02**	**0.02**	−0.01
美国	**0.07**	**0.10**	**0.10**	**0.08**

资料来源：根据 TiVA 数据库整理计算。

第四节　东亚经济体的价值链分工获益情况

在全球范围内布局价值链的不同环节，跨国公司的产品生产往往跨越多个国家和地区。而原产地规则规定最终品完整的商业价值归属于最后一个原产地，导致最终出口商并非完整的产品价值获得者。因此，在价值链分工背景下，利用传统贸易统计数据无法准确衡量价值链上所有参与者的获益情况，为了准确追踪价值来源，通常从增加值视角分析价值链分工的获益情况。

全球价值链上的不同生产环节具备不同的增值能力，因此，同一产品生产中不同价值环节的参与者所获的收益也不均等。通常情况下，不同经济体根据自身的经济发展水平、要素禀赋等客观条件承担价值链上不同的生产环节，例如，拥有大量廉价劳动力的发展中经济体倾向于承接价值链分工中的劳动密集型生产环节，拥有丰富资本存量和先进技术的发达国家则更多地承接资本技术密集度高的生产环节，相应的，前者只能获得较低比例的价值增值，后者则获得更多价值增值。除了价值增值占比的差异，参与价值链分工不同环节还会产生不同的隐形收益，比如，低端环节生产的国家一般难以从价值链参与过程中自动产生价值链攀升所需的技术外溢效应，甚至还可能面临"低端锁定"风险，从而产生长期的利益不均衡。

在本节中，我们利用两个不同的指标分析东亚主要经济体参与价值链分工的获益情况，即出口中包含的国内增加值和全球价值链收入。

一、出口中包含的国内增加值

出口中包含的国内增加值是在总出口价值中扣除了国外增值（即进口的由别国创造并用于本国出口的那部分价值）后剩余的部分。由于该指标减去了进口中间品的出口或再出口，从而能够较为真实地反映出口中由本国创造的价值与实际贡献，并从一个角度反映出本国在价值链分工中的获益。我们利用出口中包含的国内增加值份额衡量东亚主要经济体的价值分工获益情况，对 2011 年的测算结果如图 4.4 所示。

图 4.4 除了给出东亚主要经济体的国内增加值份额，为进行比较，还加入了德国和美国的数据。一般而言，发达经济体的国内增加值份额较大，总出口中包含的外国增加值比率在 30% 以下。在东亚经济体中，日本和印度尼西亚的国内增加值份额最高，接近 85%；中国香港和泰国次之，超过了 75%；中国大陆（内地）和越南处于中间水平，分别为 68% 和 64%；中国台湾、韩国、新加坡和马来西亚四个经济体出口中包含的国内增加值不足 60%。美国、德国、中国大陆（内地）分别是全球价值链三大区块的代表性经济体，比较发现，中国大陆（内地）出口中包含的国内增加值份额最低（68.0%），美国最高（85.0%），德国居中（76.4%）。

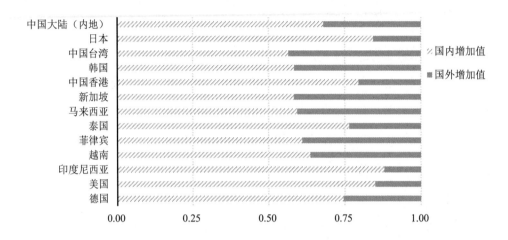

图 4.4　东亚主要经济体的国内增加值和国外增加值及国际比较（2011 年）

资料来源：根据 WTO 网站价值链统计数据整理，https://www.wto.org/english/res_e/statis_e/miwi_e/country profiles_e.htm。

出口中包含的国内增加值反映了一国在价值链分工中获取的增加值收益，国内增加值比重上升说明获益增加，反之，则说明获益减少。对比东亚主要经济体在 1995—2011 年出口中包含的国外增加值份额的变化（见图 4.5），可以发现，大多数东亚经济体出口中的国外增加值比重在 16 年间有所增加，意味着这些经济体的国内增加值比重有所降低，反映了东亚经济体从国际分工和贸易中的获益有降低的趋势，其中中国大陆（内地）、越南、韩国和泰国降低最多，说明这些经济体在逐步融入价值链分工网络并成为重要参与者的同时，出口中来源于国外的增加值比重不断上升，生产过程中对国外进口中间品的依赖度不断提升，本国要素价值创造能力相对薄弱，从价值链分工中获得的收益受到限制。

此外，OECD 数据库给出了成员和少数非成员经济体增加值年增长率的最新数据，我们选取中国大陆（内地）、日本、韩国、印度尼西亚这 4 个东亚代表性经济体，以及德国和美国的历年增加值年增长率数据加以比较。如图 4.6 所示，2008年金融危机发生前，各国增加值的增长幅度有上升趋势，表明这些国家从价值链分工中的获益有所增加。但 2008 年金融危机改变了这种积极增长态势,各国增加值年增长率急剧下降,虽然 2009—2010 年有所回升,但 2011—2015 年又出现了增加值增长率下降的趋势。

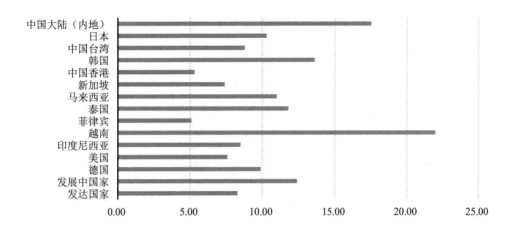

图 4.5　1995—2011 年东亚主要经济体出口国外增加值变动率及国际比较(单位:%)

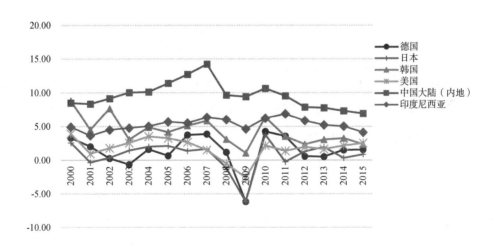

图 4.6　2000—2015 年东亚代表性经济体的增加值增长率及国际比较(单位:%)

资料来源:OECD 数据库网站,https://data.oecd.org/natincome/value-added-by-activity.htm。

二、全球价值链收入

全球价值链收入（GVC income）是衡量价值链分工利益的另一个重要指标，这一概念最初由 Timmer（2012）提出。在全球价值链中，一国（地区）的最初投入会沿着全球价值链反复使用（包括直接使用和间接使用）而获得收益，该国（地区）的最初投入经由全球生产所获得的收益即为全球价值链收入，反映的是一国（地区）在参与价值链分工中所获得的要素收益。可以用一个经济体的全球价值链收入在全球价值链总收入中的占比反映其在参与全球价值链分工过程中所获收益的份额，显然某个经济体所占份额越大，表明该经济体在全球生产这块"大蛋糕"上所分得的利益就越大。

图 4.7 和图 4.8 比较直观地呈现了发达经济体和新兴经济体之间及价值链分工不同区块之间的 GVC 收入情况，图 4.7 为 1995—2011 年发达经济体和新兴经济体 GVC 收入份额变化趋势图，图 4.8 为不同地区所占的 GVC 收入份额。由图 4.7 可知，在 2003 年之前发达经济体获取了 70%以上的 GVC 收入，新兴经济体获得的 GVC 收入份额不足 30%。2003 年以后，新兴经济体的 GVC 收入份额迅速提高，发达经济体所占份额快速下降，两者之间的全球价值链收入差距不断缩小，2011 年新兴经济体获得了 50%的全球价值链收入，并且，从趋势上看，新兴经济体即将实现对发达经济体的赶超。由图 4.8 可知，不同地区在价值链分工中获得的全球价值链收入变动趋势存在差异，欧盟、北美自由贸易区和东亚地区的价值链收入在进入 21 世纪后总体上呈现下滑态势，而中国和金砖国家参与价值链分工的获益能力明显提高。

为进一步研究东亚区块参与全球生产网络的获益情况，我们接下来测算了东亚主要经济体的价值链收入。全球价值链收入指标的测算基于国际投入产出表，在本书考察的东亚经济体中只能获得日本、韩国、中国台湾、印度尼西亚和中国大陆的投入产出表数据。而上述经济体正是东亚地区不同发展水平经济体的代表，因此，我们测算了这些经济体的全球价值链收入份额，并对不同经济体的情况进行对比分析。

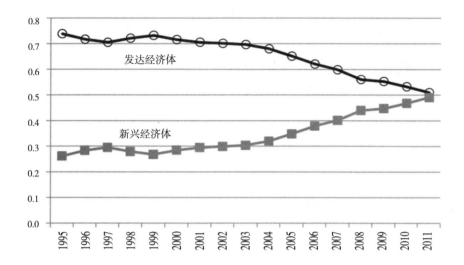

图 4.7　发达经济体和新兴经济体全球价值链收入变化趋势

资料来源：Marcel P Timmer, Bart Los, Gaaitzen J de Vries. Incomes and Jobs in Global Production of Manufactures: New Measures of Competitiveness Based on the World Input-Out put Databas, 2015.

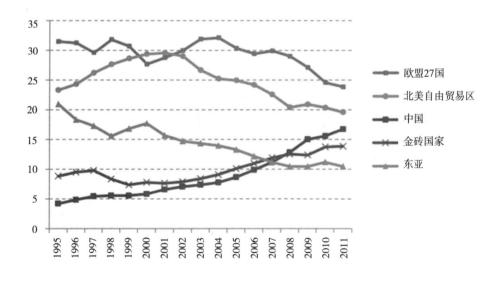

图 4.8　全球价值链收入的区域份额（单位：%）

资料来源：Marcel P Timmer, Bart Los, Gaaitzen J de Vries. Incomes and Jobs in Global Production of Manufactures: New Measures of Competitiveness Based on the World Input-Out put Databas, 2015.

从表 4.4 可知：第一，中国大陆和日本的全球价值链收入份额最高，2011 年两国的份额分别为 10.84% 和 8.70%，远高于其他经济体；韩国和印度尼西亚的全球价值链收入份额相当，2011 年分别为 1.49% 和 1.26%；中国台湾在考察的东亚经济体中获得的收入份额最低，2011 年仅有 0.66%。GVC 收入份额与经济体的大小关系紧密，因此不难解释东亚代表性经济体的 GVC 收入情况。第二，从全球价值链收入份额的变化趋势看，中国大陆的全球价值链收入份额持续上升，1995—2011 年，中国大陆的 GVC 收入份额增加了 4.23 倍；日本的 GVC 收入份额则呈现明显的下降趋势，从 1995 年的 18.39% 下降到 2011 年的 8.70%；韩国、印度尼西亚和中国台湾的全球价值链收入份额相对较小，不同于前两个经济体总体稳步上升的积极态势，中国台湾呈现出下滑趋势。

表 4.4　主要经济体全球价值链收入份额比较　　　　　　单位：%

经济体	1995 年	2000 年	2005 年	2011 年
中国大陆	2.56	3.88	5.21	10.84
中国台湾	0.92	1.01	0.80	0.66
日本	18.39	15.01	10.45	8.70
韩国	0.92	1.53	1.75	1.49
印度尼西亚	0.85	0.56	0.64	1.26

资料来源：根据 WIOD 数据库国家投入产出表计算得到，http://www.wiod.org/new_site/data.htm。

需要注意的是，全球价值链收入份额是一国获得的价值链分工利益的总量，这类总量分析忽略了效率因素，即没有考虑这种价值链分工总体收益需要多大规模的要素投入作为支撑。相比参与全球价值链的收益总量，测度参与价值链分工经济体的单位要素的价值创造能力更有意义。因此，本书接下来测度了上述经济体的全球价值链人均收入。GVC 人均收入指标的优势在于，考虑了在全球价值链中的要素收益和要素投入量，分析的是单位投入创造价值的能力。因此，使用这一指标来反映参与全球价值链分工的获益更为合理。某国特定行业的全球价值链人均收入可以用该行业的全球价值链收入额除以劳动力投入求得，分行业的劳动力投入数据可以从 WIOD 数据库中的社会账户获取。我们计算了 2011 年上文所述 5 个东亚经济体所有行业总体的全球价值链人均收入，为进行比较，还加入了美国和德国的数据，测算结果如图 4.9 所示。

由图 4.9 可以看出，按照 GVC 人均收入大小可将测算的 7 个经济体划分为三个层次：美国、德国和日本为第一层次，2011 年全球价值链人均收入超过 7 万美元；韩国和中国台湾为第二层次，2011 年行业总体全球价值链人均收入在 4 万美元左右；第三层次为中国大陆和印度尼西亚，行业总体全球价值链人均收入不足 1 万美元。尽管从总量衡量发现，中国大陆获得了全球价值链总收入约 1/10 的巨大份额，但这主要是由大规模要素投入带来的。从人均 GVC 收入来看，中国大陆的价值链获益能力并不强，只与印度尼西亚相当。上述三个层次的划分也大致适用于制造业，美国、德国、日本制造业的全球价值链人均收入均接近或超过 10 万美元。此外，从人均 GVC 收入在 1995—2011 年的变化趋势来看，这种划分具有稳定性。

GVC 人均收入的分析结果表明，各经济体的全球价值链人均收入和它们在价值链分工中的地位及所从事的环节是完全对应的。日本、德国和美国等发达经济体从事高技术、高附加值的生产环节，获得的分工利益也高；中国大陆和印度尼西亚等发展中经济体主要承担劳动密集型的低技术密集度环节，获得的分工利益较低；而韩国、中国台湾等新兴工业化经济体无论是分工地位还是分工利益，均居于二者之间。

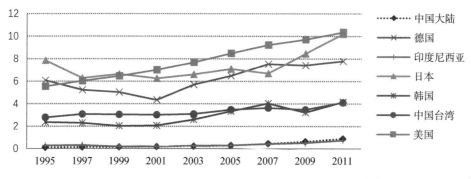

图 4.9　1995—2011 年全球价值链人均收入比较（单位：万美元）

资料来源：利用 WIOD 数据库国家投入产出表和社会账户计算，http://www.wiod.org/new_site/data.htm。

第五节 中国大陆与东亚生产分工网络

伴随着东亚价值链的形成与发展，中国大陆经历了从初步融入地区生产分工到逐渐发展成为区域价值链枢纽的演变过程。通过对东亚主要经济体参与价值链分工情况进行分析发现，深度参与了东亚价值链分工体系的中国大陆，是东亚价值链分工网络的关键节点和东亚其他经济体最重要的价值链分工合作伙伴。为了进一步明确中国在东亚生产分工网络中的作用，本节对中国大陆参与生产分工网络的方式和角色进行分析。

一、中国大陆参与国际生产分工的方式

20 世纪 80 年代中期，中国大陆实施了典型的"双轨制"贸易政策，即以高关税保护国内产业的同时通过设定特定类别产品关税豁免促进出口导向型产业发展，并刺激资本和技术流入。其中，用于出口品生产的进口中间品是享受关税豁免的最重要的一类产品，而国外公司对中国大陆的附属机构首次投资中的设备进口也可以享受关税减让。在选择性贸易政策激励下，中国大陆参与国际分工和贸易的方式以加工贸易为主。

表 4.5 是中国大陆历年加工贸易占商品进出口贸易的比重，从中可以看出，1996 年加工贸易在对外贸易出口中占比首次超过了 50%，此后直到 2008 年金融危机发生前，加工贸易始终占据中国大陆对外贸易总额的一半以上，表明加工贸易成为中国大陆对外贸易的主要方式。2008 年金融危机之后，中国大陆加工贸易的比重有所下滑，但 1981—2020 年，中国大陆加工贸易出口比重平均值接近 40%，加工贸易进口比重平均值约为 30%。1989 年加工贸易开始出现顺差，2020 年加工贸易顺差达到 3080.03 亿美元。

表 4.5 中国大陆加工贸易占中国商品进出口贸易的比重 单位：%

年份	出口	进口	年份	出口	进口
1981	5.14	6.83	2001	55.41	38.58
1982	0.24	1.43	2002	55.26	41.40
1983	8.74	10.62	2003	55.19	39.47
1984	11.21	11.48	2004	55.28	39.50
1985	12.12	10.12	2005	54.66	41.52
1986	18.16	15.62	2006	52.67	40.62
1987	22.8	23.58	2007	50.71	38.55
1988	29.59	27.33	2008	47.19	33.41
1989	37.66	29.02	2009	48.85	32.15
1990	40.94	35.16	2010	46.92	30.01
1991	45.1	39.24	2011	44.00	27.00
1992	46.64	39.14	2012	42.11	26.47
1993	48.23	34.98	2013	38.95	25.48
1994	47.09	41.15	2014	37.75	26.75
1995	49.54	44.19	2015	35.07	26.57
1996	55.83	44.85	2016	34.11	24.99
1997	54.49	49.31	2017	33.52	23.42
1998	56.86	48.92	2018	28.53	17.74
1999	56.88	44.40	2019	26.32	15.78
2000	55.24	41.12	2020	24.51	15.91
均值	39.24	30.10			

资料来源：根据中国海关总署海关统计数据整理，http://www.customs.gov.cn/tabid/49666/Default.aspx。

在中国大陆的对外贸易，特别是加工贸易中，外资企业是主体。1995—2020年中国大陆实际利用外商直接投资额从 375 亿美元一路攀升至 1443.69 亿美元，是 1995 年的 3.85 倍。2020 年中国大陆外商投资企业出口总额达到 9320.82 亿美元，超过加工贸易出口总额（6350.42 亿美元）。表 4.6 列出了外资企业在中国大陆商品出口贸易中所占的份额，从中可以看出，外资企业出口占比整体呈上升趋势，但 2008 年金融危机之后有所下降。2020 年外资企业出口占商品总出口的比重为 35.99%，占加工贸易出口的比重达到 146.71%，在一定程度上反映了中国大陆已成为跨国公司国际生产体系的重要组成部分。

表 4.6　外资企业在中国大陆商品出口中的比重　　　　　单位：%

年份	与商品总出口之比	与加工贸易出口之比
1995	31.51	57.05
2000	47.93	70.63
2005	58.30	83.19
2010	45.42	83.82
2016	43.69	128.11
2020	35.99	146.71

资料来源：根据国家海关总署海关统计数据整理，http://www.customs.gov.cn/tabid/49666/Default.aspx。

中国大陆以加工贸易为主要方式积极融入跨国公司国际生产体系，在国际价值链分工中，主要依靠劳动力资源禀赋优势，承担加工、组装环节，扮演的是"世界工厂"或"加工基地"的角色。在全球价值链中的这种角色，决定了在中国大陆的对外贸易中中间品贸易规模较大（见表 4.7），尤其是中间品进口，2020 年中间品进口占中国大陆商品总进口的比重高达 52.32%。

表 4.7　中国大陆中间品贸易规模和比重　　　　　单位：万亿美元，%

年份	中间品进口	商品总进口	比重	中间品出口	商品总出口	比重
2013	0.89	1.95	45.64	0.90	2.21	40.72
2014	0.91	1.96	46.43	0.95	2.34	40.60
2015	0.92	1.68	54.76	0.95	2.27	41.85
2016	0.87	1.59	54.72	0.88	2.10	41.90
2017	0.97	1.84	52.72	0.97	2.26	42.92
2018	1.12	2.14	52.34	1.09	2.49	43.78
2019	1.05	2.08	50.48	1.10	2.50	44.00
2020	1.08	2.07	52.17	1.11	2.59	42.86

资料来源：中间品进口数据来自联合国商品贸易统计数据库，https://comtrade.un.org/data；总进口数据来自国家统计局网站，http://www.stats.gov.cn/。

注：中间产品包括半成品和零部件，即 BEC 编码为 121、22、322、42 和 53 的产品。比重数据的计算使用的是四舍五入前的数据，因此存在误差。

二、中国大陆在东亚生产分工网络中的角色

中国大陆参与价值链分工的主要方式是加工贸易。通过对比中间产品和最终产品的贸易流向，即可反映出中国大陆在东亚乃至全球生产网络中的位置，测算结果如表 4.8 所示。

从表 4.8 可以看出，首先，东亚地区是中国大陆最主要的中间品进口来源地。在 2008 年金融危机期间，中国大陆从东亚进口比重有所下降，但危机后又得以恢复。2015 年中国大陆进口的中间品中，57.60%来自东亚地区，这其中又有 1/3 来自日本、韩国和中国台湾。其次，从最终产品主要流向看，中国大陆的最终产品出口至东亚地区的比重有所下降，而欧盟和北美在中国大陆最终产品出口中所占的比重有上升的趋势。最后，从贸易差额看，2010 年前中国大陆的中间产品存在大量贸易逆差，逆差主要来源于东亚地区，尤其是日本、韩国和中国台湾，但这种情况在之后有所改善。2015 年中国大陆对日本、韩国、中国台湾的中间产品贸易仍然为逆差，但对东亚整体、北美和欧盟的中间产品贸易均出现顺差。从最终产品看，中国大陆一直保持顺差，并且顺差呈扩大趋势。贸易的不平衡反映了国际分工中中国和主要贸易伙伴之间的关系，也反映了在东亚地区加工制造行为的"重组"。在东亚地区内部，中国大陆成为区域生产网络的中枢，从东亚其他经济体，特别是日本、韩国、中国台湾进口中间品，加工组装后，将最终产品运往欧美市场或返销回东亚其他经济体，这种生产模式与前文分析东亚价值链动态演变中反映出的中国大陆在区域价值链分工中的位置演变和角色变迁一致。当然，我们也注意到中国大陆分工状况的改变，中间产品贸易转为顺差在一定程度上反映出中国大陆沿价值链的攀升，以加工组装嵌入价值链的方式有所变化。

表 4.8　中国大陆的中间产品与最终产品的贸易流向

地区	在出口中的比重（单位：%）									
	中间产品					最终产品				
	1995 年	2000 年	2005 年	2010 年	2015 年	1995 年	2000 年	2005 年	2010 年	2015 年
东亚	63.18	53.98	48.01	40.05	40.78	50.45	41.82	33.78	31.18	27.85
日本、韩国、中国台湾	25.31	21.88	17.80	13.95	14.20	22.60	20.90	14.16	10.68	10.54
欧盟	12.06	14.22	15.23	17.54	13.25	14.81	17.89	21.73	21.23	19.81
北美	10.02	14.76	16.00	13.39	18.61	22.67	26.79	27.59	23.41	27.83
东亚	45.87	44.87	42.42	35.13	57.60	40.58	43.44	48.08	45.91	25.43
日本、韩国、中国台湾	30.86	29.86	27.80	22.29	34.72	28.20	30.20	34.18	32.76	15.71
欧盟	9.72	11.87	9.28	9.34	13.77	30.35	22.64	21.41	26.13	15.55
北美	14.11	10.23	8.77	8.66	9.17	14.68	17.65	11.04	10.95	14.66
地区	贸易差额（单位：亿美元）									
	中间产品					最终产品				
	1995 年	2000 年	2005 年	2010 年	2015 年	1995 年	2000 年	2005 年	2010 年	2015 年
世界	−289.1	−698.8	−1520.0	−3447.2	3384.0	467.2	1025.5	3098.6	6505.3	7579.0
东亚	−31.6	−227.8	−475.8	−901.2	293.0	278.3	420.4	834.9	1592.2	2263.0
日本、韩国、中国台湾	−121.6	−283.8	−725.0	−1294.1	−846.0	81.4	166.0	142.4	41.6	473.9
欧盟	−14.4	−60.9	39.2	195.1	415.1	2.1	158.8	678.2	1235.8	1769.4
北美	−64.6	−28.8	85.5	−0.8	1240.1	140.4	322.3	1100.1	1891.1	2937.5

资料来源：根据联合国商品贸易统计数据库整理计算，http://comtrade.un.org/data/。

注：中间产品包括半成品和零部件，即 BEC 编码为 121、22、322、42 和 53 的产品。

第五章　东亚经济体的比较优势形态与维度分解

　　东亚经济体由市场驱动自发形成了较为成熟的地区生产网络，尽管东亚生产网络形成的主要基础是比较优势，但由于造成经济扭曲的因素始终存在，东亚地区的生产分工未能充分发挥出区域内各经济体的比较优势，各经济体比较优势形态的动态变化也因阻碍生产网络元素的惯性存在而未能有效促进地区生产分工的优化。而随着全球一体化的推进，国际生产分工由产业间、产业内深入产品内，生产被分割为不同的环节或工序，按要素分工的产业合作依照生产工序进行再组织，在新的分工形态下，如何将生产片段与经济体的比较优势特征相匹配，成为国际生产网络组织的关键和国际生产分工优化的决定因素。本章构建了多维度的比较优势评价体系，并对东亚经济体的比较优势形态进行刻画分析，下一章则在此基础上，以机械行业为例，探讨东亚生产分工与经济体比较优势的匹配性，以期对东亚生产分工加以评价。

第一节　比较优势理论的演进与比较优势的来源

　　传统的比较优势理论多从单一的角度探寻比较优势的来源，我们在回顾比较优势理论演进的基础上，对比较优势的来源加以全面梳理和归纳，从而为构建细分比较优势来源的指标体系奠定基础，以便从比较优势角度对国际生产分工进行评判。

李嘉图（Ricardo，1817）在发展亚当·斯密绝对优势理论的基础上提出了比较优势的概念。李嘉图的比较优势模型基于劳动作为唯一生产要素的前提假定，认为劳动生产率的相对差异及由此产生的相对成本差异决定了国际生产和贸易的模式，将比较优势的来源归结于劳动生产率（技术水平）的差异。而事实上，国际贸易和生产分工下的比较优势不仅取决于劳动生产率的差异，并且，李嘉图的比较优势理论也没有解释为什么两国之间的劳动生产率和比较成本会出现差异。Heckscher（1919）和 Ohlin（1933）提出了生产要素禀赋论，建立在新古典一般均衡分析框架下的要素禀赋比较优势理论将生产要素扩展为资本和劳动力两种，并假定各国的劳动生产率是相同的（即各国的生产函数相同），将产品生产相对成本的差异归结为两方面的原因：一方面是各国生产要素禀赋的差异化比率，另一方面是商品生产的要素密集度差异。要素禀赋理论从要素结构的角度解释了国际贸易产生的原因及贸易流向，进一步推进了比较优势理论的发展。后续比较优势的相关文献主要沿着上述两条理论主线进行研究和拓展，分别从技术水平和要素结构两个角度对国际贸易的规模和结构及比较优势的变化进行分析。

然而，在传统比较优势逻辑框架下，技术水平和要素禀赋状况均被视为外生变量，并没有进一步分析比较优势的内生性来源。20 世纪 80 年代末以来，国际贸易的相关研究尝试将技术进步内生化，并突破传统国际贸易理论的静态分析框架。所谓内生比较优势，是指比较优势通过后天的技术创新或专业化学习，以及经验积累人为创造出来，它强调比较优势的内生性和动态性。将技术进步作为系统内生变量，有助于研究比较优势的形成和动态变化，技术性比较优势的来源主要包括有目的的研发投资活动、专业化分工、"干中学"和"技术溢出"效应（Romer，1987；Grossman 和 Helpman，1989、1990、1991；Krugman，1987；等等）。有目的的研发活动是技术进步的关键，研发投资活动一方面增加产品的种类，另一方面提高产品的质量，上述两条途径可以促进新知识的产生或技术存量的增加。生产率方面的优势会通过专业化的生产分工得到加强，因此，一国初始的专业化分工和技术水平也是影响比较优势的重要因素。而技术溢出和"干中学"亦可阐释技术进步和比较优势的内生含义，技术外溢在国内的扩散较之在国外的扩散快，国内的"干中学"效应决定了该国原先技术领先的产业更加具有领先优势，两国的技术差异可能因为其分别在分工从事的行业积累更多的经验而拉大。

人力资本也是比较优势的重要来源之一。在 Schultz（1960，1961）提出人力资本的概念后很长的一段时间内，国际贸易理论并没有注意到人力资本在决定比较优势和经济长期增长方面的重要作用。Findlay 和 Kierzhowski（1983）在 Kenen（1965）的基础上，正式将人力资本引入标准的"2 要素×2 商品"贸易模型。然而，在国际贸易模型中，经济学家们仍然很少考虑人力资本在决定各国比较优势、技术能力和生产效率方面的特殊作用，仅仅把人力资本看作一种内生的积累要素（Bond 等，2003）。事实上，人力资本水平的高低一方面决定了各国的研发能力和技术水平，另一方面也影响着先进技术在实际生产过程中的生产效率。此外，人力资本具有很强的外部性，科技人员及高素质的普通劳动者的相互交流和相互影响会对研发效率和生产效率产生潜移默化的作用（Lucas，1988）。Lucas（1993）强调了经济增长中起主导性作用的人力资本。因此，在国际贸易领域下比较优势的研究框架中纳入人力资本因素具有必要性。

近年来，制度质量差异也被广泛应用于分析一国的比较优势来源。North（1994）从历史演进的角度考察了制度对贸易的作用，提出了"制度启动国际贸易"的思想。将制度分析引入国际贸易理论，极大地扩展了贸易理论的解释力和应用空间。制度因素对一国或地区比较优势的静态状况、动态变化及经济实现都具有重要影响，合理的制度安排有利于节约交易费用或提高交易效率，使外部性内部化及私人收益率接近社会收益率，降低不确定性与减少机会主义行为。较好的制度环境有利于弱化特定关系投资中的套牢问题和道德风险，从而构成比较优势的独立来源（Belloc 和 Bowles，2013）。Nunn 和 Trefler（2013）认为制度对国际贸易有深远影响，并通过回顾相关领域的理论与实证研究，强调了制度因素对比较优势的影响。制度质量决定交易成本和交易效率方面的优势，传统要素禀赋、技术水平及人力资本决定生产成本优势，四者共同影响一国的比较优势。

比较优势的相关研究逐渐涉及内生化来源并予以拓展，从单一因素的比较优势发展为多种因素综合作用下的比较优势，将比较优势理论的发展推向了更加完善和深入的研究层次，进而推动了国际分工和贸易理论的发展。新李嘉图比较优势（RHO）理论通过整合李嘉图理论和生产要素禀赋理论，全方位揭示了比较优势的多样化来源和动因，为更加全面、更加合理地解释国际生产分工与贸易的状态及其变化提供了坚实的理论基础。Costinot 和 Komunjer（2007），以及 Chor（2010）等对比较优势的多样化来源和动因进行分解，较好地揭示了新李嘉图模型的主要思想。

图 5.1 清晰地展现了新李嘉图模型中比较优势的多样化来源和动因。一国特定产业的出口状况由进口需求和出口国多样化生产率形成的比较优势共同决定，比较优势受有效要素禀赋和全要素生产率共同影响，有效要素禀赋是综合考虑要素数量和要素效率的概念，全要素生产率则既包括体现生产厂商竞争优势的超额随机波动生产率，又包括厂商的确定性平均生产率。制度变量是影响确定性生产率的重要因素，与产业特性相结合，综合作用于确定性生产率。同时，广义的地理变量也是影响企业生产成本和国际竞争能力不可忽视的因素之一，地理距离因素产生的贸易成本通过比较优势影响产品内国际分工与贸易①。

上述对比较优势理论演进和相关研究的回顾和梳理，有助于全面探究比较优势的多样化来源。我们结合前人的研究，在新李嘉图比较优势理论框架下，将比较优势的主要来源归纳为劳动力成本优势、物质资本优势、人力资本优势、技术优势及制度质量优势，并基于此进一步构建细分比较优势来源的指标体系。

---

① 地理特征是影响比较优势的重要基础因素之一，然而本书构建指标体系时未纳入地理特征，主要基于以下两点考量：一方面，近年来交通运输技术快速发展，交通基础设施条件改善，全球范围内的运输成本有所下降，弱化了地理特征对比较优势的影响；另一方面，在研究特定国家对世界整体的贸易与生产分工情况时，难以寻找准确的贸易对象以度量其地理距离。

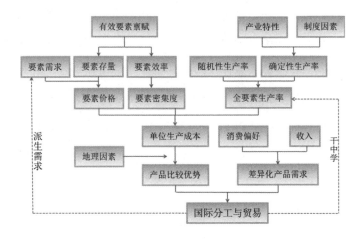

图 5.1 新李嘉图模型的主要思想框架

第二节 比较优势评价体系的构建与数据说明

目前学术界对于比较优势的评价尚未形成统一而规范性的指标体系。基于前述比较优势多样化来源的理论基础,并考虑到指标统计数据的可获取性和可靠性,我们构建了比较优势的多维度指标评价体系。

一、多维度比较优势指标评价体系的构建

我们构建的比较优势评价体系包括三个层级的指标:一级指标包括劳动力成本、物质资本、人力资本、技术进步和制度质量因素五大比较优势载体;次级指标为比较优势主要载体的多方面影响因素;三级指标则细化为具体的基础量化指标。

(一)劳动力成本优势

要素禀赋方面的差异化不仅是产品内国际分工的动因与基础,也是产品内国际分工体系组织模式选择的重要考量因素。跨国公司结合自身发展战略和东道国的要素禀赋特征，以及其他经济因素，选择最优的组织模式。要素禀赋数量和结构的动态变化特征对于一国（地区）参与产品内国际分工，甚至全球新的分工格局都具有重要影响。传统要素禀赋比较优势理论主要考虑劳动力和物质资本两种要素。劳动力成本优势（B_1）主要考察一国（地区）劳动力要素的丰裕程度，廉价的劳动力成本比较优势对一国（地区）参与国际生产分工和贸易具有重要影响，使该地区在密集使用劳动力要素的生产阶段具有比较优势。反映劳动力成本比较优势的指标包括人口结构（C_{11}）和参与实际就业活动的劳动力数量（C_{12}）。人口结构指标考查一国（地区）处于劳动年龄的人口状况，分为15～64岁的劳动年龄人口占比（D_{111}）、老人和少儿总抚养比（D_{112}）两个基础指标，其中抚养比是指15岁以下或64岁以上的被抚养人口与劳动年龄人口的比例，具体数据体现为每百名劳动年龄人口中被抚养人口所占的比例。体现劳动力数量的基础指标则选取15～64岁人口的劳动参与率（D_{121}）和15岁（含）以上总就业人口比率（D_{122}）。

（二）物质资本优势

物质资本是长期存在于机器设备、厂房、建筑物、交通运输设施等形式上的资本，是实现经济增长和发展的物质基础和条件。在传统的产业经济理论中，积累物质资本（资本形成）对于经济社会当期产出率和未来的生产能力都具有重要影响。物质资本优势指标（B_2）旨在考查一国（地区）长期存在的生产物资形式方面的比较优势，包括资本数量（C_{21}）和资本增长率（C_{22}）两个二级指标。前者以资本形成总额占GDP的比重（D_{211}）、固定资本形成总额占GDP的比重（D_{212}）来衡量；后者以资本形成总额年增长率（D_{221}）和固定资本形成总额年增长率（D_{222}）作为基础指标，其中资本形成总额由新增固定投资和库存的净变动值构成。

（三）人力资本优势

人力资本是以劳动者为载体的资本，是指通过对劳动者进行教育、职业培训或技能培训等支出性投资和健康性投资，形成凝结在生产者身上的各种生产知识、劳动与管理技能和健康素质的存量总和。随着知识经济时代的到来，蕴含着丰富知识、技能及健康等资源的人力资本，是经济增长中高质量的投入要素，人力资本边际报酬递增的生产力属性逐渐得到重视，相比传统要素禀赋具有更大的增值潜力。人力资本优势主要是通过教育培训、健康保健等方面投资形成的，其中教育培训和医疗保健投资是获取人力资本的重要途径。因此，人力资本优势（B_3）主要从教育投入（C_{31}）和健康投入（C_{32}）两个角度构建测度指标，教育投入分为高等教育入学率（D_{311}）和教育公共开支占 GDP 的比重（D_{312}）两个三级基础指标，健康投入主要考查人均医疗卫生支出（D_{321}）、出生时预期寿命（D_{322}）和医疗卫生支出占 GDP 的比重（D_{323}）三个基础指标。

（四）技术优势

如前文所述，技术进步作为比较优势的一个重要因素，其主要来源包括研发投资活动、专业化分工、技术外溢和"干中学"等。一国既定的产业结构或产业发展特征可以在一定程度上体现该地区的专业化分工形式，以及在技术外溢和"干中学"效应下的状态，因此，技术进步一方面显著体现于研发创新的投入力度和产出效果上，另一方面也与本国的产业发展特征有密切的关系。对于技术优势（B_4）的影响，我们主要从产业技术特征（C_{41}）、研发创新投入（C_{42}）和研发创新产出（C_{43}）三个层面构建指标。产业技术特征方面主要考虑一国既有产业技术特征及产业结构发展形成的固有技术特征，从产业结构和重要产业的发展状况展开，具体分为工业增加产值占 GDP 的比例（D_{411}）、制造业出口中高科技产业出口占比（D_{412}）、每百人中互联网用户数量（D_{413}）和人均电力消费（D_{414}）4 个基础指标。研发创新投入主要包括研发人员和研发经费两个方面的指标，分别以每百万人中的研发技术人员数量（D_{421}）和研发经费支出占生产总值的比例（D_{422}）两个基础指标衡量。研发创新产出在一定程度上反映了知识技术资本的积累，以本国居民的专利申请数量（D_{431}）加以测度。

（五）制度质量优势

一国的制度质量是影响交易成本和交易效率的重要因素，良好的制度环境有助于降低契约的不完全程度，其形成的社会约束能够降低交易成本，从而深化劳动分工、促进技术采用，进而提高劳动生产率，影响一国（地区）的比较优势。

目前对于制度质量尚未有一个统一的、规范性的定义，我们在构建制度质量优势指标（B_5）时，主要考虑了经济制度（C_{51}）和法律系统制度（C_{52}）两个分项指标[①]。经济制度重点涉及商品市场、金融市场和政府税收等层面的制度优势，具体而言，经济制度分为营商自由度（D_{511}）、金融自由度（D_{512}）、贸易自由度（D_{513}）、投资自由度（D_{514}）和商业利润中总的税收比例（D_{515}）等方面的基础指标。法律系统制度集中于讨论与经济生产活动紧密相关的合同契约、产权保护等制度优势，测量社会居民对制度规则的信心和遵守程度，特别是确保合同执行的质量、司法体系的质量。法律系统制度分为法律法规质量（D_{521}）、知识产权保护水平（D_{522}）及腐败控制（D_{523}）三方面基础指标，其中，腐败控制主要测度公共权力被用于获取私人收益的程度。

综上所述，根据比较优势多样化来源的理论分析，本书从劳动力成本优势、物质资本优势、人力资本优势、技术优势和制度质量优势五个方面构建多维度的比较优势评价体系，整体指标体系如表 5.1 所示。

表 5.1　细分比较优势来源的指标体系

目标层	一级指标	二级指标	三级指标	计量单位
比较优势（A）	劳动力成本优势（B_1）	人口结构（C_{11}）	15～64 岁的劳动年龄人口占比（D_{111}）	%
			老人和少儿总抚养比（D_{112}）	%
		劳动力数量（C_{12}）	15～64 岁人口中劳动参与率（D_{121}）	%
			15 岁（含）以上总就业人口比率（D_{122}）	%
	物质资本优势（B_2）	资本数量（C_{21}）	资本形成总额占 GDP 的比重（D_{211}）	%
			固定资本形成总额占 GDP 的比重（D_{212}）	%
		资本增长率（C_{22}）	资本形成总额年增长率（D_{221}）	%
			固定资本形成总额年增长率（D_{222}）	%

[①] 制度因素是一个多维的概念，涵盖社会生活的各项活动，包括政治、经济、文化等多个方面，此处主要就经济制度及与经济活动密切相关的法律系统制度展开分析。

续表

目标层	一级指标	二级指标	三级指标	计量单位
比较优势（A）	人力资本优势（B_3）	教育投入（C_{31}）	高等教育入学率（D_{311}）	%
			教育公共开支占 GDP 的比重（D_{312}）	%
		健康投入（C_{32}）	人均医疗卫生支出（D_{321}）	美元
			出生时预期寿命（D_{322}）	年
			医疗卫生支出占 GDP 的比重（D_{323}）	%
	技术优势（B_4）	产业技术特征（C_{41}）	工业增加产值占 GDP 的比例（D_{411}）	%
			制造业出口中高科技产业出口占比（D_{412}）	%
			每百人中互联网用户数量（D_{413}）	人
			人均电力消费（D_{414}）	千瓦时/人
		研发创新投入（C_{42}）	每百万人中的研发技术人员数量（D_{421}）	人
			研发经费支出占生产总值的比例（D_{422}）	%
		研发创新产出（C_{43}）	本国居民的专利申请数量（D_{431}）	件
	制度质量优势（B_5）	经济制度（C_{51}）	营商自由度（D_{511}）	—
			金融自由度（D_{512}）	—
			贸易自由度（D_{513}）	—
			投资自由度（D_{514}）	—
			商业利润中总的税收比例（D_{515}）	—
		法律系统制度（C_{52}）	法律法规质量（D_{521}）	—
			知识产权保护水平（D_{522}）	—
			腐败控制（D_{523}）	—

二、数据来源及说明

本节建立了一个较为完备的细分比较优势来源的指标体系，在下一节中，我们将进一步采用因子分析方法，对原始指标序列的数据进行降维处理，综合成少数几个综合评价指标，以期简洁、清晰地对东亚主要经济体的比较优势状况进行描述和分析。

我们选取的统计数据时间跨度为 1996—2013 年。各国 15～64 岁的劳动年龄人口占比及其劳动参与率、资本形成总额、高等教育入学率、每百万人口中研发人员的数量、居民的专利申请数量、制造业出口中高科技出口占比、医疗卫生支出占 GDP 的比重等数据均来源于世界银行的世界发展指标（WDI）数据库。法律法规质量和腐败控制来源于世界银行的全球治理指标（worldwide governance indicators，WGI），全球治理指标体系是综合了六大类子指标的综合政治管理指标体系，具体包括民主程度、政治稳定、政府效率、管制质量、法律法规和腐败控制[①]。营商自由度、金融自由度、贸易自由度、投资自由度等数据来自美国传统基金会和《华尔街日报》联合发布的年度报告，美国传统基金会和《华尔街日报》自 1995 年开始每年公布全球 100 多个国家和地区的"经济自由度指标"，该指标分为商业自由度、贸易自由度、财政自由度、货币自由度、金融自由度、投资自由度、劳动自由度、政府干预、产权和腐败共 10 个子指标，子指标反映了经济活动中各个领域的具体状态，具有重要的参考研究价值。

第三节　经济体比较优势的因子分析

在上一节建立细分比较优势来源的指标体系的基础上，本节进一步借助因子分析（factor analysis，FA）方法对该指标体系进行处理和分析。在因子分析方法降维处理之后，新的综合指标序列不仅可以较好地反映原始数据的信息，而且简洁、清晰，可以更好地反映经济体的比较优势状况。

---

① 民主程度测度一国参与选举政府的自由程度，以及言论、出版等的自由程度；政治稳定测度政府被非制宪手段或暴力手段推翻的可能性；政府效率测度公共服务的质量、政策制定和执行的质量，以及政府执行政策的可信度；管制质量度量政府制定及执行管制私人部门发展政策的能力；法律法规测量社会居民对制度规则的信心和遵守程度，特别是确保合同执行的质量、司法体系的质量；腐败控制测度公共权力被用于获取私人收益的程度。

一、因子分析方法

（一）因子分析的基本原理

为研究多变量经济影响的问题，通常对多个变量进行相关矩阵等关联性分析，考查变量之间的相互依赖关系，将其根据相关关系综合为少数的、但能充分反映变量信息的几个因子，以供进一步分析和研究使用。学界通常运用的方法为因子分析法，该方法是一种多元统计分析方法，其关键作用在于降维（何晓群，2004），基于尽可能多地保留数据信息的原则，通过综合的少数几个指标更加清晰地揭示变量的经济影响及变量之间的关系。在因子分析法中，指标合成技术的优良程度，在于尽可能降低原始数据信息的损失。

通常而言，大多数研究使用针对变量的 R 型因子分析，该分析方法的基本原理如下：

假设研究过程中涉及 p 个指标变量，这 p 个指标可以分别表示为 X_1，X_2，$\cdots$，X_p，从而构成 p 维的随机向量 $\boldsymbol{X} = (X_1,\ X_2,\ \cdots,\ X_p)$，现将每个原始变量指标用 k（$k < p$）个因子 F_1，F_2，$\cdots$，F_k 的线性组合来表示，即

$$\begin{cases} X_1 = a_{11}F_1 + a_{12}F_2 + \cdots + a_{1k}F_k + \varepsilon_1 \\ X_2 = a_{21}F_1 + a_{22}F_2 + \cdots + a_{2k}F_k + \varepsilon_2 \\ \qquad\qquad\cdots\cdots \\ X_p = a_{p1}F_1 + a_{p2}F_2 + \cdots + a_{pk}F_k + \varepsilon_p \end{cases} \tag{5.1}$$

上式为因子分析的数学模型，也可以表示为矩阵的形式：$\boldsymbol{X} = \boldsymbol{AF} + \varepsilon$。

在矩阵表达式中，$\boldsymbol{X}$ 为可实测的随机向量。$\boldsymbol{F}$ 为因子，由于它们出现在每一个原始变量的线性表达式中，因此又称为公共因子。$\boldsymbol{A}$ 称为因子载荷矩阵，由因子载荷 $\boldsymbol{a}_{ij}$（$i = 1,\ 2,\ \cdots,\ p;\ j = 1,\ 2,\ \cdots,\ k$）构成。最后，$\varepsilon$ 表示的是原始数据体现的信息在公共因子中不能得到反映的部分，通常可以将其称为特殊因子。

进行因子分析时通常会对多个原始变量进行相关性分析，例如，求解多个变量之间的相关系数矩阵，以考查变量内部的相关性等特征。根据尽可能多地包含原始数据信息的原则，从中选取公共因子 F_i（$i = 1,\ 2,\ \cdots,\ k$），忽略 ε，用少数几

个公共因子代替 X，以清晰而简洁的形式揭示变量的经济影响。

（二）因子分析法的基本步骤

在不同问题的研究中，需要考查的变量具有多方面的差异性，在实际进行因子分析的过程中会根据具体的情形做出一些差异化的处理。尽管如此，因子分析的原理和主要步骤是不变的。简单地说，四个基本步骤是不可或缺的，即确认因子分析方法适合处理待研究的指标数据、公共因子变量的构造、解释公共因子、计算公共因子变量的得分。

具体而言，进行因子分析的第一步在于确认因子分析方法的适用性。通常使用的方法有抽样适合性（KMO）检验、巴特利特球形检验等，目的在于证明原始变量之间较强的相关性，以完成将多个原始指标综合为少数几个指标的降维工作。在确认因子分析方法适合处理待研究的指标数据之后，下一步是因子分析中的重要步骤——构造公共因子变量，主要通过主成分法或极大似然法等求解原始指标变量的因子载荷矩阵，基于因子载荷矩阵构造公共因子变量。进一步地，可以对公共因子变量进行解释，若由于实际含义模糊、难以清晰地解释公共因子，这种情况下，通常会运用旋转的方法对因子进行处理，旋转的目的在于使部分指标在最小的公共因子上表现出高的载荷值。旋转处理之后，公共因子的解释性将更加清晰，便于展开后续的研究。

仅清楚解释公共因子的含义是不够的，多数的研究并不止步于此。许多研究需要计算公共因子的得分，获得研究样本在各公共因子上的数值，以便为进一步展开相关问题的研究奠定基础。本节后续的研究就是通过对比较优势指标体系的处理得到样本的公共因子数值，用于分析经济体的比较优势状况，以及比较优势同生产分工的关系。

依上所述，在确认适合借助因子分析的方法并对细分比较优势来源的指标体系进行处理和分析之后，首要的工作便是对指标体系的基础指标数据做出标准化处理。进行标准化处理是为了消除各指标之间数量级的差异和量纲不一致造成的分析不便或者失误等问题，具体标准化处理的公式表示如下：

$$x_{it} = \frac{v_{it} - \min_{1 \leqslant t \leqslant T}(v_{it})}{\max_{1 \leqslant t \leqslant T}(v_{it}) - \min_{1 \leqslant t \leqslant T}(v_{it})} \tag{5.2}$$

其中，T 为研究期内总年数，v_{it} 表示第 i 个指标第 t 年的原始数值，x_{it} 则为第 i 个指标第 t 年标准化处理后的数值。在对原始的指标数值进行标准化处理之后，求解变量之间的因子载荷矩阵，根据相关矩阵的特征值和方差贡献度确定公共因子的数量。通常确定公共因子个数的要求是多个公共因子的累计方差贡献率大于某一特定值，或者特征值大于 1。用数量确定的公共因子来反映原始评价指标，若所得因子的实际意义并不是很明显，则进一步对所求因子载荷矩阵进行方差最大化的正交旋转，并将得到的公共因子加以命名和解释。最后，基于解释性清晰的公共因子与原始指标变量之间的因子得分系数矩阵，用原始指标表示各个公共因子。最终的综合评价因子由各个公共因子表示，公共因子的权重为它们各自的方差贡献率，从而得到可以进行后续研究的综合评价数值序列。

二、因子分析处理结果及说明

在前文阐述因子分析方法基本原理和步骤的基础上，本节利用 SPSS Statistics 20 软件对全球 50 个重要经济体①1996—2013 年比较优势各载体影响指标的样本数据进行因子分析，分析中公共因子的特征值及方差贡献率见表 5.2。在比较优势各主要载体下选取合适特征值标准的公共因子，其累计方差贡献率均在 78.98%（含）以上，能较好地反映变量所代表的绝大部分信息。

---

① 通过计算进出口贸易额，将世界排名前 50 位的经济体作为研究对象。按照这一标准界定的全球重要经济体包括：中国内地、美国、德国、日本、法国、英国、中国香港、荷兰、韩国、意大利、加拿大、比利时、俄罗斯、新加坡、印度、墨西哥、西班牙、沙特阿拉伯、澳大利亚、泰国、巴西、马来西亚、波兰、土耳其、印度尼西亚、奥地利、瑞典、挪威、捷克、南非、越南、丹麦、匈牙利、芬兰、爱尔兰、斯洛伐克、卡塔尔、智利、阿根廷、科威特、乌克兰、阿尔及利亚、罗马尼亚、以色列、葡萄牙、哈萨克斯坦、哥伦比亚、瑞士、菲律宾、尼日利亚。

表 5.2 公共因子的特征值与方差贡献率

公共因子	劳动力成本优势			物质资本优势		
	特征值	方差贡献率 (%)	累计贡献率 (%)	特征值	方差贡献率 (%)	累计贡献率 (%)
1	1.987	49.679	49.679	1.861	46.532	46.532
2	1.809	45.216	94.896	1.648	41.188	87.720
公共因子	人力资本优势			制度质量优势		
	特征值	方差贡献率 (%)	累计贡献率 (%)	特征值	方差贡献率 (%)	累计贡献率 (%)
1	2.251	45.013	45.013	5.465	68.315	68.315
2	1.698	33.967	78.980	1.230	15.373	83.688
公共因子	技术优势					
	特征值	方差贡献率 (%)	累计贡献率 (%)			
1	3.089	44.125	44.125			
2	1.412	20.173	64.298			
3	1.199	17.132	81.430			

注：提取方法为主成分分析法。

旋转后的因子得分系数矩阵统计于表 5.3 中。

由于初始因子载荷分析结果不能较好地反映基础指标变量与主因子之间的关系，因而通过 SPSS Statistics 20 软件采用方差最大法对因子载荷矩阵进行正交旋转，分别对比较优势各载体的指标体系进行因子分析。

基于表 5.3 中的因子得分系数矩阵便可以构造出因子分析模型，以劳动力成本优势的第一主因子为例，可以得到：

$$F_1 = 0.539D_{111} - 0.546D_{112} \quad 0.102D_{121} - 0.162D_{122} \tag{5.3}$$

与 F_1 相同，其他主因子的因子分析模型也可以获得。

在上述因子分析模型的基础上，利用因子分析基本原理可以计算出经济体比较优势各主要载体的综合得分情况，基于比较优势主要载体的得分情况即可对经济体的比较优势特征及变化趋势进行描述分析。

表 5.3　比较优势主要载体旋转后的因子得分系数矩阵

	指标序号	指标名称	主因子 F_1	主因子 F_2	
劳动力成本优势	D_{111}	15～64 岁的劳动年龄人口占比	0.539	-0.120	
	D_{112}	老人和少儿总抚养比	-0.546	0.132	
	D_{121}	15～64 岁人口中劳动参与率	-0.102	0.551	
	D_{122}	15 岁（含）以上总就业人口比率	-0.162	0.592	
	指标序号	指标名称	主因子 F_1	主因子 F_2	
物质资本优势	D_{211}	资本形成总额占 GDP 的比重	0.505	0.039	
	D_{212}	固定资本形成总额占 GDP 的比重	0.540	-0.115	
	D_{221}	资本形成总额年增长率	-0.043	0.560	
	D_{222}	固定资本形成总额年增长率	-0.046	0.542	
	指标序号	指标名称	主因子 F_1	主因子 F_2	
人力资本优势	D_{311}	高等教育入学率	0.401	-0.097	
	D_{312}	教育公共开支占 GDP 的比重	-0.393	0.823	
	D_{321}	人均医疗卫生支出	0.206	0.187	
	D_{322}	出生时预期寿命	0.608	-0.391	
	D_{323}	医疗卫生支出占 GDP 的比重	0.090	0.317	
	指标序号	指标名称	主因子 F_1	主因子 F_2	主因子 F_3
技术优势	D_{411}	工业增加产值占 GDP 的比例	0.052	-0.704	0.198
	D_{412}	制造业出口中高科技出口占比	-0.116	0.314	0.380
	D_{413}	每百人中互联网用户数量	0.297	0.054	-0.091
	D_{414}	人均电力消费	0.384	-0.387	-0.103
	D_{421}	每百万人中的研发技术人员数量	0.275	0.093	-0.042
	D_{422}	研发经费支出占生产总值的比例	0.221	0.106	0.118
	D_{431}	本国居民的专利申请数量	-0.075	-0.198	0.853
	指标序号	指标名称	主因子 F_1	主因子 F_2	
制度质量优势	D_{511}	营商自由度	0.169	0.033	
	D_{512}	金融自由度	0.197	0.199	
	D_{513}	贸易自由度	0.119	-0.131	
	D_{514}	投资自由度	0.206	0.25	
	D_{515}	商业利润中总的税收比例	0.13	0.884	
	D_{521}	法律法规质量	0.143	-0.114	
	D_{522}	知识产权保护水平	0.158	-0.069	
	D_{523}	腐败控制	0.15	-0.091	

注：提取方法为主成分分析法，旋转方法为具有 Kaiser 标准化的正交旋转法。

第四节　东亚主要经济体的比较优势分析

在国际分工与贸易中，动态比较优势理论认为一国或地区应遵循比较优势的原则，以现有资源禀赋为分工依据，同时积极寻求资源结构的升级，进而推动产业结构升级（Krugman，1987；Grossman 和 Helpman，1991；Amsden 和 Chu，2003）。而也有另一派观点认为，动态比较优势的构建应该是一国在现有的资源结构下，大力发展那些现在不具有而将来会有比较优势的产业（Proudman 和 Redding，1997）。然而，不管哪一派的观点，都认为一国在构建产业结构时应遵循比较优势原则。比较优势是国际贸易和生产分工的重要动因，在区域生产分工体系的发展中也具有相当程度的影响力。东亚区域生产分工体系在国际分工大潮中迅猛发展，各经济体若能充分利用自身的比较优势，就能在生产体系格局重构中占据有利位置。评估东亚各经济体的分工状态是否顺应或发挥了比较优势的作用，首先需要对东亚经济体的比较优势状况进行分析。

基于上文描述的方法，我们统计分析了全球 50 个重要经济体，包括东亚主要经济体的比较优势状况。由于在下一章对东亚生产分工与经济体比较优势匹配性的研究中，需要将全球重要经济体的生产分工状况及比较优势特征进行对应分析，以便提取各生产环节优势经济体群组的核心比较优势因素，本节首先对全球重要经济体的比较优势状况加以归纳，然后对东亚经济体的比较优势状况进行具体分析。

一、全球重要经济体比较优势的基本状况

按照前文构建的细分比较优势基础的指标体系，我们就比较优势主要载体的影响指标运用因子分析方法进行处理和分析，从而获得了经济体各比较优势载体的综合得分情况。附录中附表 1 列出了 2013 年全球 50 个重要经济体比较优势主

要载体的得分统计结果。

从附表 1 的结果可以看出，从劳动力成本优势来看，得分较高的有卡塔尔、中国内地、越南、泰国和新加坡等经济体，这些经济体在劳动力成本方面具有比较优势。中国内地的老龄化人口结构问题并未产生较大的影响，目前来看东亚地区的劳动力成本仍占据绝对的优势地位。相对而言，得分较低的经济体有意大利、土耳其、南非、阿尔及利亚及尼日利亚等。

当经济发展到一定程度，物质资本的边际增长效应逐渐递减，人力资本等其他资本的投资将逐渐取代物质资本投资。因此，在物质资本方面，通常而言，发展中国家的物质资本比较优势相对较高，并且利用外资的巨大规模也保障了物质资本的积累。中国内地、阿尔及利亚、菲律宾、印度尼西亚、印度及马来西亚具有较高的物质资本比较优势，而意大利、葡萄牙、乌克兰等国的物质资本优势相对较弱。

在人力资本方面，美国、丹麦、挪威、瑞士、芬兰、荷兰及澳大利亚等得分较高。这些国家注重教育行业的发展及各行业、各种类型人才的开发利用，在社会医疗保健体系标准等方面也保持领先，在人力资本方面具有较高的比较优势，从而为经济的可持续发展提供了更加持久的动力。而阿尔及利亚、中国内地、菲律宾、印度及印度尼西亚等则迫切需要改善人力资本条件，以提高经济增长的质量和可持续性。

从技术优势方面来看，韩国、日本、瑞典、芬兰、美国及瑞士等得分较高，这些发达经济体的技术水平一直遥遥领先于世界其他经济体，引领和推动着世界高技术的发展方向。值得注意的是，中国内地在科研创新方面取得了明显提升，2013 年中国的技术优势因子得分在全球重要经济体中排在第 17 位，这对于一个长期以加工组装制造的低端方式嵌入全球价值链的经济体是极为显著的进步。

就制度质量优势而言，瑞典、澳大利亚、芬兰、丹麦、德国、英国等得分较高，其中北欧诸国的表现最佳。众所周知，北欧国家的法律体系相当完善，北欧国家之间在共同经验的基础上合作形成了完善的法律体系，特别是在反腐败方面的立法相当成熟，这在一定程度上促进了北欧诸国经济竞争力的提高。而菲律宾、印度、中国内地、印度尼西亚、越南和尼日利亚等在制度质量方面的得分则相当低，在制度改革方面存在较高的必要性和迫切性。

二、东亚主要经济体的比较优势及变化情况

以往基于比较优势视角研究东亚生产体系，多着眼于单一的比较优势来源进行分析，而本章则基于多元化比较优势理论，构建比较优势指标体系并进行因子分析，尽可能全面地剖析东亚各主要经济体比较优势的变化情况。表 5.4 列出了东亚主要经济体比较优势载体的得分结果。

表 5.4   东亚主要经济体比较优势载体的得分情况

经济体	年份	劳动力成本优势	物质资本优势	人力资本优势	技术优势	制度质量优势
日本	1996	0.652 6	0.312 6	0.491 3	1.529 4	−0.103 8
	2003	0.193 9	−0.182 2	0.391 5	1.349 8	−0.270 3
	2013	−0.477 5	−0.089 6	0.383 5	0.903 7	0.241 5
韩国	1996	0.630 9	1.044 6	−0.145 6	0.394 9	−0.084 9
	2003	0.535 3	0.958 3	0.155 8	0.687 3	0.011 6
	2013	0.459 6	0.579 0	0.336 6	1.000 1	0.158 2
新加坡	1996	0.824 9	1.487 8	−0.421 6	0.651 2	0.926 6
	2003	0.740 4	1.095 0	−0.310 5	0.774 6	1.050 5
	2013	0.838 6	0.388 0	−0.252 4	0.739 5	0.650 7
马来西亚	1996	−0.457 3	1.424 3	−0.545 7	−0.395 6	−0.314 3
	2003	−0.419 9	−0.173 5	−0.278 4	−0.189 2	−0.800 3
	2013	−0.068 4	0.743 0	−0.503 5	−0.002 5	−0.445 6
印度尼西亚	1996	−0.041 1	0.682 8	−1.223 8	−0.692 4	−0.462 5
	2003	−0.068 4	0.052 3	−1.088 7	−0.789 8	−1.035 8
	2013	0.052 4	1.109 1	−1.036 1	−1.060 9	−1.268 4
泰国	1996	0.934 1	1.400 6	−0.604 9	−0.490 3	−0.418 0
	2003	0.952 0	0.442 2	−0.512 8	−0.527 2	−0.919 1
	2013	0.964 8	0.208 6	−0.441 4	−0.691 5	−0.662 1
菲律宾	1996	−0.751 4	0.313 8	−0.718 6	−0.256 8	−0.678 0
	2003	−0.867 9	−0.135 0	−0.933 3	−0.310 4	−0.564 6
	2013	−0.471 6	1.229 6	−1.019 8	−0.167 9	−0.903 9

续表

经济体	年份	劳动力成本优势	物质资本优势	人力资本优势	技术优势	制度质量优势
越南	1996	0.174 6	0.666 7	−0.713 2	−0.617 5	−1.861 6
	2003	0.543 3	1.293 6	−0.906 1	−0.735 6	−0.981 4
	2013	0.993 2	0.528 2	−0.394 1	−0.418 5	−1.452 7
中国	1996	0.986 7	1.185 6	−0.940 4	−0.570 2	−1.027 9
	2003	1.089 9	2.371 9	−0.884 3	−0.383 8	−1.383 5
	2013	1.036 2	2.752 0	−0.813 4	0.277 1	−1.138 8

资料来源：根据统计数据利用 SPSS Statistics 20 软件整理计算而得。

根据表 5.4 的统计结果，可以对东亚主要经济体的比较优势状况及其演变进行描述分析。从劳动力成本比较优势的得分情况来看，1996—2013 年中国、泰国和新加坡的得分一直处于较高水平，尤其是中国在劳动力成本方面的比较优势领先于东亚其他主要经济体。越南在劳动力成本方面的比较优势存在较大幅度的上升，由 1996 年的 0.174 6 上升到 2013 年的 0.993 2；马来西亚、印度尼西亚和菲律宾也有不同程度的提高。与此同时，日本在劳动力成本方面的比较优势表现出明显下降，由 1996 年的 0.652 6 下降为 2013 年的−0.477 5；韩国也有所下降，但相对日本而言幅度较低。

就物质资本比较优势而言，1996 年韩国、新加坡、马来西亚、泰国和中国均具有比较高的得分，除了中国保持大幅增长，其他国家均表现出下降的趋势。日本得分较低，并且呈现降低的态势。印度尼西亚和菲律宾的物质资本比较优势与中国相似，呈现出上升的趋势。

在人力资本方面，除了日本和韩国，东亚经济体的得分普遍较低。1996 年日本在人力资本方面的比较优势遥遥领先于东亚其他经济体，但 2003 年和 2013 年有所下降。韩国的人力资本比较优势持续大幅度提升，在 2013 年与日本的水平相近。其他东亚主要经济体人力资本比较优势得分都比较低，在零值以下，其中中国、印度尼西亚及菲律宾最为落后，而新加坡的人力资本比较优势有改善趋势。

进一步从技术优势的角度观察，在 20 世纪 90 年代，日本的技术比较优势远远超过其他东亚经济体，1996 年高达 1.529 4。进入 21 世纪之后，日本的技术优势逐渐弱化，至 2013 年下降到 0.903 7，其技术优势水平已被稳步上升的韩国赶超，韩国的技术优势得分从 1996 年的 0.394 9 增至 2013 年的 1.000 1。新加坡的技术优势状况长期以来颇为稳定，保持在 0.7 左右的较高水平。中国的技术优势保持了上升的势头，由 1996 年的-0.570 2 上升至 2013 年的 0.277 1，但与日本、韩国和新加坡相比仍然存在一定的差距。其余东亚主要经济体的技术优势相对较弱，但马来西亚、菲律宾和越南存在一定的上升态势。

最后，基于制度质量的视角，新加坡在东亚区域内具有最高的制度比较优势，尽管在 2013 年较此前有所下降，但其制度优势的得分仍然高于区域内其他经济体。日本与韩国在制度比较优势方面的因子得分低于新加坡，但远高于中国、印度尼西亚及越南等其他经济体。

第六章 东亚生产分工与经济体比较优势的匹配性分析

上一章构建了比较优势的综合评价体系，并对东亚经济体的比较优势状况进行了描述和分析。本章以机械行业为例，对东亚生产分工与地区生产网络中从事不同生产环节经济体的比较优势形态的匹配性进行分析，从而对东亚生产网络的分工状况做出评价。

之所以选取机械行业进行研究，是因为机械行业中的机电产品、电子通信设备和办公用品在东亚经济体的出口中增长最为迅速，机械产品的进出口贸易已成为东亚贸易中最为重要的组成部分。而且，机械行业具有高度化的产品内分工特性，零部件贸易占到机械行业贸易总额的50%左右。

本章基于聚类分析，对全球及东亚经济体机械行业的分工情况加以描述。通过对不同类别经济体生产分工与比较优势的对应分析，提炼出不同生产环节比较优势形成的核心影响因素，从而形成国际生产分工的比较优势评判标准。运用系统耦合理论构建灰色关联系统耦合模型，评估东亚机械行业的生产分工与比较优势的关联度。

第一节　机械行业生产状况的聚类分析

一、机械产品生产阶段划分

HS92 六分位编码下的机械工业产品，主要包括通用机电（HS84）、电子机电（HS85）、运输设备（HS86～89）及精密机电（HS90～92），我们参考 Kimura 和 Obashi（2010）的方法，对中间品和制成品进行分组，将制成品分为资本品和消费品，中间品分为零部件和半成品，对具有复杂特征的零部件产品按照产品复杂度又做了进一步地划分。

具体来说，在 HS 六分位编码下，机械行业涵盖 HS84～HS92，共计一千多种商品，其中，HS84 为通用机电，HS85 为电子机电，HS86～89 为运输设备，HS90～92 为精密机电。若对每一种产品依次进行生产分工布局的统计与分析，不仅统计工作烦琐、冗杂，而且统计分析的意义和必要性也相对较弱。根据产品内分工的生产阶段将一千多种产品进行归类，是统计与分析工作顺利进行的基础，也是能否准确刻画生产分工状态和格局变化的关键。本章尝试将产品内生产分工阶段划分为零部件（包括简单零部件、复杂零部件和精密零部件）、半成品、资本品和消费品进行研究，不仅能够分析经济体在各生产阶段的生产分工状况，而且有利于把握各经济体在全球价值链上的分工位置。

对于零部件生产阶段的划分依据的是产品的技术复杂度。根据李嘉图的比较优势理论，在开放经济条件下，各国生产自身具有相对比较优势的产品。一般而言，人均收入水平较高的发达经济体生产和出口具有技术优势的复杂产品，人均收入水平较低的发展中经济体，则较多地生产和出口具有劳动力成本优势的复杂度低的产品。换言之，一种产品的复杂度水平与大量生产和出口该产品的经济体的平均收入水平具有显著的关联性，因此 Michaely（1984）、关志雄（2002）及 Lall 等（2006）等利用产品的国际出口贸易份额作为权重，与各国人均 GDP 相乘构建产品技术复杂度指标。我们同样基于李嘉图的比较优势理论，但采用产品的国际生产份额作为权重，将产品的技术复杂度指标定义如下：

$$SL_i = \sum_{j=1}^{n} Ps_{ij} \cdot y_j \qquad (6.1)$$

其中，i 表示产品，j 表示国家，SL_i 即为产品 i 的复杂度指标，y_j 为国家 j 的人均 GDP，Ps 表示一国某产品的国际生产份额。在产品复杂度指标的计算中采用产品的国际生产份额不是产品的国际出口贸易份额作为权重，这主要是考虑部分发展中经济体由于采取出口导向型的发展战略，其许多产品的出口份额甚至高于发达国家，从而容易导致产品复杂度指标计算结果出现较高程度的偏误。因此，采用产品的国际生产份额相对于其国际出口贸易份额而言，更具有合理性和准确性。然而，产品的国际生产份额数据无法直接获取，我们基于产品的出口贸易份额和该国的出口贸易度近似测算其产品的国际生产份额。与此同时，为了与此处商品贸易的研究口径保持一致，以及摒弃不同国家经济结构差异的影响，我们借鉴郑昭阳和孟猛（2009）的研究，引入剔除服务业后的其他产业产值在 GDP 中的占比，一国产品的国际生产份额可以近似表示如下：

$$Ps'_{ij} = \frac{Es_{ij}}{Ed_j} \cdot Ns_j \qquad (6.2)$$

式（6.2）中，Es_{ij} 表示产品的国际出口贸易份额，Ed_j 为 j 国的出口贸易度，Ns_j 则为 j 国服务业之外的产业生产值占 GDP 的比重。进一步，对这一指标进行标准化处理，最终的产品国际生产份额指标如下：

$$Ps_{ij} = Ps'_{ij} \Big/ \sum_{j=1}^{n} Ps'_{ij} \qquad (6.3)$$

将式（6.3）中标准化的产品近似国际生产份额代入式（6.1）中，便可以得到产品复杂度的计算公式。值得注意的是，产品复杂度 SL_i 仅仅度量的是某一种产品的复杂度水平，鉴于此处产品归类的需要，构建产品相对其他产品的复杂度指数更符合研究目的。因此，参照杜修立和王维国（2007）的研究，将产品的复杂度

指数 SLI_i 构建如下：

$$SLI_i = (SL_i - SL_{min})/(SL_{max} - SL_{min}) \qquad (6.4)$$

其中，产品复杂度指数 SLI_i 的取值范围为 $0\sim1$，SL_{min} 和 SL_{max} 分别表示所有产品复杂度水平中的最小值和最大值。

通过构建和测算产品的复杂度指数 SLI_i，形成了将机械工业的零部件产品划分为简单零部件、复杂零部件和精密零部件的依据。但是，目前学术界对于简单零部件、复杂零部件及精密零部件尚没有科学而统一的界定与划分标准，本节以产品复杂度指标作为依据，绘制了零部件产品的复杂度指数频率分布直方图（见图 6.1）。通过观察所绘制的频率分布直方图，产品大致表现出三个区段的明显差异，大多数产品的复杂度集中在 $0.225\sim0.425$，低复杂度区段和高复杂度区段的产品相对较少，据此大致可以将零部件产品分为简单零部件、复杂零部件和精密零部件三种。

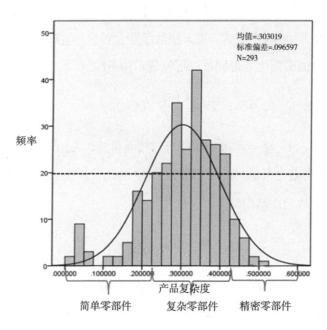

图 6.1　机械行业零部件产品的复杂度频率分布直方图

在产品复杂度指数计算过程中涉及的指标有世界各国的人均 GDP、各国 HS 六分位下各种产品的出口额及各国的总出口额、各国商品出口占商品和服务总出口的比重、各国服务业产值占 GDP 的比重等。其中，各国的人均 GDP 数据来源于世界银行数据库，各国细分产品的出口贸易数据主要来自联合国贸易数据库，各国商品出口占商品和服务总出口的比重、服务业产值占 GDP 的比重等数据来源于经济学人智库（EIU）国家数据统计。

如上所述，我们将机械行业的生产划分为简单零部件、复杂零部件、精密零部件、半成品、资本品及消费品六个阶段，并在此基础上对产品内分工各阶段中不同经济体的生产状况进行统计分析。各生产阶段具体的产品划分收录于附表 2。

二、显示性比较优势指数与聚类分析方法

为了分析不同经济体在机械行业的生产分工情况，我们在细分的产品内分工各生产阶段下，根据显示性对称比较优势（revealed symmetrical comparative advantage，RSCA）指数，对全球重要经济体进行聚类分析。聚类分析的意义主要表现在两方面：一方面，考虑产品内生产分工阶段，依据 RSCA，对包括东亚经济体在内的重要经济体进行聚类分析，可以归纳出不同生产阶段下具有相对比较优势的经济体群组与具有相对比较劣势的经济体群组（逻辑示意图见图 6.2），从而能够清晰地辨别东亚经济体在不同分工阶段的生产优势与劣势，有助于分析东亚机械行业生产网络中各经济体的分工状态；另一方面，在确定各生产阶段优势经济体群组的基础上，通过提取优势经济体群组的比较优势特征，构建国际生产分工的比较优势评判标准，以分析东亚经济体分工状态与比较优势的匹配情况，评估其参与机械行业生产分工是否充分发挥了比较优势的作用。

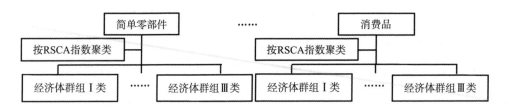

图 6.2　聚类分析逻辑示意图

（一）显示性对称比较优势指数

Balassa（1965）的显示性比较优势指数通过定量描述一个国家内各个产业或产品组的相对出口表现，以衡量某国产品或产业在国际市场上的出口竞争力，从而揭示一国在国际生产分工和贸易中的状态。RCA 指数的计算公式如下：

$$RCA_{ijt} = \frac{X_{ijt}/X_{jt}}{X_{iwt}/X_{wt}} \qquad (6.5)$$

其中，i 代表产品，j 表示国家，w 代表世界各国总量，t 为时期。X_{ijt} 即表示 t 时期 j 国在 i 产品上的出口额，概括而言，RCA 指数就是一个国家某种商品出口额占其出口总值的份额与世界出口总额中该类商品出口额所占份额的比率。通常，当某种产品的显示性比较优势指数数值越大时，该国的这种产品在国际市场上的比较优势越大。

然而，显示性比较优势指数由于选择的分界标准会产生分布倾斜的问题，甚至影响回归检验中的分布假定。为了克服分布倾斜的问题，可以使用显示性对称比较优势（RSCA）指数，具体的计算公式如下：

$$RSCA_{ijt} = \left(RCA_{ijt} - 1\right) \Big/ \left(RCA_{ijt} + 1\right) \qquad (6.6)$$

显示性对称比较优势数值在（-1，1），一般当 $RSCA_{ijt}$ 数值大于 0 时，说明 t 时期 j 国在 i 产品上的专业化程度高于同一时期世界的平均水平，j 国生产 i 产品具有国际比较优势；反之，当 $RSCA_{ijt}$ 数值小于 0 时，意味着 t 时期 j 国 i 产品的生产在国际市场上不具有比较优势。

（二）聚类分析方法

聚类分析（cluster analysis）是针对事物分类研究常用的多元统计分析方法之一，在研究一些经济问题时，基于研究样本的某类属性或诸多特征，将相似性程度较大的研究对象划归到同类之中，分类的数量按照研究需求而定。至于相似性程度的度量，主要表现为相似系数和距离，相似系数通常用于针对变量的分类，而距离则常用于对研究对象个体的归类。两个个体之间基于 m 个属性的距离 $d(i, j)$ 可以通过明氏（Minkowski）距离、马氏（Mahalanobis）距离及兰氏（Canberra）距离计算，其中最为人们熟悉也是使用最多的是明氏距离中的欧式距离。明氏距离的计算公式可以表示如下：

$$d(i, j) = \sqrt[q]{\sum_{k=1}^{m} \left| x_{ik} - x_{jk} \right|^q} \tag{6.7}$$

当 $q = 1$ 时，该距离可称为绝对值距离，即

$$d(i, j) = \sum_{k=1}^{m} \left| x_{ik} - x_{jk} \right| \tag{6.8}$$

当 $q = 2$ 时，该距离可称为欧式（Euclidean）距离，即

$$d(i, j) = \sqrt{\sum_{k=1}^{m} \left| x_{ik} - x_{jk} \right|^2} \tag{6.9}$$

当 q 趋于无穷时，该距离被称为切比雪夫（Chebychev）距离，即

$$d(i, j) = \max_{1 \leqslant k \leqslant m} \left| x_{ik} - x_{jk} \right| \tag{6.10}$$

本节对全球重要的经济体按照产品的显示性对称比较优势指数（RSCA）采用 K-均值聚类方法进行聚类。K-均值聚类方法也被称为快速聚类方法，基本思想是首先随机选择 K 个个体代表 K 个类，每一个个体作为一个类的原型，根据距离原型最近的法则将其他对象分配到各个类中。然后以每一个类所有个体的平均值作为该类新的原型，迭代进行个体的再分配，直到没有变化为止，从而得到最终的 K 个类。各生产阶段下，全球重要经济体通过 K-均值的聚类分析方法被划分为不

同类，其中第 I 大类的经济体意味着其在此阶段的生产上具有相对最高的比较优势，依此类推。

由于 20 世纪 90 年代后东亚区域生产分工更多地沿着产品价值链展开，为了研究在经历"东亚奇迹"之后"雁行模式"如何发展、东亚地区生产分工的形态和格局如何演变，在考虑上述研究意义及数据可得性的前提下，我们选择 1996 年、2003 年、2013 年三年进行分析。对机械行业各生产分工阶段聚类分析的结果显示，每个生产阶段下全球重要经济体被划分为 I ～III 类，详细结果见附表 3 至附表 5。

三、全球机械行业生产分工的基本状况

基于对全球重要经济体在机械行业各分工阶段生产优势的聚类分析，可以就全球重要经济体机械行业的生产分工状态加以考察。我们以机械行业的生产分工体系作为研究对象，因而机械行业自身的技术属性等因素对生产分工状态存在一定的影响。美国、德国、法国等发达国家在机械行业各生产阶段都具有较高的生产优势，这与其机械工业的较高的发展水平是吻合的。而沙特阿拉伯、哈萨克斯坦、阿尔及利亚等国家普遍在各个生产阶段都处于劣势，这可能与其资源禀赋状况和行业发展战略有关。虽然行业的特殊性对于分析部分国家的生产分工状况存在制约，但仍可以反映大部分经济体在不同生产阶段上的生产优势及其变化特征。

具体而言，在复杂零部件、精密零部件和资本品方面，最具生产优势的地区是北美洲、欧洲发达国家及亚洲的日本，它们主导着复杂生产环节和高技术含量产品的生产，全球价值链核心环节的生产仍然由美国、德国、日本等先进国家主导。在附加值比较低的简单零部件的生产环节，2013 年中国和菲律宾成为全球最具有生产优势的经济体，泰国、马来西亚也具有比较高的生产优势。总体看来，亚洲大部分地区仍然为低成本地区，主要对在全球生产分工体系中技术含量偏低或劳动密集型的生产工序进行专业化生产，在国际分工的利益分配中获得的份额较小，处于价值链中附加值较低的位置。

四、东亚机械行业的生产分工状况及演变

（一）东亚主要经济体机械行业的生产分工状况

在对全球重要经济体机械行业生产分工状态进行聚类分析的基础上，将 1996 年、2003 年、2013 年东亚主要经济体的聚类结果归纳于表 6.1，以便细致地分析东亚机械行业生产网络中各经济体的分工状态及其演变特征。

表 6.1　东亚主要经济体在机械行业不同生产阶段的聚类结果

经济体	年份	产品内生产分工阶段					
		简单零部件	复杂零部件	精密零部件	半成品	资本品	消费品
日本	1996	Ⅰ 类	Ⅰ 类	Ⅱ 类	Ⅰ 类	Ⅰ 类	Ⅱ 类
	2003	Ⅰ 类	Ⅰ 类	Ⅰ 类	Ⅰ 类	Ⅰ 类	Ⅱ 类
	2013	Ⅱ 类	Ⅰ 类	Ⅰ 类	Ⅰ 类	Ⅰ 类	Ⅰ 类
韩国	1996	Ⅱ 类	Ⅱ 类	Ⅱ 类	Ⅱ 类	Ⅱ 类	Ⅱ 类
	2003	Ⅱ 类	Ⅱ 类	Ⅱ 类	Ⅱ 类	Ⅱ 类	Ⅱ 类
	2013	Ⅱ 类	Ⅱ 类	Ⅱ 类	Ⅱ 类	Ⅱ 类	Ⅱ 类
新加坡	1996	Ⅱ 类	Ⅱ 类	Ⅱ 类	Ⅱ 类	Ⅱ 类	Ⅰ 类
	2003	Ⅰ 类	Ⅰ 类	Ⅰ 类	Ⅰ 类	Ⅱ 类	Ⅱ 类
	2013	Ⅱ 类	Ⅰ 类	Ⅰ 类	Ⅱ 类	Ⅱ 类	Ⅱ 类
中国	1996	Ⅰ 类	Ⅱ 类	Ⅲ 类	Ⅱ 类	Ⅱ 类	Ⅱ 类
	2003	Ⅰ 类	Ⅰ 类	Ⅱ 类	Ⅰ 类	Ⅰ 类	Ⅰ 类
	2013	Ⅰ 类	Ⅰ 类	Ⅲ 类	Ⅰ 类	Ⅰ 类	Ⅰ 类
印度尼西亚	1996	Ⅲ 类	Ⅲ 类	Ⅲ 类	Ⅲ 类	Ⅲ 类	Ⅱ 类
	2003	Ⅱ 类	Ⅲ 类	Ⅱ 类	Ⅱ 类	Ⅱ 类	Ⅱ 类
	2013	Ⅱ 类	Ⅲ 类	Ⅲ 类	Ⅱ 类	Ⅱ 类	Ⅱ 类
马来西亚	1996	Ⅱ 类	Ⅲ 类	Ⅲ 类	Ⅱ 类	Ⅱ 类	Ⅱ 类
	2003	Ⅰ 类	Ⅱ 类	Ⅱ 类	Ⅱ 类	Ⅱ 类	Ⅱ 类
	2013	Ⅱ 类	Ⅱ 类	Ⅱ 类	Ⅱ 类	Ⅱ 类	Ⅱ 类
菲律宾	1996	Ⅱ 类	Ⅲ 类	Ⅲ 类	Ⅲ 类	Ⅲ 类	Ⅱ 类
	2003	Ⅱ 类	Ⅱ 类	Ⅱ 类	Ⅲ 类	Ⅱ 类	Ⅲ 类
	2013	Ⅰ 类	Ⅱ 类	Ⅱ 类	Ⅱ 类	Ⅱ 类	Ⅱ 类
泰国	1996	Ⅱ 类	Ⅱ 类	Ⅱ 类	Ⅱ 类	Ⅲ 类	Ⅱ 类
	2003	Ⅰ 类	Ⅱ 类	Ⅲ 类	Ⅱ 类	Ⅱ 类	Ⅱ 类
	2013	Ⅱ 类	Ⅱ 类	Ⅲ 类	Ⅱ 类	Ⅱ 类	Ⅰ 类
越南	1996	—	—	—	—	—	—
	2003	Ⅱ 类	Ⅲ 类	Ⅲ 类	Ⅱ 类	Ⅲ 类	Ⅲ 类
	2013	Ⅱ 类	Ⅲ 类	Ⅲ 类	Ⅱ 类	Ⅲ 类	Ⅱ 类

在表 6.1 中，第 Ⅰ～Ⅲ类表示生产优势依次降低。根据表 6.1 的聚类结果，各经济体在产品内生产分工不同阶段的优劣势清晰可见。日本由于工业化起步较早，经济发展水平较高，在机械行业的多数生产阶段上表现出优势特征。日本长期在复杂零部件、半成品和资本品生产阶段上具有全球 Ⅰ类的生产优势，在精密零部件阶段的生产优势也上升为 Ⅰ类。在 1996 年和 2003 年两个研究期，日本在简单零部件阶段也具有 Ⅰ类的生产优势，但 2013 年的统计结果显示，日本在简单零部件上的生产优势低于中国和菲律宾。其在消费品阶段的生产则处于第 Ⅱ类的状态。可见，日本在东亚机械行业的生产分工体系中扮演着"领军者"的角色，对东亚机械行业生产分工网络的高级化演变发挥着重要作用。

韩国作为由亚洲新兴工业化经济体，成功晋升为发达国家的代表，经济发展表现与日本存在一定差距。韩国在机械行业各生产阶段的聚类分析结果显示，韩国基本上不具备 Ⅰ类的生产优势，多稳定在第 Ⅱ类优势经济体群组。这一现象与其发展程度存在一定的矛盾性，主要可能存在以下两方面的原因：一方面，韩国机械行业的产品主要用于国内消费，出口部分占比相对较少，由于显示性对称比较优势指数是基于出口贸易额计算的，因此较难准确衡量国内消费部分产生的生产效应；另一方面，韩国的机电行业中较多的产品属于小型电子产品，生产环节较多，但各生产环节的复杂性并不高，从而导致在机械行业生产分工体系中韩国不具备各分工阶段的生产优势。与韩国同样作为"亚洲四小龙"的新加坡，其在机械行业各生产阶段上的生产分工表现则相对较佳。尤其是进入 21 世纪之后，新加坡在复杂和精密零部件等高附加值产品的生产上具有 Ⅰ类的优势特征。

中国作为发展中大国，以空前的规模和深度参与到东亚区域生产分工体系中，凭借自身充裕的劳动力资源，成为传统的制造业加工组装平台。中国在简单零部件、半成品和消费品上具有 Ⅰ类优势；在复杂零部件和资本品阶段的生产优势有所上升，在 2013 年的聚类结果中归到了最具优势群组。这一生产状态的改变对中国在东亚区域生产分工体系中的角色定位具有重要的影响。

越南、印度尼西亚、马来西亚、菲律宾等东盟国家，在简单零部件、消费品和半成品分工阶段的生产优势普遍高于复杂零部件、精密零部件和资本品分工阶段的生产优势。具体说，从变化趋势上来看，印度尼西亚、马来西亚和菲律宾在简单零部件和半成品上的生产优势有所上升，越南和泰国在简单零部件和消费品上的生产优势随时间增加。菲律宾在简单零部件上的生产优势更是快速增长，与中国共同成为在简单零部件生产上最具优势的国家。整体来看，东盟各国在低附加值阶段上的生产优势冲击着中国传统加工制造平台的地位，中国或许将为这些低成本地区让渡出更多低附加值生产环节的专业化生产机会。与此同时，东盟国家在复杂零部件和资本品等附加值较高的生产阶段也表现出一定程度的提升趋势。

（二）东亚机械行业生产分工的演变

综合三个研究时期来看，东亚机械生产分工网络的演变，生产分工格局已然从此前梯队层级分明的"雁行模式"发展转变为多国竞争性的复杂生产网络。

长期以来，在"雁行模式"下，日本在东亚生产分工体系中具有核心主导地位，在高技术含量和高附加值产品上的绝对生产优势正是日本作为"领头雁"的基础条件。新加坡和韩国作为"雁身"的地位是与其生产优势相一致的。东盟诸国及中国位于"雁尾"的位置，在劳动力成本优势驱动下，为这一区域生产分工体系提供廉价的劳动力要素，更多地生产和出口低附加值的产品。20 世纪 90 年代中期，东亚区域机械行业生产分工体系内部各经济体之间仍然保持相当程度的互补性。1996 年东亚主要经济体在不同生产阶段上的生产优势差异较大，互补性较强，具有鲜明的梯队分层特征。

发展至 2013 年，东亚区域机械行业生产分工体系呈现层次模糊的竞争性网络。进入 21 世纪后，东亚后进经济体——中国、马来西亚和泰国等不断地进行追赶。除日本、新加坡和中国以外，东亚主要经济体在多个分工阶段上的生产优势出现较高的重合性，互补型差异削弱，模糊了东亚生产分工网络原有的梯队层级。新的生产分工体系虽然呈现出错综复杂的网络状，但依然存在一定的分工地位差异。日本与新加坡凭借高附加值分工阶段的绝对生产优势，占据较高的分工地位，对东亚机械行业生产网络发展具有重要的引领作用。中国的生产优势主要体现在低附加值的分工阶段，但高附加值阶段的生产优势有所提升，分工地位逐渐攀升。其他经济体各阶段的生产优势并不显著，且具有较高的重合性。

第二节　机械行业不同生产阶段的比较优势影响因素

本节旨在利用全球重要经济体的比较优势特征和生产分工的对应状态构建国际生产分工的比较优势评判标准。具体的对应分析需要结合衡量全球重要经济体在机械行业各分工阶段生产优势的 RSCA 指数及其聚类分析结果，与刻画经济体特征的比较优势主要载体的综合得分序列进行对应分析和优势经济体群组的计量检验，从而得出对不同生产阶段产品生产优势形成最有影响的核心因素，即得出不同生产环节的核心比较优势。基于此，形成国际生产分工的比较优势评判标准，为后文分析东亚机械行业生产分工与比较优势的匹配状况奠定基础。

一、优势经济体群组的比较优势特征检验

基于前文全球重要经济体在机械行业各分工阶段的 RSCA 指数聚类分析结果，可以获取在各分工阶段下最具有生产优势的经济体群组，再针对优势经济体群组进行比较优势特征检验。

（一）计量检验模型的构建

前文运用因子分析方法，对细分比较优势基础的比较优势指标体系进行处理，萃取得到少量信息质量较高并可以综合反映各经济体比较优势主要载体的得分情况。本节基于比较优势各主要载体的综合得分情况，利用全球重要经济体在产品内分工各生产阶段的聚类分析结果，就各生产阶段的优势经济体群组①构建

---

① 各生产阶段的优势经济体群组的选择标准是指，凡在某一样本期的聚类结果中被归为第 I 大类最具优势的经济体便划入优势经济体群组。

计量检验模型，进行面板回归分析，以得出各生产分工阶段的核心比较优势因素。

1. 简单零部件

简单零部件生产阶段处于价值链生产分工中的低端位置，该生产环节的产品技术含量和附加值通常比较低，多数体现为劳动密集型或资源密集型的产品。在此生产分工阶段进行专业化生产获得的国际贸易收益份额相对较低，并且长期从事价值链低端分工环节的专业化生产，较容易面临"低端锁定"[①]的风险，对经济体自身的产业结构升级及经济可持续发展产生抑制性作用。聚类分析结果显示，机械行业简单零部件生产环节的优势经济体群组包括中国内地、泰国、马来西亚、菲律宾、新加坡、中国香港、捷克、印度、波兰、德国、法国、匈牙利、意大利、美国、英国、日本、西班牙。以优势经济体群组为样本构建面板数据模型，对比较优势各主要载体的分工影响进行计量检验，计量检验方程如下：

$$RSCA_{it} = \alpha_0 + \alpha_1 Labor_{it} + \alpha_2 Phcapi_{it} + \alpha_3 Hucapi_{it} + \alpha_4 Tech_{it} + \alpha_5 Insti_{it} + \varepsilon_{it} \quad （6.11）$$

其中，被解释变量 $RSCA_{it}$ 表示 i 经济体 t 时期简单零部件产品的显示性对称比较优势指数，$Labor_{it}$ 表示 i 经济体 t 时期劳动力成本优势的因子分析得分情况，$Phcapi_{it}$ 为物质资本优势的因子得分情况，$Hucapi_{it}$ 为 i 经济体 t 时期人力资本优势的因子得分情况，$Tech_{it}$ 为 i 经济体 t 时期技术优势的因子得分情况，$Insti_{it}$ 为 i 经济体 t 时期制度质量优势的因子分析得分情况，ε_{it} 为随机扰动项。

2. 复杂零部件

相对于简单零部件，复杂零部件具有更高的附加值和技术含量，在复杂零部件生产阶段具有专业化生产优势的经济体通常在全球价值链生产分工中具有较高的分工地位。许多发展中国家不断进行产业结构升级和技术变革，试图更多地参与价值链生产中高附加值环节，复杂零部件生产则是提升经济体生产分工位置的进阶阶段。根据聚类分析结果，机械行业复杂零部件生产环节的优势经济体群组包括美国、英国、日本、德国、法国、意大利、奥地利、中国内地、捷克、匈牙

---

① 所谓的"低端锁定"通常用于形容贸易结构固化的落后发展中经济体，这类经济体充分利用自身比较优势，过于集中地出口劳动密集型或初级产品，贸易条件不断恶化，在国际生产分工与贸易中的低端位置被锁定。

利、瑞典、瑞士、波兰、新加坡、西班牙。以优势经济体群组为样本构建计量检验模型，具体的面板数据模型与简单零部件的检验方程相似。

3. 精密零部件

精密零部件生产阶段具有最高的技术含量和附加值，其产品生产的投入成本非常高，包含高额的研发投入成本，但产品生产的可复制性低、模仿难度大，在精密零部件生产阶段具有专业化分工优势的经济体通常位于全球价值链分工的高端位置。机械行业精密零部件生产环节的优势经济体群组包括美国、英国、日本、德国、法国、意大利、奥地利、瑞士、瑞典、捷克、荷兰、新加坡、丹麦。与前文相似，以优势经济体群组为样本构建面板数据模型，被解释变量为经济体精密零部件产品的显示性对称比较优势指数，解释变量的经济含义同上。

4. 半成品

半成品作为中间产品的一部分，是产品生产过程中的重要生产阶段。结合前文的聚类分析结果，半成品生产阶段的优势经济体群组主要包括中国内地、德国、中国香港、瑞士、捷克、美国、法国、匈牙利、韩国、马来西亚、波兰、新加坡。面板数据模型中被解释变量为经济体半成品的显示性对称比较优势指数，解释变量的经济含义同上。

5. 资本品

资本品生产阶段作为最终产品的生产阶段，生产过程中涉及较多的中间产品的投入使用，产品多体现为资本和技术密集型产品。机械行业资本品生产阶段的优势经济体群组包括美国、英国、日本、德国、法国、意大利、奥地利、瑞士、中国内地、捷克、丹麦、瑞典、西班牙。面板数据模型中被解释变量为经济体资本品的显示性对称比较优势指数，解释变量的经济含义同上。

6. 消费品

机械行业消费品生产阶段的优势经济体群组包括中国内地、中国香港、意大利、奥地利、荷兰、美国、英国、德国、法国、波兰、新加坡、比利时、瑞典、西班牙、泰国。作为最终产品生产的消费品阶段，与简单零部件生产阶段相似，由于其附加值相对较低，因此，在消费品生产阶段具有专业化分工优势的经济体在国际生产分工和贸易中获得的收益份额较低，通常位于价值链分工的低端位置。同样，采用优势经济体群组构建面板数据模型。

（二）计量检验结果的初步分析

在构建计量检验模型进行实证分析的过程中，往往会由于指标量化的限制、样本选择的偏误等难以避免的原因，出现模型中遗漏变量的问题。为了解决随个体而异的遗漏变量问题，可以考虑个体固定效应。类似地，引入时间固定效应可以避免随时间而变的遗漏变量问题。本节采用既考虑个体固定效应，又考虑时间固定效应的双向固定效应（two-way FE）模型，具体的计量检验结果见表6.2。

表 6.2 各生产分工阶段下优势经济体群组的计量检验结果

变量	简单零部件	复杂零部件	精密零部件	半成品	资本品	消费品
Labor	0.384***	−0.043	−0.052	0.287***	0.008	0.126**
	（0.045 0）	（0.030 5）	（0.039 0）	（0.027 0）	（0.023 2）	（0.033 6）
Phcapi	0.025**	0.011	0.062**	−0.021	0.237***	0.034**
	（0.010 6）	（0.018 8）	（0.029 5）	（0.018 0）	（0.070 6）	（0.016 3）
Hucapi	0.002	0.063***	0.156***	0.092	0.096	−0.050
	（0.061 0）	（0.022 1）	（0.027 9）	（0.025 7）	（0.083 1）	（0.084 0）
Tech	0.109**	0.099***	0.058*	−0.100***	0.223***	−0.105*
	（0.049 9）	（0.022 8）	（0.032 5）	（0.032 8）	（0.056 0）	（0.061 9）
Insti	0.020	0.041***	0.046**	0.010	0.023	0.108***
	（0.023 4）	（0.015 8）	（0.019 8）	（0.015 9）	（0.021 2）	（0.029 4）
cons	−0.334***	−0.131***	−0.420***	−0.172***	−0.490***	−0.383***
	（0.023 1）	（0.012 8）	（0.058 1）	（0.028 5）	（0.056 8）	（0.047 0）
样本数	306	270	234	216	234	270
R^2	0.478	0.442	0.424	0.437	0.436	0.298
F 统计量	24.66***	38.65***	37.81***	49.15***	38.49***	23.49***
个体效应	YES	YES	YES	YES	YES	YES
固定效应	YES	YES	YES	YES	YES	YES

注：括号内的统计量为标准误，"*""**""***"分别表示在10%、5%和1%显著性水平上的检验。

通过观察表 6.2 中各生产分工阶段下优势经济体群组的计量检验结果，可以就比较优势各主要载体对经济体生产分工状态的影响进行分析解释。在机械行业简单零部件生产分工阶段下，劳动力比较优势的边际影响系数最高，达到 0.384，并且通过了 1%的显著性水平检验。相比之下，技术优势和物质资本优势的影响则相对较弱，边际影响系数分别为 0.109 和 0.025，人力资本和制度质量的影响则并不显著，这与预期结论是基本一致的。

进一步分析机械行业半成品与消费品生产阶段，这两个生产阶段的检验结果具有一定的相似之处，劳动力比较优势具有最高的边际影响系数，而技术优势的影响系数均显著为负。两个生产阶段的技术含量偏低，产品复杂度较低，需要投入使用较多的低级生产要素，因此，劳动力优势具有较高的正向影响，技术优势反而具有抑制作用。两阶段的不同之处在于，半成品生产阶段下其他方面比较优势的影响并不显著，消费品生产阶段制度质量优势也体现出较高的边际影响，这可能是因为机械行业的消费品作为最终产品，生产过程涉及契约密集的中间品交易环节，对保障交易成本和交易便利性的制度因素具有较高的要求，因而制度质量的改进有助于增加消费品环节的生产优势。物质资本因素对消费品生产优势也具有一定程度的正向影响。

对于机械行业复杂零部件的生产分工阶段而言，最具有影响的核心要素是技术优势，边际影响系数为 0.099，并且通过了 1%的显著性水平检验。复杂零部件生产分工阶段相对于简单零部件具有更加复杂的生产工艺和更高的技术含量，对技术水平的要求相对较高。并且人力资本优势与制度质量优势的影响系数也显著为正，说明人力资本与制度条件对于复杂零部件阶段的生产也是较为重要的，与技术因素共同决定复杂零部件阶段的生产优势。

通过观察精密零部件生产阶段下生产分工优势的影响因素，我们发现，对于这一分工环节的生产，最重要的影响因素为人力资本优势。人力资本因素对提升一国在精密零部件阶段的生产优势具有显著的正向推动作用，边际影响系数为 0.156。精密零部件生产环节对劳动者技能和知识的要求最为严格，高水平的人力资本能够保障精密零部件的研发和生产。仅次于人力资本优势的边际效应，技术进步也是精密零部件生产环节优势提升的促进因素。此外，制度质量和物质资本方面的比较优势也具有正向影响。

资本品与消费品同样都属于最终产品，主要区别在于消费品用于消费者的直接消费，而资本品则多用于产品的生产过程，相比之下，资本品生产环节整体上比消费品生产阶段具有更高的技术水平。与资本品的生产特性相一致，在资本品生产阶段下，最具有影响的因素为物质资本优势，其次为技术优势，边际影响系数分别为 0.237 和 0.223，其他因素的影响并不显著。

二、国际生产分工的比较优势评判标准

根据前文对机械行业各生产阶段优势经济体群组的计量检验结果，以及对计量结果的分析，初步得到各生产阶段的重要比较优势因素（见表 6.3），从而可以构建国际生产分工的比较优势评判标准。构建国际生产分工的比较优势评判标准的意义在于为评估东亚主要经济体在机械行业的生产分工状态与其比较优势的匹配情况提供依据，探究其是否充分发挥了比较优势的作用，以寻求经济体生产优化的路径。

表 6.3　机械行业国际生产分工的比较优势评判标准

生产阶段	促进性比较优势因素	核心比较优势因素
简单零部件	劳动力优势>技术优势>物质资本优势	劳动力优势
复杂零部件	技术优势>人力资本优势>制度优势	技术优势
精密零部件	人力资本优势>技术优势>制度优势>物质资本优势	人力资本优势
半成品	劳动力优势	劳动力优势
资本品	物质资本优势>技术优势	物质资本优势
消费品	劳动力优势>制度优势>物质资本优势	劳动力优势

根据机械行业各生产分工阶段的比较优势评判标准来看，简单零部件、半成品和消费品生产阶段的分工优势对应的核心要素是劳动力成本优势，一国或地区具有丰裕的劳动力要素，形成了劳动力的相对低成本优势，在参与机械行业这些

阶段的生产分工中便具备了相对的优势条件。对于复杂零部件生产阶段而言，技术优势成为评判一个经济体能否在该分工环节形成生产优势的重要标准，也就是说，若一国或地区在技术进步或革新方面具有领先水平，其在复杂零部件生产环节可能更加具有比较优势，或者具有较高的发展潜力。就精密零部件生产环节来看，人力资本标准是衡量一国或地区能否在此生产阶段形成优势的重要因素。在经济增长理论框架下，人力资本是经济持续、稳定、快速发展的关键性高级生产要素，对于推动经济体整体高质量发展具有不可忽视的作用。对于资本品生产阶段，最具影响的核心要素是物质资本比较优势。

第三节　东亚机械行业生产分工与经济体比较优势的匹配性分析

在前文研究的基础上，本节结合系统耦合模型分析方法，以机械行业为例，研究东亚主要经济体的分工状态与比较优势经济特征的关联度，探讨东亚机械行业生产分工体系和经济体比较优势的匹配性。

一、系统耦合模型

（一）方法原理说明

"耦合"最初为物理学中的概念。"系统"则是指为了实现规定目标，由相互依赖、相互影响的多种要素组成的集合体，某一要素的变化将会影响到其他要素乃至系统整体。两个系统中的某些物理变量，随着时间或者空间的积分，[①]进行物理量的变换，由于系统中存在着能量、信息等的相互作用和影响，从而形成了一个相互协调和影响的系统，即"耦合系统"，表现出一系列特征和协同进化的发展

---

① 时间积分和空间积分是对时间和空间连续变量进行积分操作，用于描述物理量随时间变化或在空间中的分布情况。

趋势。系统耦合反映两个系统间的相互影响、相互依赖、相互协调促进的动态关联关系（王晓红和张宝生，2011）。系统耦合理论主要研究耦合系统关系的协调、反馈和发展的机制，随着学科的交叉融合发展，系统耦合分析方法已被广泛应用于包括经济等社会科学的多个领域。

为了分析两大系统内部各因素之间相互作用的结果，本书基于灰色系统理论，利用灰色关联分析方法计算关联度矩阵，并在此基础上构造相互关联的系统耦合模型。灰色系统理论是由邓聚龙教授提出的系统科学理论，灰色系统是指"部分信息已知、部分信息未知"的"小样本""贫信息"的不确定性系统，通过对部分已知信息进行分析，实现对系统演化规律的科学描述。具有典型灰色系统特征的有社会系统、经济系统、农业系统、生态系统等一般的抽象系统，这些系统都包含许多种因素，多种因素共同作用的结果决定了该系统的发展态势。通过灰色关联耦合模型的分析可以探究众多的因素中对系统发展影响大的因素、对系统发展起推动作用需加强的因素，以及对系统发展起阻碍作用需抑制的因素（刘耀彬和宋学锋，2005；田民，2008）。

传统数理统计中的回归分析、方差分析及主成分分析等都是用来进行系统特征分析的方法，但数理统计中的分析方法往往需要大量数据样本，且服从特定的分布。灰色关联分析方法弥补了采用数理统计方法做系统分析所导致的缺憾。灰色关联分析的基本思想是根据序列曲线几何形状的相似程度来判断其联系是否紧密。曲线越接近，相应序列之间的关联度就越大；反之，就越小。它对样本量的多少和样本有无规律都同样适用。

（二）构建灰色耦合模型

本节研究基于前文分析得出的国际生产分工比较优势评判标准及系统耦合理论，将机械行业生产分工系统与比较优势特征系统作为综合目标体系，利用日趋完善的系统理论、耦合理论及比较优势、国际分工等理论与方法体系，评估东亚经济体机械行业的生产分工状态与比较优势的匹配情况，研究东亚经济体的生产分工是否顺应或充分发挥了其比较优势条件，探讨东亚机械行业生产分工系统与比较优势特征系统发展的耦合演化机制及协同发展的限制因素等。

1. 系统指标序列

构建灰色系统耦合模型首先要确定系统的相关指标序列，机械行业生产分工与比较优势特征系统的相关指标序列详见表 6.4。

表 6.4　机械行业生产分工与比较优势灰色耦合系统的指标序列

机械行业生产分工系统序列组（IP）	比较优势特征系统序列组（CA）
IP_1：简单零部件产品生产	CA_1：劳动力成本
IP_2：复杂零部件产品生产	CA_2：物质资本
IP_3：精密零部件产品生产	CA_3：人力资本
IP_4：半成品生产	CA_4：技术水平
IP_5：资本品生产	CA_5：制度质量
IP_6：消费品生产	

2. 灰色关联度

耦合分析方法的实证思路不同于传统实证方法，其能够以系统论的思想综合而全面地分析不同变量之间的协同变动，而不用考虑变量之间的因果关系。如果系统中的两个因素序列表现出较为同步的变化，或者说具有较为一致的变化趋势，那么便认为两个因素序列的关联较大；相反，若两个因素变化的同步性较差，变化趋势相距较远，则认为两者关联度较小。本书构建机械行业生产分工与比较优势特征系统的耦合度模型，应用邓氏灰色关联度进行具体的分析。

系统内的多样化因素相当复杂，不同的因素数列并不适合直接进行比较，鉴于量纲等多种原因，进行系统分析时需要对系统内的诸要素序列进行标准化处理，因此标准化（无量纲化）的数据处理是进行灰色关联度分析的首要步骤。本书采用极差标准化的方法对各分析序列组的指标数据进行无量纲化处理。

$$IP_i^{'} = (IP_i - IP_{\min})/(IP_{\max} - IP_{\min}) \tag{6.12}$$

$$CA_j^{'} = (CA_j - CA_{\min})/(CA_{\max} - CA_{\min}) \tag{6.13}$$

其中，$IP_i^{'}$ 表示机械行业生产分工系统第 i 指标的标准化序列，$CA_j^{'}$ 表示第 j 比较优势系统指标的标准化序列，IP_i 为机械行业生产分工系统第 i 指标的原始序列，CA_j 代表第 j 比较优势系统指标的原始序列，IP_{max}、IP_{min}、CA_{max}、CA_{min} 分别为两大子系统指标序列的最大值和最小值。

然后，计算作为灰色关联度和耦合度基础的邓氏关联系数：

$$\xi_{ij}(t) = \frac{\min\limits_{i}\min\limits_{j}\left|IP_i^{'}(t) - CA_j^{'}(t)\right| + \alpha\max\limits_{i}\max\limits_{j}\left|IP_i^{'}(t) - CA_j^{'}(t)\right|}{\left|IP_i^{'}(t) - CA_j^{'}(t)\right| + \alpha\max\limits_{i}\max\limits_{j}\left|IP_i^{'}(t) - CA_j^{'}(t)\right|} \tag{6.14}$$

式中，$\xi_{ij}(t)$ 表示 t 时刻机械行业生产分工系统第 i 指标与第 j 比较优势指标之间的关联系数；$IP_i^{'}(t)$ 和 $CA_j^{'}(t)$ 分别为 t 时刻机械行业生产分工系统第 i 指标与第 j 比较优势指标的标准化值；α 为分辨系数，为了提高关联系数之间差异的显著性，通常取值为 0.5。

最后，求解关联度，灰色关联度 δ 表达式如下：

$$\delta_{ij} = \frac{1}{k}\sum_{j=1}^{k}\xi_{ij}(t) \quad (k = 1, 2, 3, \cdots, n) \tag{6.15}$$

通过比较关联度 δ_{ij} 的大小，可以分析比较优势特征系统中哪些因素与机械行业生产分工系统关系密切，而哪些因素相关性较低。

3. 系统耦合度

在灰色关联度矩阵基础上可以得到系统耦合模型，从而计算系统耦合度。

$$D_i = \frac{1}{m}\sum_{j=1}^{m}\delta_{ij} \quad (i = 1, 2, 3, \cdots, n; \ j = 1, 2, 3, \cdots, m) \tag{6.16}$$

$$D_j = \frac{1}{n}\sum_{i=1}^{n}\delta_{ij} \quad (i = 1, 2, 3, \cdots, n; \ j = 1, 2, 3, \cdots, m) \tag{6.17}$$

式中，D_i 为机械行业生产分工系统的第 i 指标与比较优势特征系统的平均关联度；D_j 为比较优势特征系统的第 j 指标与机械行业生产分工系统的平均关联度；m、n 分别为两个系统的指标数。

为了从整体上分析系统耦合的协调程度，利用下式求解出 IP-CA 系统的耦合度：

$$C(t) = \frac{1}{n \times m} \sum_{i=1}^{n} \sum_{j=1}^{m} \delta_{ij}(t) \tag{6.18}$$

二、生产分工与比较优势的匹配性检验及分析

在了解东亚经济体机械行业生产分工状态与比较优势状况的基础上，构建灰色系统耦合模型，分别对各个经济体生产分工和比较优势的系统子序列协调发展关系的匹配性进行检验，并结合国际生产分工的比较优势评判标准评估分析东亚经济体的生产分工状况是否充分发挥了其比较优势的作用。

（一）日本

对日本机械行业生产分工状况的分析显示，由于日本工业化起步较早，发展水平较高，在机械行业的多个生产阶段上均表现出较高的优势特征。2013年除了消费品和简单零部件生产阶段，其他生产阶段均具有全球Ⅰ类的生产优势，长期在复杂零部件、精密零部件和资本品生产阶段具有绝对的优势。

日本的比较优势分析则表明，日本在东亚地区曾经具有遥遥领先的技术水平，但后来技术优势逐渐弱化，至2013年其技术优势已被稳步上升的韩国赶上；劳动力和物质资本比较优势显著下降，人力资本水平也略有下降。但日本制度优势有所改善，制度作为高级化的比较优势因素，促进经济活动的高效运行，平衡内部和外部收益，激励经济个体创新性的行为，制度改革是提升贸易附加值和价值链生产分工位置的重要保证。

就日本机械行业生产分工的子系统及其比较优势特征子系统构建灰色系统耦合模型，通过对系统的相关指标序列及灰色关联耦合模型的计算，可以求解得出系统内部指标序列之间的邓氏关联系数、指标序列与子系统之间的平均关联度及系统耦合度，结果列于表6.5中，表中每个生产阶段核心影响因素的指标加粗标示（下同）。

在表6.5中，系统指标序列关联度矩阵反映了日本机械行业生产分工与比较

优势系统的耦合发展情况，灰色关联度的数值体现出比较优势系统中哪些因素与机械行业生产分工的耦合作用明显、协同发展关系密切。通常灰色关联度位于区间［0，1］，表示正向关联性，数值越大，表示关联性越大，耦合作用越强。

表 6.5　日本机械行业生产分工与比较优势灰色耦合系统的关联度和耦合度

指标	CA_1（劳动力）	CA_2（物质资本）	CA_3（人力资本）	CA_4（技术）	CA_5（制度质量）	平均关联度
IP_1（简单零部件）	**0.757 3**	0.733 4	0.660 9	0.669 8	0.597 8	0.683 8
IP_2（复杂零部件）	0.694 3	0.732 1	0.710 7	**0.616 6**	0.637 0	0.678 1
IP_3（精密零部件）	0.716 1	0.734 7	**0.685 5**	0.658 1	0.670 1	0.692 9
IP_4（半成品）	**0.726 2**	0.771 1	0.657 6	0.690 9	0.609 8	0.691 1
IP_5（资本品）	0.758 2	**0.724 3**	0.644 8	0.665 5	0.582 6	0.675 1
IP_6（消费品）	**0.784 1**	0.709 7	0.641 3	0.717 4	0.577 2	0.685 9
平均关联度	0.739 4	0.734 2	0.666 8	0.669 7	0.612 4	
耦合度	0.684 5					

注：灰色关联度统计结果通过灰色关联分析软件处理得到，并在此基础上进一步计算出耦合度统计结果。根据国际生产分工的比较优势评判标准，表中各生产阶段的核心比较优势因素加粗标示。表 6.6 至表 6.8 同此。

由表 6.5 可以看出，日本机械行业生产分工与比较优势系统的耦合度为0.684 5，系统内部的要素关联度较高。也就是说，日本在参与机械行业生产分工的过程中，其国内的比较优势特征较好地发挥了应有的作用。但是，我们也发现，日本在机械行业复杂零部件的生产优势与技术优势的关联度相对较低。虽然日本在机械行业复杂零部件分工阶段具有生产优势，但日趋降低的技术水平成为其生产优势保持和提升的制约性因素。因此，日本仍需寻求技术突破，致力于技术创新，才能保持其生产分工优势及在机械行业生产分工格局中的地位。

（二）韩国

针对机械行业生产分工的聚类分析结果显示，除了 2003 年在半成品分工阶段被归为Ⅰ类经济体群组，韩国在其他阶段并不具有明显的生产优势，基本属于Ⅱ类经济体群组。

从比较优势主要载体的因子得分情况来看，韩国最显著的特点是技术优势明显上升，2013 年韩国的技术优势得分已经赶上日本。此外，人力资本水平也有较大幅度的提高，与日本同属东亚区域内高人力资本水平的国家。韩国制度质量有所改善但幅度较小，而传统的物质资本优势下降较为显著，劳动力成本优势也呈现出下降的趋势。

韩国参与机械行业生产分工与比较优势特征的灰色关联耦合分析结果汇总于表 6.6。从中可以看出，韩国参与机械行业生产分工与比较优势特征系统的耦合度为 0.648 6，低于日本。劳动力比较优势是简单零部件、半成品和消费品生产阶段的核心影响因素，劳动力优势在简单零部件和半成品生产阶段的系统耦合关联度并不非常高，在 0.6 左右。物质资本优势与资本品的关联度也类似。可见，韩国传统要素劳动力和物质资本比较优势日渐削弱，并且在参与机械行业生产分工时，其传统要素优势作用的发挥并不充分。韩国机械行业复杂零部件生产与技术优势，以及精密零部件生产与人力资本优势均显示出相对较高的耦合关联度。考虑到韩国的技术优势和人力资本比较优势均有所上升，这对于韩国在机械行业复杂零部件和精密零部件分工阶段生产优势的提高具有推动作用。

表 6.6 韩国机械行业生产分工与比较优势灰色耦合系统的关联度和耦合度

指标	CA_1（劳动力）	CA_2（物质资本）	CA_3（人力资本）	CA_4（技术）	CA_5（制度质量）	平均关联度
IP_1（简单零部件）	**0.591 9**	0.667 4	0.662 3	0.681 3	0.700 8	0.660 7
IP_2（复杂零部件）	0.564 2	0.660 3	0.654 4	**0.662 2**	0.671 2	0.642 5
IP_3（精密零部件）	0.601 3	0.674 0	**0.653 9**	0.666 5	0.675 3	0.654 2
IP_4（半成品）	**0.624 4**	0.724 7	0.723 9	0.736 1	0.675 8	0.697 0
IP_5（资本品）	0.579 6	**0.600 2**	0.617 4	0.625 8	0.659 4	0.616 5
IP_6（消费品）	**0.643 4**	0.599 5	0.606 9	0.616 1	0.636 4	0.620 5
平均关联度	0.600 8	0.654 4	0.653 1	0.664 7	0.669 8	
耦合度	0.648 6					

（三）新加坡

新加坡与韩国同样作为"亚洲四小龙"，对新加坡在机械行业不同生产阶段聚类分析的结果显示，其在各生产阶段上的表现要优于韩国，2003 年在零部件和半成品生产阶段、2013 年在复杂零部件和精密零部件分工阶段具有 I 类优势，其余生产阶段基本稳定在 II 类优势经济体群组。

对比较优势状况的分析表明，新加坡在劳动力成本方面具有较高的比较优势，并且其技术和制度状况长期以来较为稳定，保持在较高水平。但是新加坡的人力资本水平并不高，与韩国和日本具有较大的差距。此外，新加坡的物质资本优势呈现出大幅下降，这与新加坡大力发展服务业具有一定的吻合性。

表 6.7 列出了新加坡参与机械行业生产分工与比较优势灰色耦合系统的关联度和耦合度，系统耦合度为 0.629 9，低于日本和韩国。新加坡劳动力方面的比较优势与机械行业简单零部件、半成品及消费品环节生产分工状况的灰色关联度较高，劳动力比较优势的作用得到了较好发挥。技术优势与复杂零部件环节的耦合关联度也颇高，为 0.729 3。但是，新加坡在精密零部件环节的生产优势与人力资本水平的关联度低至 0.452 3，精密零部件环节的生产优势与人力资本优势的匹配情况较差，其在机械行业精密零部件阶段的生产优势主要来源于制度优势和技术优势作用的发挥。此外，新加坡资本品生产环节与物质资本优势的关联度也不高，为 0.579 7。

表 6.7　新加坡机械行业生产分工与比较优势灰色耦合系统的关联度和耦合度

指标	CA_1（劳动力）	CA_2（物质资本）	CA_3（人力资本）	CA_4（技术）	CA_5（制度质量）	平均关联度
IP_1（简单零部件）	**0.674 0**	0.571 1	0.510 8	0.723 5	0.691 1	0.634 1
IP_2（复杂零部件）	0.658 5	0.652 7	0.510 9	**0.729 3**	0.643 7	0.639 0
IP_3（精密零部件）	0.736 8	0.628 1	**0.453 2**	0.678 3	0.612 3	0.621 7
IP_4（半成品）	**0.671 0**	0.582 9	0.529 5	0.642 7	0.635 8	0.612 4
IP_5（资本品）	0.667 2	**0.579 7**	0.643 2	0.564 6	0.714 9	0.633 9
IP_6（消费品）	**0.687 9**	0.618 3	0.668 6	0.575 0	0.640 5	0.638 1
平均关联度	0.682 6	0.605 5	0.552 7	0.652 2	0.656 4	
耦合度	0.629 9					

（四）中国

1. 静态分析

作为传统的制造业加工组装平台，中国长期在简单零部件、半成品和消费品上具有绝对领先的生产优势。值得注意的是，2013 年中国在机械行业复杂零部件和资本品分工阶段的生产优势达到Ⅰ类水平。

就比较优势状况而言，中国在廉价劳动力和物质资本方面的比较优势长期在东亚地区保持领先。在技术进步与创新政策等的促进作用下，中国技术优势上升趋势明显，但与发达国家仍然具有一定的差距。此外，虽然中国的人力资本水平略有上升，但整体人力资本比较优势仍然较弱；制度改革的成效也并不明显，制度质量的因子得分处于较低的水平。

中国参与机械行业生产分工与比较优势特征系统的关联度和耦合度统计结果如表 6.8 所示，灰色系统耦合度为 0.632 8。具体而言，资本品分工阶段生产优势的核心影响因素为物质资本，中国在机械行业资本品阶段的生产分工与物质资本比较优势的耦合关联度为 0.711 1，说明二者的匹配性较好，在该生产环节充分发挥了物质资本的作用。复杂零部件的生产也较好地发挥了技术优势的作用，二者的关联度为 0.669 3。消费品生产与劳动力优势，以及精密零部件生产与人力资本优势的关联度也在 0.6 以上。值得注意的是，中国在机械行业简单零部件和半成品阶段与劳动力优势的耦合关联度并不高，这两个阶段的生产分工并未充分发挥劳动力优势的作用。虽然中国自身面临老龄化的问题，以及来自越南、印度尼西亚等发展中国家的低劳动力成本压力，劳动力比较优势仍将是中国未来一段时期内的重要优势，在参与机械行业生产分工中应当注意充分发挥劳动力优势。与此同时，中国的技术革新和人力资本开发需要不断加强，以避免由于过度依赖劳动力和资本优势，陷入"贫困增长"或"低端锁定"的窘境。

表 6.8 中国机械行业生产分工与比较优势灰色耦合系统的关联度和耦合度

指标	CA_1（劳动力）	CA_2（物质资本）	CA_3（人力资本）	CA_4（技术）	CA_5（制度质量）	平均关联度
IP_1（简单零部件）	**0.589 7**	0.714 2	0.630 3	0.650 0	0.566 5	0.630 1
IP_2（复杂零部件）	0.594 3	0.709 7	0.636 6	**0.669 3**	0.570 9	0.636 2
IP_3（精密零部件）	0.720 4	0.600 9	**0.624 7**	0.628 3	0.564 9	0.627 8
IP_4（半成品）	**0.561 3**	0.571 9	0.593 5	0.555 3	0.703 3	0.597 1
IP_5（资本品）	0.626 9	**0.711 1**	0.696 3	0.748 3	0.612 8	0.679 1
IP_6（消费品）	**0.638 0**	0.687 3	0.579 2	0.642 1	0.587 1	0.626 7
平均关联度	0.621 8	0.665 9	0.626 8	0.648 9	0.600 9	
耦合度	0.632 8					

2. 动态发展

灰色关联耦合分析也是一种适合动态发展历程研究的工具，可以对不断发展变化的系统进行分析。任何国家参与国际生产分工的状态都是不断演进和变化的，与比较优势特征系统内部各因素的关系也并非一成不变。因此，我们将研究期1996—2013 年分为六个阶段，观察中国在各个时间段灰色系统耦合关联度的发展变化趋势。

如表 6.9 所示，劳动力成本是机械行业简单零部件、半成品和消费品生产阶段的核心比较优势因素，1996—1998 年劳动力成本与这几个阶段生产分工状况的关联度较高，而 2011—2013 年耦合关联度均较低，特别是简单零部件生产阶段只有 0.4 左右，说明中国在参与机械行业生产分工中要注意充分发挥劳动力优势的作用。资本品生产与该阶段比较优势的核心影响因素物质资本在各期都保持着较高的关联度。而精密零部件生产与该阶段核心比较优势来源人力资本的关联度在2005 年后一直处于较低的水平，人力资本的效应有待进一步发挥。此外，技术优势是机械行业复杂零部件生产的核心比较优势因素，二者的耦合关联度在 1999 年之后的各个阶段逐渐增长。中国的技术优势表现出强劲的增长势头，其与复杂零部件生产的良好耦合发展关系，对于推动中国在机械行业生产分工体系中的高级化发展具有重要意义。

表 6.9　中国参与国际生产分工与比较优势系统各个时间段的灰色关联度

指标	CA_1					
	1996—1998年	1999—2001年	2002—2004年	2005—2007年	2008—2010年	2011—2013年
IP_1	0.779 9	0.499 7	0.686 8	0.744 1	0.423 7	0.403 8
IP_2	0.812 0	0.496 5	0.657 1	0.739 1	0.447 6	0.413 4
IP_3	0.961 5	0.482 1	0.758 6	0.815 0	0.565 3	0.740 0
IP_4	0.524 2	0.342 8	0.681 5	0.521 9	0.790 2	0.507 2
IP_5	0.858 8	0.692 0	0.649 0	0.684 4	0.463 7	0.413 8
IP_6	0.815 9	0.383 9	0.720 3	0.837 4	0.572 6	0.497 9
指标	CA_2					
	1996—1998年	1999—2001年	2002—2004年	2005—2007年	2008—2010年	2011—2013年
IP_1	0.708 7	0.697 4	0.805 5	0.604 5	0.683 7	0.785 6
IP_2	0.724 5	0.687 7	0.766 0	0.614 2	0.648 5	0.817 5
IP_3	0.733 3	0.541 1	0.668 7	0.536 3	0.609 1	0.516 8
IP_4	0.597 4	0.393 3	0.601 6	0.500 6	0.524 3	0.814 0
IP_5	0.706 9	0.774 1	0.617 6	0.725 3	0.660 0	0.782 7
IP_6	0.821 5	0.478 8	0.653 7	0.610 8	0.761 6	0.797 4
指标	CA_3					
	1996—1998年	1999—2001年	2002—2004年	2005—2007年	2008—2010年	2011—2013年
IP_1	0.756 4	0.574 3	0.807 6	0.636 6	0.352 7	0.654 4
IP_2	0.793 3	0.570 5	0.776 4	0.646 1	0.366 5	0.666 5
IP_3	0.858 7	0.554 9	0.748 1	0.566 9	0.431 2	0.588 6
IP_4	0.627 5	0.386 7	0.625 7	0.610 1	0.658 1	0.652 6
IP_5	0.846 0	0.811 8	0.790 2	0.709 1	0.376 2	0.644 4
IP_6	0.772 3	0.434 4	0.586 7	0.621 4	0.440 2	0.620 3
指标	CA_4					
	1996—1998年	1999—2001年	2002—2004年	2005—2007年	2008—2010年	2011—2013年
IP_1	0.752 1	0.501 8	0.547 5	0.605 9	0.607 4	0.885 5
IP_2	0.779 4	0.499 0	0.547 1	0.612 3	0.652 8	0.925 5
IP_3	0.951 0	0.491 0	0.491 5	0.561 0	0.761 4	0.513 9

续表

指标	CA_4					
	1996—1998年	1999—2001年	2002—2004年	2005—2007年	2008—2010年	2011—2013年
IP_4	0.519 5	0.343 3	0.610 6	0.489 5	0.626 0	0.742 8
IP_5	0.821 2	0.688 7	0.728 0	0.679 2	0.680 7	0.892 2
IP_6	0.778 0	0.385 6	0.413 5	0.642 7	0.862 0	0.770 8
指标	CA_5					
	1996—1998年	1999—2001年	2002—2004年	2005—2007年	2008—2010年	2011—2013年
IP_1	0.473 9	0.637 9	0.755 9	0.532 6	0.526 6	0.472 3
IP_2	0.460 2	0.635 3	0.756 4	0.538 4	0.557 4	0.477 5
IP_3	0.413 6	0.594 1	0.658 6	0.488 0	0.683 1	0.551 9
IP_4	0.732 5	0.684 1	0.679 0	0.708 7	0.819 9	0.595 7
IP_5	0.442 2	0.667 0	0.898 2	0.596 9	0.584 3	0.488 2
IP_6	0.474 7	0.673 6	0.547 1	0.524 5	0.733 6	0.569 2

（五）东盟国家

除新加坡之外，印度尼西亚、马来西亚及菲律宾等东盟国家主要在机械行业低附加值的简单零部件、半成品和消费品阶段具有较高的生产优势。例如，菲律宾在简单零部件生产中的优势快速增强，进入简单零部件生产阶段最具优势的经济体群组。而与此同时，聚类分析的统计结果显示，马来西亚、泰国等后进东亚经济体在复杂零部件、精密零部件和资本品等阶段上的生产优势特征提升，说明东亚机械行业生产网络进入复杂的"大竞争时代"。

通过灰色系统耦合模型观察东盟新兴经济体参与机械行业生产分工与比较优势特征体系的耦合关联程度，图 6.3 绘制了印度尼西亚、马来西亚、菲律宾、泰国和越南灰色系统内各指标序列之间的关联度。整体来看，东盟国家的系统耦合关联度整体较高，在参与机械行业生产分工过程中较好地发挥了其比较优势的作用。但考察劳动力优势与简单零部件、半成品及消费品阶段生产分工的匹配情况，发现它们之间的耦合关联度基本徘徊在 0.6 左右，说明东盟国家劳动力要素的作用还有待充分发掘。

　　多数东盟经济体在附加值较低的生产环节上具有相对较高的生产优势，而国内的比较优势与其生产分工状态具有较高的耦合作用。因此，各经济体在基于自身的比较优势参与国际分工的同时，应避免强化落后的生产贸易结构而导致的"低端锁定"风险。发展中经济体应当在保持原有比较优势的基础上，不断加强自身在人力资本、技术水平等高级比较优势载体方面的建设，通过比较优势的高级化演进，逐步实现在全球价值链分工阶梯中的向上攀升，避免"低端锁定"的风险和"比较优势陷阱"。

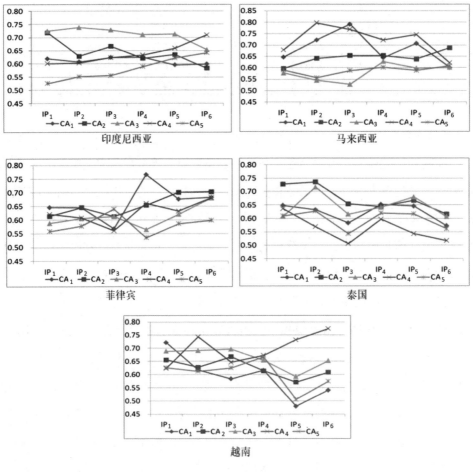

图 6.3　部分东盟国家的系统灰色关联度

三、对东亚机械生产网络的评价

本章基于全球重要经济体在机械行业的生产分工状态与比较优势的对应分析，提取不同生产阶段上优势经济体群组的比较优势特征，发掘各生产环节的核心比较优势。在此基础上，基于系统耦合相关理论模型，对东亚机械生产体系中各主要经济体的生产分工状态与比较优势的匹配性进行评判。

总体上看，东亚机械生产分工与比较优势的耦合度相对较高，但不同国家在不同生产阶段的情况存在明显差异。我们也发现了一些值得注意的现象：日本作为传统上具有技术优势的国家，其技术水平日趋降低，并且在复杂零部件阶段的生产优势与作为该生产阶段核心比较优势的技术要素匹配度并不高。劳动力、资本是韩国的传统优势要素，但其优势呈现下降态势，在简单零部件、消费品及资本品生产阶段，韩国对劳动力和物质资本要素优势的发挥并不充分。新加坡在物质资本方面的优势虽然有所下降，但其在东亚经济体中仍属于具有比较优势的国家，但其在以物质资本作为核心比较优势的资本品生产阶段与该要素的匹配性并不高；其人力资本状况有改善的趋势，但精密零部件生产与人力资本优势的关联度较低。中国是东亚地区最具劳动力比较优势的经济体，但其简单零部件和半成品生产与劳动力比较优势的关联度并不高，劳动力比较优势的作用尚未得到充分发挥。与中国类似，东盟经济体机械行业的生产分工与劳动力比较优势的匹配性也有待进一步改善。

上述情况表明，东亚区域生产分工体系建立在比较优势的基础之上，但各经济体的比较优势在生产分工中并未得到充分发挥，地区生产分工仍有优化的空间。在价值链分工中，参与高附加值的生产环节固然可以获得相对更高的分工利益，低附加值的生产环节同样需要相对具有优势的生产者来从事，虽然生产分工的收益相对较低，但仍然是全球价值链中不可或缺的参与者。在地区生产分工中，只有不同性质的参与者协作分工，扮演差异化角色，最大限度地发挥自身潜力，方能高效率地对资源和市场进行配置，它们也方能从国际贸易和分工中获益。

第七章 东亚区域经济一体化的发展与现状

在区域生产分工网络的作用下，东亚各经济体的贸易、投资、金融联系日益密切，推动了区域经济一体化的发展。在相当长的时期内，地区生产网络下的一体化基本上是依靠市场力量驱动的，政府间制度型的经济合作机制发展相对滞后。随着东亚经济体之间的相互依赖达到较高的程度，制度化的争端解决机制和更为正式的游戏规则亟待建立，对经济一体化提出了更高的要求。1997年的金融危机使东亚经济体认识到地区合作机制缺乏带来的巨大冲击，其也成为东亚地区机制性经济一体化进程的分水岭。

第一节 东亚区域经济一体化的演进

按照驱动因素的不同，东亚区域经济一体化大体上可以以 1997 年为界分为两个阶段，1997 年之前为市场驱动型经济一体化，而 1997 年之后为制度推动型经济一体化（张伯伟和彭支伟，2006）。

一、市场驱动型区域经济一体化

市场驱动型的一体化是指企业出于对利润最大化的追求，自发地参与到国际分工中去，由此形成经济一体化的过程。企业在这个一体化的过程中发挥了主导作用，出于逐利的目的，企业在全球范围内搜寻最低成本的供应商，将附加值低的加工组装等生产环节配置到劳动力等要素成本低的国家，而将财力、物力集中于高附加值的生产环节，由此形成了全球范围内的生产分工。在东亚地区，这种市场驱动型的经济一体化主要表现为"雁阵模式"。

（一）市场驱动型区域经济一体化的表现形式——"雁阵模式"

如前文所述，20 世纪 60 年代至 80 年代，日本一直扮演着东亚地区生产分工的指挥者角色。日本作为东亚产业结构调整和传递的发源地，将纺织、钢铁、化工、机械等已丧失竞争优势的产业依次传递给"亚洲四小龙"、东盟国家和中国东部沿海地区。

20 世纪 50 年代，日本立足国内实际情况，大力发展食品、纺织等劳动密集型产业，经济状况逐渐得到改善。60 年代以后，日本开始集中于发展钢铁、化工等资本密集型的产业，其出口比重逐渐超过了传统的食品、纺织业，这一时期重化工业的高速发展使日本经济迅速崛起。于是，日本企业开始向外转移前期发展的主要劳动密集型产业，"亚洲四小龙"抓住这一发展时机，大力引进这些产业，并逐渐由进口替代也转向了出口替代，大大推动了经济发展。

20 世纪 60 年代以后，"雁阵模式"在东亚地区逐渐强化，日本对东亚地区的投资从日本到"亚洲四小龙"，再到东盟及中国沿海经济发达城市展开，形成了富有次序性的投资层级。特别的，日本借助 1985 年日元升值的契机，进一步利用"雁阵模式"的优势，通过对外贸易、直接投资等各种方式强化了其"领头雁"的地位，试图形成以日本为主导的东亚经济圈，以增强自身的实力和地位，削弱甚至摆脱美国对东亚地区的控制。

从整个东亚经济的层面上看，日本对东亚层次分明的投资格局使东亚地区各经济体之间增强沟通、贸易往来频繁，大大促进了东亚内部的经济联系和一体化程度。

（二）市场驱动型经济一体化的特点

第一，企业在一体化中占据主动位置。企业以成本最小化和利润最大化为出发点，在全球范围内寻找最低成本投入的供应商进行合作生产，在选择合作国家时，对经济方面的考虑远超过对政治方面的考虑，从这个层面上讲，在这一阶段的一体化中，市场的力量超过政府的力量。

第二，以日本为主导，其他经济体的主动性较弱。在企业主导型经济一体化阶段中，日本在一体化过程中始终扮演着最主要的角色，在整个东亚地区的合作中担当指挥者和分配者。并且，日本进行地区分工与合作并不是为了地区的整体发展，而是出于自身利益的考虑，试图在东亚地区形成以日本为主导的经济圈，积累与美国抗衡的经济实力。

第三，合作模式单一，合作层级明显固化。这一阶段的一体化合作模式主要为"雁阵模式"，以日本为"雁首"，"亚洲四小龙"为"雁翼"，中国大陆（内地）、东盟国家为"雁尾"，形成了层次分明、富有次序性并且短时间内难以跨越所处层级的分工格局。

二、制度推动型区域经济一体化

"雁阵模式"实际上是建立在动态比较优势基础上的国际分工模式，而各经济体的比较优势又建立在各自资源禀赋的基础上。20 世纪 90 年代以后，由于各经济体经济规模的扩大，成本优势凸显，以规模经济为基础的产业分工格局逐渐形成并得到了发展。处于"雁翼"和"雁尾"的东亚各经济体由于自身经济、技术实力的飞速增长，同日本经济实力的差距逐渐缩小。特别是在 1997 年金融危机以后，日本经济疲弱，甚至陷入了停滞。同时，金融危机的重创使东亚各国政府意识到合作的重要性和迫切性，开始寻求建立政府间的经济合作机制。1997 年亚洲金融危机以后，东亚区域经济一体化主要表现为制度推动下的一体化进程。

（一）制度推动型经济一体化的进程

1977 年，东盟国家签订了东亚第一个区域贸易协定（RTA）——《优先贸易协议》。20 世纪 80 年代，美国提出分别与东盟、日本、韩国建立自由贸易区，这是促进东亚经济一体化的第一个实质性因素。在欧盟和北美区域经济一体化发展的带动影响下，亚太经济合作也不断推进。1989 年，亚太经济合作组织（APEC）

成立。1992 年，第四届东盟首脑会议决定利用 15 年时间建立东盟自由贸易区（ASEAN Free Trade Area，AFTA），以逐步降低贸易壁垒，促进东盟内部商品的自由交易，从而推动成员经济发展，这在真正意义上拉开了东亚经济一体化的序幕。

1997 年底，在东盟的率先倡导下，"东盟+中日韩"地区合作框架（"10+3"）启动。1999 年，"东亚合作展望小组"成立，致力于推动东亚经济体在各领域的合作。2000 年，东盟和中日韩三国签订清迈协议，并开始建立亚元债券市场（ABM），以吸取 1997 年亚洲金融危机的教训，缓解区域内各经济体对区域外金融市场的严重依赖，同时提高区域内资源的利用效率，这标志着东亚地区在货币金融合作上迈出了实质性一步。随后，中日韩相继与东盟签署了经济合作协定。2002 年，中国与东盟正式签署了《全面经济合作框架协议》。到 2003 年，中日韩三国之间的合作也逐步加强，中日韩领导人签署联合宣言，致力于推进三方合作。东盟在东亚地区率先建立了自由贸易区，并提出了建立东盟经济共同体的目标，将经济一体化发展向纵深推进，成为推动东亚经济合作的主要力量。2007 年，东亚各经济体正式宣布建立亚洲外汇储备库，清迈协议逐渐多边化，储备基金规模不断扩大，东亚金融一体化出现了新进展。2012 年，东盟发起《区域全面经济伙伴关系协定》（RCEP）谈判。2015 年 11 月，东盟各国领导人签署文件，宣布 2015 年底成立东盟共同体，12 月 31 日东盟共同体正式成立，成为东盟历史上又一个重要的里程碑。

在政府的主导下，目前东亚已经形成了"10+3"（东盟与中日韩的合作）、三个"10+1"（中日韩分别与东盟的合作）、中日韩三国之间的合作及东亚各经济体之间的双边合作等构成的经济一体化框架，在自由贸易区建设、跨国投资、货币金融合作、技术合作、劳动力市场一体化等方面都取得了显著进展。

（二）制度推动型经济一体化的特点

与市场驱动型经济一体化相比，制度推动型经济一体化更重视国家的整体利益和长远利益。东亚经济一体化不再是单纯的贸易投资和金融合作等经济领域的合作，也涉及文化、环境卫生等领域。在追求经济发展的同时，权衡各经济体中不同产业的利弊得失，以做出更富有大局观的一体化安排。

与其他地区的经济合作相比，东亚区域经济合作呈现出明显的多元化特征，不仅目标、内容方面呈现广泛性，模式上也具有多样性的特征。除了东亚地区整体的合作，还有东亚次区域合作和区域内的双边合作，并且，东亚还与其他跨区域机制，譬如亚太经合组织（APEC）、亚欧会议、跨太平洋伙伴关系协定（Trans-Pacific Partnership Agreement，TPP）、区域全面经济伙伴关系协定（Regional Comprehensive Economic Partnership，RCEP）等保持友好的合作关系。

东亚经济合作的另一特点是极大地尊重国家主权、给予成员充分的独立性。与欧盟相比，除关税减让等措施外，东亚区域合作机制较少涉及国家主权的让渡，互不干涉内政，不强调成员完全一致；注重经济发展，成员在选择合作伙伴、合作机制方面有充分的独立性，这也在一定程度上减少了其在一体化进程中受到的政治阻力。

第二节　东亚经济一体化的程度

从市场驱动型一体化阶段过渡到制度推动型一体化阶段的过程中，东亚区域内各经济体在不同领域进行了众多的尝试和探索，并取得了可喜的成果。本节从贸易一体化、金融一体化、经济技术合作、劳动力市场一体化四个方面大致描绘了东亚经济一体化的现状与程度。

一、贸易一体化

经过多年的发展，东亚地区在贸易一体化的建设方面取得了显著的成果。下文将简要介绍东亚区域内自由贸易区建设的状况，并对东亚区域内贸易一体化的程度加以分析。

（一）自由贸易区建设

东亚区域内最成功的自由贸易区当属东盟自由贸易区，以东盟为中心又发展出"10+3"和 3 个"10+1"的合作格局。在东亚范围内，整体上形成了一个"中心-外围"型自由贸易网络，整个地区的自由贸易区建设呈现出欣欣向荣的蓬勃局面。

1. 东盟自由贸易区

设立东盟自由贸易区的协议于 1992 年提出，其主要目的在于增强东盟地区作为单一生产单位的竞争优势；通过减少成员之间的关税和非关税壁垒，创造出更大的经济效益、提高生产率和竞争力，加强东盟区域一体化和促进盟区内贸易与投资。东盟自由贸易区的建设目标在 2003 年基本实现，现已形成一个包含 10 个国家、面积达 450 万平方千米、人口超过 6.4 亿的整体[①]，成为全球经济发展中一股不容小觑的力量。

东盟自由贸易区以《共同有效优惠关税协定》（CEPT）为基础，逐步降低贸易壁垒，促进东盟内部商品的自由贸易。尤其是在 2015 年底东盟共同体成立后，在《东盟经济共同体蓝图》列出的 506 项优先措施中有 463 项已经落实，完成率达到 91.5%，也将东盟内部平均关税税率几乎降至零。

如表 7.1 和图 7.1 所示，2020 年东盟经济体出口至东盟内部的商品总额约为 2981 亿美元，占其总出口额的 21.3%；东盟经济体从东盟内部进口的商品总额约为 2690 亿美元，占其总进口额的 21.1%。2011—2020 年，东盟内部的出口和进口贸易占比一直维持在 21% 以上，东盟自由贸易区的建立大大促进了东盟内部进出口贸易的发展。

表 7.1 东盟 2011—2020 年商品进出口来源地　　　　　单位：亿美元

		东盟内部	东盟外部	世界
2011	出口	3160.18	9261.72	12421.90
	进口	2669.20	8892.18	11561.38

① 资料来源于世界银行世界发展指标数据库，数据截止时间为 2018 年 8 月。

续表

		东盟内部	东盟外部	世界
2012	出口	3280.24	9296.85	12577.08
	进口	2776.17	9452.67	12228.84
2013	出口	3386.13	9398.03	12784.17
	进口	2791.38	9755.14	12546.53
2014	出口	3302.09	9637.78	12939.88
	进口	2779.04	9633.17	12412.21
2015	出口	2871.06	8846.27	11717.34
	进口	2482.74	8528.54	11011.28
2016	出口	2778.96	8757.12	11536.09
	进口	2400.58	8462.31	10862.89
2017	出口	3118.25	10129.70	13247.95
	进口	2772.91	9692.14	12465.05
2018	出口	3445.07	10915.43	14360.50
	进口	3001.48	10719.08	13720.56
2019	出口	3323.12	10915.18	14238.30
	进口	3002.92	10923.09	13926.02
2020	出口	2981.11	10986.36	13967.47
	进口	2689.95	10041.10	12731.05

资料来源：ASEAN Trade Statistics Database，https://data.aseanstats.org。

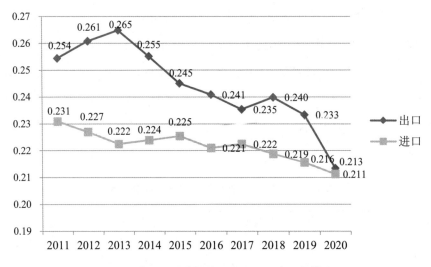

图 7.1　东盟区域内进出口额占总进出口额的比重

资料来源：根据表 7.1 计算绘制。

2. "10+3"和三个"10+1"

在建立东盟自由贸易区推动区域内经济一体化的同时，东盟还积极推进与中国、日本、韩国等东亚经济体的经济合作关系。1997年底，应东盟之邀，中日韩领导人出席"东盟首脑会议"，东亚地区"10+3"合作机制拉开序幕，合作框架也迅速从功能性合作转为制度性合作，其标志性事件为1999年11月中日韩和东盟共同发表的《东亚合作联合声明》。但由于中日韩三国之间的矛盾，再加上一些外部制约因素，东盟在推动东亚经济一体化的过程中更加关注自身利益。在多边合作机制受阻的背景下，东亚经济体开始了双边合作的探索，东盟分别和中日韩三国签订了三个"10+1"合作框架。

中国-东盟自由贸易区（CAFTA）于2004年11月正式开始建立，并于2010年全部建成。2007年中国与东盟签订了《服务贸易协议》，由此，中国-东盟自由贸易区的合作范围从商品贸易拓展到服务贸易，合作程度进一步加深。

2003年10月，日本在第七次东盟与中日韩领导人会议上与东盟签署了《东盟与日本全面经济伙伴关系框架协议》。2008年4月，东盟与日本正式签署全面经济伙伴关系协定，至2009年2月，该协定已对大部分东盟国家生效。

韩国与东盟在2005年12月签署了《韩国-东盟经济合作框架协议》和《关于落实韩国与东盟全面合作伙伴联合宣言的行动计划》，韩国-东盟自由贸易区正式启动。至此，东亚区域经济一体化呈现出"10+3"与三个"10+1"并存的局面。

3. "中心-外围"型自由贸易网络

如图7.2所示，截至2019年，东亚各经济体已经签订或正在签订的FTA数量总计294个，其中新加坡的FTA数量多达39个，中国大陆、印度尼西亚、日本、韩国、马来西亚、泰国的FTA数量也在20个以上。

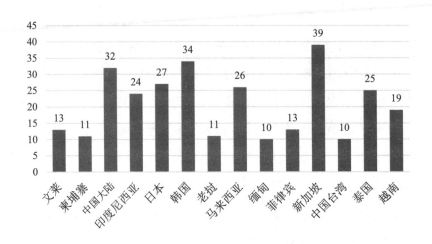

图 7.2　东亚各经济体签订或正在签订的 FTA 数量（截至 2019 年）

资料来源：Asia Regional Integration Center，FTA Trends，Table 6. FTA Status by Country/Economy，2019。

　　东亚各经济体签订的自由贸易和经济合作协定数量繁多，且相互交织，呈现出错综复杂的"意大利面碗"（Spaghetti bowl）效应。除了东亚区域整体的合作，还有东盟自由贸易区等次区域合作组织，此外，东亚各经济体还普遍参与了《全面与进步跨太平洋伙伴关系协定》（CPTPP）、《区域全面经济伙伴关系协定》（RCEP）等诸边合作协定，以及各种双边合作协定，如中日韩分别与东盟签订自由贸易协定。同时，东盟与其他区域性组织（如欧盟）、区域外国家（如印度、美国）之间，东亚国家与其他区域性组织、区域外国家之间的经济合作协议也层出不穷。这些不同范围内的 FTA 相互交错、层层叠叠，形成了东亚地区独特的"中心-外围"自由贸易网络，也反映出东亚地区一体化形式具有自由和开放的特点。

　　（二）贸易一体化程度

　　为了描述东亚地区贸易一体化的现状，我们计算了东亚地区的区域内贸易份额指数。区域内贸易份额是指区域内各经济体相互之间的贸易额占整个区域对外贸易总额的比重。区域内贸易份额越高，说明该区域的贸易一体化程度越高。以2015 年为例，对东亚地区贸易一体化进行分析。2015 年东亚各经济体商品出口总额为 50 877 亿美元，其中向区域内出口的商品总额为 23 866 亿美元，区域内贸易份额为 46.91%，说明东亚区域内贸易一体化程度整体上是较高的。我们还将东亚经济体分为东北亚与东盟两部分，分别计算了各经济体的区域内贸易份额①。

通过计算可以得出，2015 年东盟各经济体商品出口总额为 11 436.6 亿美元，区域内出口总额为 6340.4 亿美元，区域内贸易份额为 55.44%；东北亚经济体商品出口总额为 39 440.2 亿美元，区域内商品出口总额为 17 525.2 亿美元，占比为 44.44%，低于东盟。由此可以看出，东盟对区域内贸易的依赖程度高于东北亚经济体。

如表 7.2 所示，在东盟内部，东亚区域内贸易份额超过 50% 的有文莱、新加坡、菲律宾、马来西亚、泰国、印度尼西亚。其中，文莱的区域内贸易份额是最高的，区域内商品出口额占出口总额的 73.12%，主要出口对象是日本、韩国和泰国，其次是新加坡和菲律宾；新加坡区域内出口份额为 63.43%；菲律宾的区域内出口份额也高达 61.46%。东北亚经济体是东盟各国在区域内最主要的贸易对象，尤其是对中国大陆（内地）和日本的商品出口在多数东盟国家的区域内出口中都占据较大比重。在东盟内部，新加坡是其他成员主要的出口对象国。

表 7.2　2015 年东盟各经济体商品出口流向　　　单位：千万美元，%

目的地	文莱	柬埔寨	马来西亚	菲律宾	新加坡	印度尼西亚	泰国	越南
文莱	—	0.2	69.0	1.2	77.3	9.1	10.4	2.6
		(0.09)	(0.59)	(0.03)	(0.35)	(0.12)	(0.09)	(0.04)
柬埔寨	0.0	—	23.5	0.9	96.0	43.0	488.2	239.5
	(0.00)		(0.20)	(0.02)	(0.44)	(0.56)	(4.32)	(3.70)
中国内地	9.6	40.6	2606.3	639.3	4770.8	1504.6	2331.1	1656.8
	(2.08)	(19.65)	(22.23)	(17.74)	(21.70)	(19.70)	(20.63)	(25.58)
中国香港	0.7	18.2	946.0	619.9	3966.6	206.7	1164.1	695.9
	(0.16)	(8.82)	(8.07)	(17.20)	(18.04)	(2.71)	(10.30)	(10.75)

① 我们计算了 4 个东北亚经济体的情况，即中国内地、中国香港、日本和韩国；东盟经济体包括东盟 10 国，但由于联合国商品贸易统计数据库中 2015 年老挝和缅甸的出口数据不可得，此处的东盟经济体只包含东盟其他 8 个国家的商品出口数据。

续表

目的地	文莱	柬埔寨	马来西亚	菲律宾	新加坡	印度尼西亚	泰国	越南
缅甸	0.0	0.1	78.7	3.4	245.5	61.6	410.8	37.6
	(0.00)	(0.07)	(0.67)	(0.09)	(1.12)	(0.81)	(3.63)	(0.58)
印度尼西亚	10.3	1.5	747.0	62.8	2834.5	—	770.6	284.8
	(2.21)	(0.71)	(6.37)	(1.74)	(12.89)		(6.82)	(4.40)
日本	230.9	57.2	1894.7	1238.1	1523.1	1802.1	1976.3	1410.0
	(49.71)	(27.70)	(16.16)	(34.35)	(6.93)	(23.59)	(17.49)	(21.77)
韩国	99.3	13.7	647.6	251.2	1448.4	766.4	403.6	891.5
	(21.38)	(6.66)	(5.52)	(6.97)	(6.59)	(10.03)	(3.57)	(13.77)
老挝	0.0	0.5	1.5	1.6	6.0	0.8	416.8	52.3
	(0.00)	(0.26)	(0.01)	(0.04)	(0.03)	(0.01)	(3.69)	(0.81)
马来西亚	29.4	13.4	—	119.9	3776.4	763.1	1002.3	357.7
	(6.32)	(6.50)		(3.33)	(17.18)	(9.99)	(8.87)	(5.52)
菲律宾	2.5	1.7	338.4	—	641.6	392.2	590.0	201.6
	(0.53)	(0.84)	(2.89)		(2.92)	(5.13)	(5.22)	(3.11)
新加坡	22.2	5.9	2784.3	365.0	—	1263.3	858.7	325.7
	(4.78)	(2.84)	(23.74)	(10.13)		(16.54)	(7.60)	(5.03)
泰国	54.9	34.6	1140.3	226.3	1376.2	550.7	—	317.8
	(11.81)	(16.78)	(9.72)	(6.28)	(6.26)	(7.21)		(4.91)
越南	4.7	18.6	446.6	72.7	1212.2	274.0	876.4	—
	(1.02)	(9.00)	(3.81)	(2.02)	(5.51)	(3.59)	(7.75)	
区域内出口额	464.5	206.3	11 726.4	3604.3	21 986.1	7638.6	11 301.8	6476.0
总出口	635.3	854.2	20 021.1	5864.8	34 663.8	15 036.6	21 088.3	16 201.7
区域内出口比例	73.12	24.15	58.57	61.46	63.43	50.80	53.59	39.97

资料来源：根据联合国商品贸易统计数据库整理计算，https://comtrade.un.org/data/。

如表 7.3 所示，在东北亚经济体中，区域内贸易份额超过 50% 的经济体有中国香港和韩国。其中中国香港的区域内出口份额为 68.69%，对中国内地的出口占据了中国香港对区域内经济体出口总额的 81.97%；韩国的区域内出口份额为 50.87%，出口对象也集中于中国内地，比例高达 51.18%。在东北亚经济体中，中国内地和日本的区域内贸易份额相对较低，但也都在35%以上。

表 7.3　2015 年东北亚经济体商品出口流向　　　　单位：亿美元，%

目的地	中国内地	中国香港	日本	韩国
文莱	14.12 (0.17)	0.22 (0.01)	1.20 (0.04)	2.72 (0.10)
柬埔寨	37.70 (0.44)	10.32 (0.29)	3.02 (0.11)	6.53 (0.24)
中国内地	—	2874.82 (81.97)	1092.78 (38.57)	1371.24 (51.18)
中国香港	3342.91 (39.30)	—	350.06 (12.36)	304.18 (11.35)
缅甸	94.30 (1.11)	2.60 (0.07)	10.65 (0.38)	6.60 (0.25)
印度尼西亚	343.75 (4.04)	31.73 (0.90)	115.39 (4.07)	78.72 (2.94)
日本	1358.97 (15.98)	159.45 (4.55)	—	255.76 (9.55)
韩国	1014.75 (11.93)	72.52 (2.07)	440.19 (15.54)	—
老挝	12.12 (0.14)	0.23 (0.01)	1.05 (0.04)	1.70 (0.06)
马来西亚	441.92 (5.20)	37.91 (1.08)	120.04 (4.24)	77.35 (2.89)
菲律宾	266.93 (3.14)	33.30 (0.95)	94.88 (3.35)	83.18 (3.10)
新加坡	531.39 (6.25)	97.76 (2.79)	198.55 (7.01)	150.11 (5.60)
泰国	383.11 (4.50)	86.93 (2.48)	279.84 (9.88)	63.62 (2.37)
越南	663.81 (7.80)	99.28 (2.83)	125.31 (4.42)	277.71 (10.36)
区域内出口	8505.77	3507.07	2832.97	2679.43
总出口	22 818.56	5105.33	6248.74	5267.53
区域内出口比例	37.28	68.69	45.34	50.87

资料来源：根据联合国商品贸易统计数据库整理计算，https://comtrade.un.org/data/。

综合以上分析可以看出，东亚区域内部贸易一体化程度较高，并且表现出了以下特点：东盟经济体的出口高度依赖于东北亚经济体，尤其是依赖于中国内地和日本；东北亚经济体的主要出口贸易伙伴几乎均为东北亚区内的经济体，尤其是中国内地和中国香港。东北亚经济体的内部贸易往来频繁，远远高于与东盟经济体之间的贸易联系。中国几乎是区域内所有经济体最大的出口目的地，并且，由表 7.3 也可以看出，中国对区域内其他经济体的出口额也基本都高于其他经济体对其的商品出口额，表现出了强大的贸易活力。

二、金融一体化

东亚区域的金融一体化进程具有显著的危机推动的特点。1997 年，亚洲金融危机爆发后，为促进区域内金融稳定，东盟"10+3"财长会议于 2000 年在泰国达成清迈倡议，开始建立亚元债券市场，以增强货币金融市场独立性，避免对外高度依赖。随后，各经济体通过多次会议与政策对话，进一步完善了清迈倡议的相关内容，并将东盟与中日韩宏观经济研究办公室（AMRO）[①]转变为一个国际组织，以期更好地维护区域经济和金融稳定。2011 年 5 月，各经济体签署了增强清迈倡议多边化（CMIM）效力的操作指引，并在 2016 年 5 月发表了《第 19 届 10+3 财长和央行行长会联合声明》，以进一步加强 10+3 财金合作，有效维护区域宏观经济和金融稳定。

可见，东亚金融合作在制度层面已取得了明显的成绩。与十年前相比，东亚各经济体极大地放松了资本账户管制的程度和对跨境资本流动的限制，这些都促进了资本在区域内的活跃流动。东亚地区的货币金融一体化可以从区域内资本流动和证券投资等方面来分析。

（一）区域内资本流动

根据联合国贸发会议《2020 年世界投资报告》的数据，2019 年全球外国直接

---

① AMRO 是东盟与中日韩三国设立的区域内经济监测机构。AMRO 最初以有限责任公司形式于 2011 年在新加坡成立，负责对区域宏观经济进行监测，支持清迈倡议多边化（CMIM）的运作。

投资（FDI）流量为 1.54 万亿美元。受新冠疫情影响，亚洲发展中经济体 FDI 同比下降 5%，降至 4.74 千亿美元，但东南亚、中国和印度仍保持增长势态。亚洲发展中经济体中最大的三个流入地分别是中国内地、中国香港和新加坡，其中，中国内地继续成为发展中经济体中最大的 FDI 接受地，同时也是仅次于美国的世界第二大 FDI 接受地。

值得注意的是，如图 7.3 所示，2012—2019 年亚洲地区的 FDI 流入主要集中在东亚和东南亚地区①。2019 年，东亚地区的 FDI 流入为 2327.5 亿美元，占亚洲 FDI 流入的 49.11%；东南亚地区的 FDI 流入为 1558 亿美元，占亚洲 FDI 流入的 32.88%。相比较而言，南亚地区和西亚地区的 FDI 流入较少，占亚洲 FDI 流入的比例也相对较低。

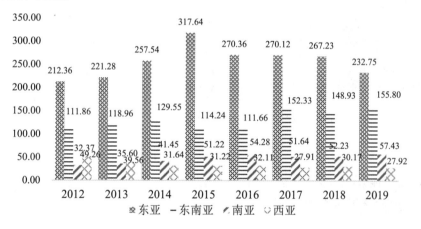

图 7.3 2012—2019 年亚洲主要区域 FDI 流入量（单位：十亿美元）

资料来源：根据《2020 年世界投资报告》数据整理绘制。

从东盟内部的 FDI 流量来看，如图 7.4 所示，2010—2020 年东盟区域内 FDI

---

① 《2020 年世界投资报告》中将亚洲区域划分为东亚、东南亚、南亚和西亚。其中，东亚包括中国大陆（内地）、中国香港、中国澳门、中国台湾、韩国、朝鲜和蒙古国；东南亚包括文莱、柬埔寨、印度尼西亚、老挝、马来西亚、缅甸、菲律宾、新加坡、泰国、越南和东帝汶；南亚包括阿富汗、孟加拉国、不丹、印度、伊朗、伊朗、马尔代夫、尼泊尔、巴基斯坦和斯里兰卡；西亚包括巴林、伊拉克、约旦、科威特、黎巴嫩、阿曼、卡塔尔、沙特阿拉伯、巴勒斯坦、土耳其、阿拉伯联合酋长国和也门。因此，《2020 年世界投资报告》所指的东亚与本书所指的东北亚概念较为一致。

流量大致呈现波动上升趋势，从 2010 年的 15 521 百万美元上升到 2020 年的 22 652 百万美元。同时，东盟区域内 FDI 流量占全球对东盟 FDI 总量的比重从 2010 年的 14%上升到 2016 年的 23%，2017 年后有所下降，2019 年之后逐渐回升，2020 年又达到 19%。区域内投资占比较高反映了区域内资本的高频流动，在一定程度上折射出东亚区域内投资的活跃度。

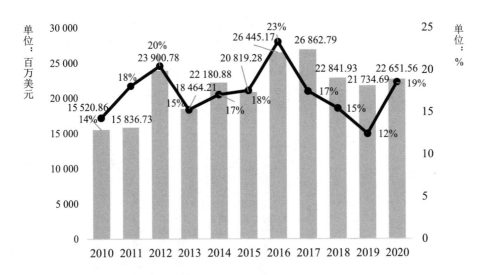

图 7.4　2010—2020 年东盟区域内 FDI 流量

资料来源：Flows of Inward Direct Investment into ASEAN by Source Country，https://data.aseanstats. org。
注：折线为区域内 FDI 占全球对东盟 FDI 总量的比重。

为了更深入地反映东亚地区对资本的回报率和吸引力，我们对比了东亚与世界及主要地区的 FDI 回报率。如图 7.5 所示，2012—2018 年世界平均的 FDI 回报率在 6.8%～7.5%，而东亚地区的回报率在 9%～12%。东亚地区的回报率不但高于世界、发达经济体和发展中经济体的平均水平，而且高于亚洲、南亚和西亚的平均水平。较高的 FDI 回报率意味着东亚地区具有较好的投资前景，对 FDI 具有较强的吸引力。

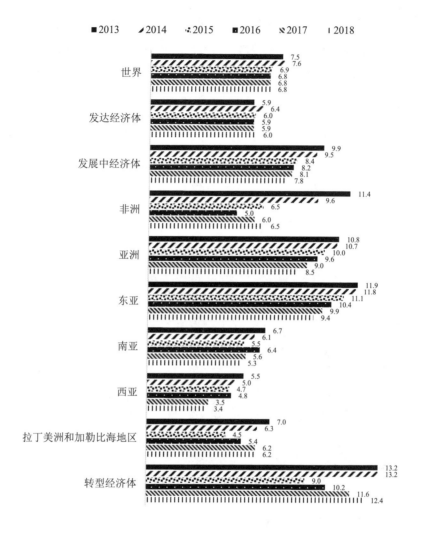

图 7.5　2012—2018 年世界及主要地区的 FDI 回报率

资料来源：根据《2019 年世界投资报告》整理绘制。

注：《2019 年世界投资报告》中"East and South-East Asia"与本书定义的东亚概念一致。

（二）区域内证券组合投资

根据国际货币基金组织的数据统计，截至 2016 年 6 月，东亚区域内的证券组合投资（扣除本国的投资）占全球对东亚区域的证券组合投资总值的比重为 23.44%，东亚地区各经济体之间的金融开放程度相对较高，投资的流动性较大。

如图 7.6 所示，东亚各经济体地区内证券组合投资占比存在较大的差异。老挝的区域内证券组合投资占比高达 99%，中国大陆和缅甸也都在 60% 以上，而柬埔寨和日本的区域内证券组合投资比例仅为 5%。但是，总体来看，大部分东亚经济体的区域内投资占比都在 20%～30%，反映出在跨国证券组合投资上，东亚各经济体对区域内国家的开放度更高。

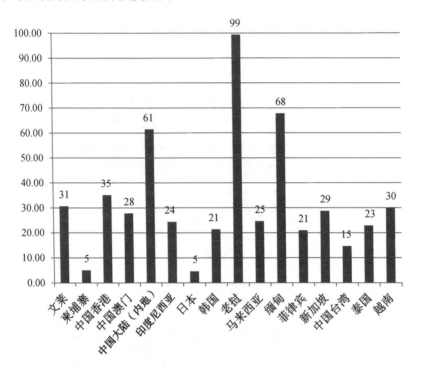

图 7.6　东亚各经济体区域内证券组合投资占总投资额的比重（单位：%）

资料来源：根据 IMF 数据库的 Coordinated Portfolio Investment Survey（CPIS）数据计算绘制。

在东亚内部证券组合投资的目的地与来源地方面，如表 7.4 所示，老挝、缅甸的投资来源较为单一，老挝的投资主要来源于泰国（99%），而缅甸的投资主要来源于新加坡（68%）；文莱、柬埔寨则对区域内投资的依赖程度较低。除上述四国以外，东亚其他经济体的投资来源分布较为均匀，与区域内其他经济体均有一定的投资联系。

如果将东亚按照地理区位划分为东北亚经济体和东南亚经济体，可以看到：首先，东北亚经济体之间证券投资联系密切，相互之间都是对方最主要的投资对象；其次，除日本以外，东北亚经济体与东盟经济体的证券投资集中于新加坡等东盟较发达经济体，与东盟其他经济体的合作程度较低；最后，东盟经济体在区域内的投资更加均衡，由于新加坡的经济实力占据主导地位，其对区域内其他经济体的投资最为活跃。

表7.4　东亚各经济体对区域内的证券投资组合总规模　　单位：百万美元，%

经济体	中国香港	中国内地	印度尼西亚	日本	韩国	马来西亚	菲律宾	新加坡	泰国	总投资额
文莱	0	0	C	0	0	19 (31)	C	C	C	62
柬埔寨	14 (2)	5 (1)	0	0	0	7 (1)	C	C	3 (1)	608
中国香港	—	72 379 (17)	629 (0)	21 373 (5)	8072 (2)	3717 (1)	688 (0)	28 183 (7)	3617 (1)	415 427
中国内地	305 359 (41)	—	1495 (0)	15 298 (2)	14 120 (2)	1177 (0)	383 (0)	92 409 (12)	6655 (1)	747 000
印度尼西亚	1450 (1)	1626 (1)	—	9535 (6)	801 (1)	2100 (1)	2379 (2)	19 353 (13)	148 (0)	153 299
日本	50 024 (3)	10 652 (1)	10 (0)	—	12 900 (1)	759 (0)	59 (0)	C	3451 (0)	1 698 156
韩国	16 010 (4)	2857 (1)	40 (0)	26 362 (6)	—	804 (0)	214 (0)	42 294 (10)	1295 (0)	423 460
老挝	0	0	C	0	0	C	C	C	994 (99)	1001
马来西亚	6061 (4)	249 (0)	14 (0)	8998 (6)	780 (0)	—	169 (0)	22 088 (14)	369 (0)	158 810
缅甸	0	0	C	0	0	C	C	70 (68)	0	103
菲律宾	1946 (3)	257 (0)	1 (0)	2578 (4)	379 (1)	442 (1)	—	7491 (12)	81 (0)	62 879
新加坡	19 003 (7)	4491 (2)	628 (0)	22 008 (9)	2656 (1)	23 373 (9)	50 (0)	—	1420 (1)	256 994

经济体	中国香港	中国内地	印度尼西亚	日本	韩国	马来西亚	菲律宾	新加坡	泰国	总投资额
泰国	2903 (3)	463 (0)	53 (0)	7745 (8)	518 (1)	814 (1)	142 (0)	8676 (9)	—	93 267
越南	338 (4)	32 (0)	2 (0)	173 (2)	625 (7)	9 (0)	C	1330 (15)	85 (1)	8639

资料来源：Coordinated Portfolio Investment Survey（CPIS），IMF 数据库。

注：①"0"表示数值低于 500 万美元或在原始数据库中为 0 的值；"C"表示未披露数据；总投资额为全球对该经济体投资总额，括号内表示来源于某一经济体的投资占该经济体总投资额的比重。②资料截止到 2016 年 6 月。

（三）债券市场和股票市场的合作状况

1. 投资流向

亚洲开发银行的数据显示，亚洲地区的跨国债券组合投资主要来源于东亚地区①，2013—2018 年其占比稳定在 68.5%左右。东南亚是亚洲债券组合投资的另一个重要来源，但其占比有所下降，从 2013 年的 27.3%下降至 2018 年的 24.0%。从经济体来看，2018 年亚洲跨国债券组合投资在区域内的重要来源地是中国香港（9.6%）、日本（6.9%）和新加坡（4.9%），而美国（20.0%）、欧盟（26.9%）和一些国际组织（13.9%）依然是亚洲地区债券组合投资的主要来源；亚洲跨国债券组合投资在区域内的主要目的国是中国（4.4%）和日本（1.7%），其余大部分投向区域外经济体。

由图 7.7 可以直观地看到亚洲地区债券投资的流向，图 7.7a 为区域内债券投资来源地分布情况，图 7.7b 为区域内债券投资目的地分布情况。根据《亚洲经济一体化报告（2019—2020）》，图中区分了东亚、东南亚、中亚、南亚及大洋洲五个子区域。从图中可以看出，2013 年和 2018 年，东亚既是亚洲地区债券投资的

---

① 根据《亚洲经济一体化报告（2019—2020）》（*Asian Economic Integration Report* 2019-2020），本部分亚洲地区是指亚洲开发银行的 49 个亚太成员，包括 46 个亚洲发展中经济体，以及日本和大洋洲（澳大利亚和新西兰），报告中东亚和东南亚地区与本书中定义的东亚概念一致。

主要来源地，又是最主要的投资对象；东南亚也日益成为债券投资的重要来源地及具有吸引力的投资目的地。

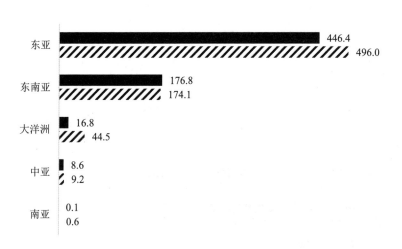

图 7.7a　区域内债券投资来源地分布（单位：十亿美元）

资料来源：*Asian Economic Integration Report* 2019-2020。

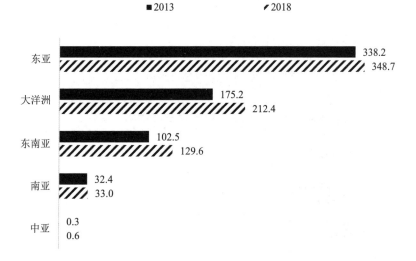

图 7.7b　区域内债券投资目的地分布（单位：十亿美元）

资料来源：*Asian Economic Integration Report* 2019-2020。

就股票市场投资而言，从来源地来看，在亚洲区域内部，跨国股权组合投资一半来源于东亚地区，其次是东南亚，新加坡、中国香港和日本是亚洲区域内部最主要的股权组合投资来源经济体，2018年其占比之和达12.7%；在亚洲以外，美国（42.4%）和欧盟（25.1%）依然是亚洲地区最主要的股权组合投资来源地。从目的地来看，东亚作为亚洲地区最受欢迎的投资目的地，2018年获得了70.3%的股权投资；在经济体方面，中国（7.4%）、日本（2.2%）和澳大利亚（1.6%）是亚洲股权组合投资者最青睐的目标市场。如图7.8所示，2013年和2018年，无论是从来源地还是目的地来看，东亚在亚洲区域内部的股权投资中都占据主要地位，东南亚次之。

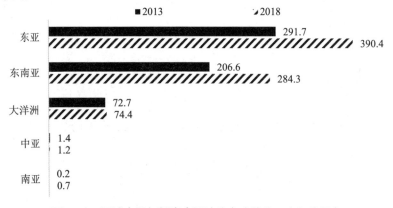

图 7.8a　区域内股权投资来源地分布（单位：十亿美元）

资料来源：*Asian Economic Integration Report* 2019-2020。

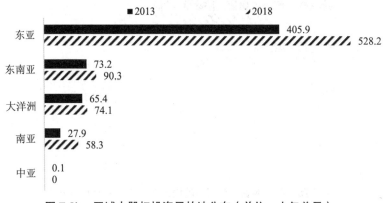

图 7.8b　区域内股权投资目的地分布（单位：十亿美元）

资料来源：*Asian Economic Integration Report* 2019-2020。

2. 债券回报率指数的联动性

根据《亚洲经济一体化报告（2016）》的数据（见表7.5），东亚各经济体的债券回报率联动性较差，基本上关系不大，甚至呈现负向的关联性。但值得注意的是，除中国和日本外，2008年全球金融危机过后，东亚各经济体的债券周回报率相关性均有所增强，区域内各经济体的合作意识也进一步增强。

表 7.5 债券周回报率的一般简单相关性——亚洲与亚洲和全球对比

地区	亚洲			全球		
	危机前	危机中	危机后	危机前	危机中	危机后
中国	0.38	0.37	0.32	0.41	0.34	0.38
日本	0.08	0.31	0.06	0.23	0.28	−0.04
印度尼西亚	−0.15	−0.06	0.16	0.02	0.24	0.25
韩国	0.15	0.36	0.32	0.37	0.23	0.26
马来西亚	0.22	0.31	0.29	0.13	0.27	0.13
菲律宾	—	0.30	0.21	—	0.14	0.15
新加坡	0.29	0.41	0.42	0.27	0.31	0.46
泰国	0.20	0.53	0.30	0.29	0.32	0.24
亚洲平均	0.16	0.31	0.26	0.23	0.27	0.23

资料来源：*Asian Economic Integration Report* 2016。

注：危机前是指2005年第一季度至2007年第三季度，危机中是指2007年第四季度至2009年第二季度，危机后是指2009年第三季度至2016年第三季度。表7.6至表7.8同。

《亚洲经济一体化报告（2016）》还以中国和日本作为参照系，以考察东亚各经济体与中国和日本的债券回报率联动性。如表7.6所示，2008年金融危机后，东亚各经济体与中国和日本的债券回报率相关性基本都增强了，且方向趋于一致。值得注意的是，各经济体与中国的债券回报率相关性增强的幅度较为明显，这也从一个方面说明金融危机后东亚地区的债券市场联系增强，而中国在东亚地区金融发展中的地位越来越重要。

表 7.6 债券周回报率的一般简单相关性——亚洲与中国和日本对比

地区	中国			日本		
	危机前	危机中	危机后	危机前	危机中	危机后
中国	0.00	0.00	0.00	0.07	−0.05	0.11
日本	−0.09	0.47	0.22	0.06	0.18	−0.03
印度尼西亚	−0.12	0.06	0.13	−0.25	−0.06	0.11
韩国	−0.06	0.29	0.24	0.16	0.18	0.35
马来西亚	0.10	0.25	0.22	0.21	0.07	0.09
菲律宾	—	0.17	0.03	—	0.24	0.10
新加坡	−0.09	0.08	0.15	0.32	0.40	0.38
泰国	0.11	0.28	0.21	0.37	0.28	0.22
亚洲平均	0.00	0.19	0.18	0.19	0.20	0.20

资料来源：*Asian Economic Integration Report* 2016。

3. 股票价格指数的联动性

如表 7.7 所示，东北亚地区和东南亚地区股票价格指数的联动性几乎是一致的。无论是在 2008 年金融危机之前或之后，东北亚地区和东南亚地区与亚洲和全球股价收益率指数的相关系数基本上差距不大。除了金融危机期间由于股价波动剧烈和政府干预的影响外，东北亚地区和东南亚地区与亚洲整体的股价收益率指数的相关性更加接近。

表 7.7 股价收益率指数的一般简单相关性——亚洲与亚洲和全球对比

地区	亚洲			全球		
	危机前	危机中	危机后	危机前	危机中	危机后
中亚	0.09	0.15	0.19	0.02	0.14	0.24
东北亚	**0.35**	**0.61**	**0.48**	**0.42**	**0.57**	**0.57**
东南亚	**0.33**	**0.72**	**0.43**	**0.34**	**0.64**	**0.48**
南亚	0.34	0.32	0.15	0.15	0.31	0.18
大洋洲	0.38	0.74	0.55	0.57	0.77	0.70
亚洲平均	0.28	0.53	0.36	0.32	0.50	0.43

资料来源：*Asian Economic Integration Report* 2016。

　　同样的，将亚洲各子区域的股价收益率与中国和日本这两个区域内主要的国家进行简单对比，也可以发现，2008 年金融危机过后，各子区域的股价收益率与中国和日本的股价收益率联动性都显著上升了，但与债券市场不同的是，各子区域股价收益率与日本的联动性远高于其与中国的联动性，在股票市场上，日本发展相对更为成熟，在区域内影响力更大（见表 7.8）。

表 7.8　股价收益率指数的一般简单相关性——亚洲与中国和日本对比

地区	中国			日本		
	危机前	危机中	危机后	危机前	危机中	危机后
中亚	0.00	0.07	**0.11**	0.15	0.15	**0.17**
东北亚	0.08	0.33	**0.30**	0.31	0.52	**0.39**
东南亚	0.09	0.37	**0.21**	0.29	0.67	**0.34**
南亚	0.06	0.17	**0.10**	0.13	0.30	**0.34**
大洋洲	0.06	0.32	**0.25**	0.41	0.76	**0.56**
亚洲平均	0.07	0.27	**0.20**	0.26	0.49	**0.30**

资料来源：*Asian Economic Integration Report* 2016。

4. 股票市场和债券市场波动

　　一方面，根据《亚洲一体化报告（2016）》的统计，如图 7.9 所示，东北亚和东南亚股票收益率波动受全球冲击的影响较大，但 2008 年金融危机后，股价波动受区域冲击的影响显著上升，而受全球冲击的影响明显下降。就债券回报率波动而言，受地区影响占绝对比重，在金融危机后这一特点更加明显。可以看到，东亚股票市场和债券市场在危机后更加注重地区合作，相互之间的联系更多，一体化程度增强，在东南亚尤其明显。

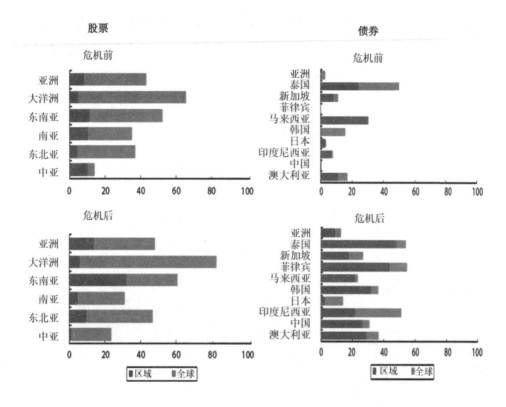

图 7.9 地区股票收益率和债券回报率受地区冲击和全球冲击的百分比（单位：%）

资料来源：*Asian Economic Integration Report* 2016。

另一方面，从十年期地方政府债券收益率波动程度来看，2006—2018 年，东北亚和东南亚的十年期政府债券呈现出收益率收敛的趋势。东北亚的债券收益率分散程度在 2014 年中期和 2015 年有所下降，这一下降主要源于中国大陆债券收益率分散程度下降。而东南亚的债券收益率分散程度有所上升，这主要是由印度尼西亚、菲律宾和泰国的债券收益率自 2013 年底削减量化宽松恐慌导致的（见图7.10）。

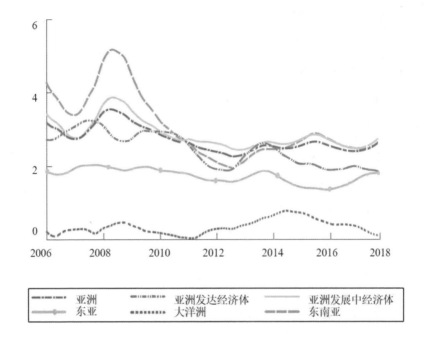

图 7.10 十年期政府债券收益率（2006—2018 年）

资料来源：*Asian Economic Integration Report* 2018。

总体而言，东亚地区金融一体化程度在日益增强，但仍然存在一系列问题，建立一个程度更高的区域金融合作和一体化机制是非常有必要的。东亚各经济体的政策制定者已经在增强地区金融合作上做出了许多尝试，包括建立清迈倡议多边化（CMIM）机制、东盟+中日韩"10+3"宏观经济研究办公室（ARMO）和促进亚洲债券市场发展倡议（ABMI）等，同时将东盟经济共同体（AEC）金融一体化蓝图（2025）作为地区的战略性目标。

三、经济技术合作

由于东亚地区缺乏包含整个地区所有经济体的独立性技术合作框架，本部分首先介绍包含全部东亚经济体在内的亚太经合组织（APEC）在经济技术合作方面的进展，之后再以区域内版权和许可费贸易为例，分析东亚地区的经济技术合作情况。

（一）APEC 经济技术合作的基本情况

根据 APEC 高级官员关于经济技术合作的报告，2020 年 APEC 在经济技术合作方面分设包括农业、科学技术与创新、人力资源发展、健康、能源等 15 个分论坛，达成了 121 个合作项目，其中由 APEC 资助的项目有 84 个、自筹资金项目有 37 个，另有评估中项目 142 个，成果显著（见图 7.11）。这些合作覆盖面广，几乎涵盖了经济、社会、技术、人文的各个方面。

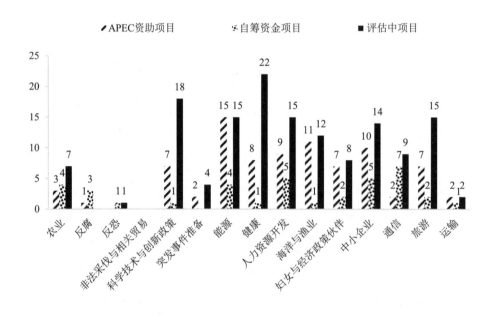

图 7.11　2020 年 APEC 经济技术合作各论坛项目数（单位：个）

资料来源：APEC Senior Officials' Report on Economic and Technical Cooperation 2020，https://www.apec.org/publications/listings。

从各论坛合作项目达成的价值而言，2020 年 APEC 达成的合作项目总值超过 1000 万美元，其中，在能源领域项目值最高，接近 210 万美元，在科学技术与创新政策、海洋与渔业、旅游及中小企业领域达成的项目值也超过了 100 万美元（见图 7.12）。

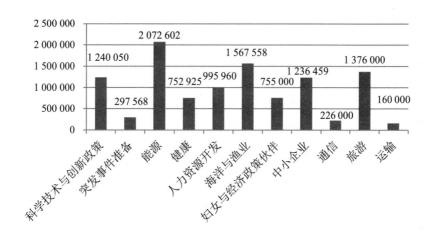

图 7.12 2020 年 APEC 经济技术合作各论坛项目额（单位：美元）

资料来源：APEC Senior Officials' Report on Economic and Technical Cooperation 2020，https://www.apec.org/publications/listings。

（二）东亚地区的经济技术合作

区域内版权和许可费贸易可以从侧面反映出各经济体之间的技术合作程度。考虑到数据的可得性①，表 7.9 和表 7.10 分别列出了 2000—2011 年间东亚主要经济体区域内的进出口版权和许可费贸易值②。通过表 7.9 和表 7.10 综合来看，各经济体贸易额都呈现上升趋势，这反映了区域内各经济体之间频繁的技术和知识沟通。其中，在进口额中，中国大陆、日本、中国台湾和韩国上升趋势最为明显，尤其是中国大陆，2011 年版权和许可费贸易额远远高于其他经济体，可以看出中国大陆在技术学习和交流方面的积极性，以及所具备的强大的经济活力。就出口

① 2012 年至今的数据在 OECD 数据库中只有日本和韩国，所以本书选取了 EBOPS2002 服务贸易分类法下的 2000—2011 年数据。

② 本书将来自东亚主要经济体贸易量加总表示区域内贸易总值，包含的经济体有中国大陆、文莱、柬埔寨、菲律宾、缅甸、日本、韩国、新加坡、老挝、中国台湾、印度尼西亚、泰国、越南和马来西亚。

额来看，中国大陆良好的贸易情况则有所改变，日本的贸易额最高且远超其他经济体，版权和许可费贸易总额几乎占区域内贸易额的 70%以上，这也与其在东亚地区的经济地位相符。其次是韩国和新加坡，也都呈现出了对于版权和许可费出口的强大实力，由此可以看出，在东亚区域内技术的输出主要来自发达经济体，而发展中经济体则主要依赖学习发达经济体的技术和知识以支持生产。

表 7.9　东亚主要经济体版权和许可费贸易进口额　　　单位：百万美元

经济体	2000 年	2001 年	2002 年	2003 年	2004 年	2005 年
文莱	0.26	0.38	0.42	0.49	0.61	0.76
中国大陆	369.86	535.50	889.36	1010.18	1272.63	1512.16
印度尼西亚	154.14	158.98	148.93	171.64	223.10	207.65
日本	961.12	771.82	765.38	736.45	1009.01	1214.78
柬埔寨	0.80	0.90	1.02	1.21	1.19	1.25
韩国	592.48	498.65	490.01	521.44	580.97	628.49
缅甸	0.00	0.00	0.00	0.01	0.01	0.02
马来西亚	123.67	159.04	163.44	203.29	199.36	296.19
菲律宾	33.93	26.31	36.70	43.13	40.43	38.66
新加坡	306.30	259.73	260.79	373.35	597.96	585.22
泰国	147.42	153.26	224.50	256.43	323.00	322.54
中国台湾	387.45	296.76	356.16	369.60	355.83	382.43
越南	10.52	10.09	10.98	10.13	12.31	12.32
经济体	2006 年	2007 年	2008 年	2009 年	2010 年	2011 年
文莱	1.03	1.02	1.41	1.52	1.61	1.81
中国大陆	1806.56	2300.72	2684.23	3475.62	3014.28	3907.99
印度尼西亚	164.23	199.55	252.60	335.06	341.99	392.37
日本	1492.17	1613.27	2045.91	1975.14	2354.35	2661.43
柬埔寨	1.33	1.80	0.86	1.40	0.91	1.56
韩国	582.44	676.23	783.60	1165.20	1173.53	1087.61
缅甸	0.02	0.02	0.00	0.00	0.01	0.01
马来西亚	193.69	239.60	250.14	236.15	253.21	319.98
菲律宾	49.30	54.30	54.78	75.34	83.67	85.32
新加坡	581.77	392.30	479.51	385.70	499.12	693.03
泰国	402.56	457.07	492.26	449.55	633.90	612.97
中国台湾	476.29	493.80	571.92	737.18	1113.97	1324.68
越南	12.60	13.99	10.52	9.66	11.19	10.32

资料来源：OECD 数据库服务贸易 EBOPS2002——版权和许可费。

表 7.10　　东亚主要经济体版权和许可费贸易出口额　　　　单位：百万美元

经济体	2000 年	2001 年	2002 年	2003 年	2004 年	2005 年
文莱	0.00	0.00	0.00	0.00	0.00	0.00
中国大陆	20.41	26.56	31.45	26.81	55.75	35.16
印度尼西亚	99.21	101.40	122.47	99.20	83.34	101.60
日本	2439.14	2139.93	2195.66	2475.09	3266.60	3839.43
柬埔寨	0.01	0.01	0.01	0.03	0.00	0.04
韩国	445.42	291.30	327.89	615.84	826.28	939.56
缅甸	0.02	0.00	0.21	0.10	0.07	0.08
马来西亚	5.30	5.55	3.07	5.29	10.59	6.77
菲律宾	1.61	0.23	0.24	1.02	3.06	1.68
新加坡	20.11	75.52	103.21	120.23	282.81	361.94
泰国	2.14	2.11	1.82	1.88	3.55	4.32
中国台湾	109.83	96.08	73.22	68.21	93.98	77.13
越南	0.75	0.73	0.66	0.69	0.81	0.99
经济体	2006 年	2007 年	2008 年	2009 年	2010 年	2011 年
文莱	0.00	0.00	0.00	0.00	0.00	0.00
中国大陆	44.85	79.52	141.91	123.50	200.43	218.43
印度尼西亚	5.12	11.67	10.24	14.75	24.15	33.61
日本	4611.89	5461.34	6323.24	5937.92	7465.12	8701.68
柬埔寨	0.01	0.01	0.04	0.01	0.05	0.14
韩国	1049.40	836.43	1399.25	1262.58	1514.09	1829.10
缅甸	0.13	0.14	0.15	0.16	0.21	0.22
马来西亚	6.50	9.49	56.28	80.04	32.27	51.44
菲律宾	1.69	1.45	0.00	0.56	1.67	2.02
新加坡	417.75	585.54	659.79	407.06	505.41	623.19
泰国	11.24	13.26	24.93	37.19	40.38	47.84
中国台湾	83.66	75.68	68.69	90.46	176.07	322.19
越南	0.52	0.61	0.67	0.39	0.41	0.45

资料来源：OECD 数据库服务贸易 EBOPS2002——版权和许可费。

区域内经济技术合作的加强，对于经济体提高自身技术实力，进而提升分工地位及优化区域内整体分工质量具有积极意义。一方面，区域内各经济体通过组织论坛、研讨会等形式进行技术交流和学习，或是通过签订协议降低知识产品的相关贸易壁垒，可以缩小不同经济体产业发展水平的差距。现阶段东亚区域内的经济技术合作以项目合作为主，各经济体在项目实施过程中取长补短，促进了科技水平的提升。另一方面，技术合作交流覆盖经济体数量的增多，涉及合作领域的拓宽，作用程度的深化，也对区域内整体的资源配置与分工优化产生了积极影响。此外，技术合作规模的扩大，有利于提高各国对技术培育和人才交流的重视程度，为提高国民素质、提升综合国力打下良好的基础。

但是，东亚现有的技术合作体系还不成熟，其对分工也可能会产生消极影响，主要体现在：第一，东亚各经济体的技术水平差异较大，目前的经济技术合作主要是发达国家向发展中经济体进行技术转移。新技术的引入同时伴随着国外要素进入本国市场，随着新技术替代原有技术，可能会对原有优势产业造成挤压，甚至改变国家的相关产业结构。特别是对发展中经济体的相关产业产生影响，造成其优势产业分工地位的下滑。第二，现有的经济技术合作多伴有相对不平等的条件，比如，发达国家在转让技术的同时，会以发展中国家的市场开放为代价，发达国家技术转让可以进行多次，而发展中国家的市场一旦开放，就失去再次交换发达国家技术的筹码，这对于发展中经济体提升技术水平和分工地位是不利的。

虽然经济技术合作存在上述问题，但要实现东亚区域内各经济体的分工优化，大力开展经济技术合作是必经之路，也是下一阶段重点要推进的方向。特别是对于一体化组织而言，如何实现各成员之间深层次的经济技术合作，使合作各方都从中获益，是一体化组织稳定发展的重要问题。优化区域内现有合作体系、完善相关制度建设、最大限度地实现各经济体的互利共惠极为必要。

四、劳动力市场一体化

劳动力市场一体化是东亚经济一体化的重要组成部分，实现劳动力市场一体化是东亚区域经济一体化的必然要求，也是东亚各经济体实现进一步合作的重要环节。尽管区域内各经济体在劳动力流动方面还未达成制度型一体化的合作框架，但由于东亚经济体地理位置相近和历史文化相互联系，频繁的经贸往来带动了区域内劳动力的大量流动。

（一）东亚地区劳动力流动现状

限于东亚地区跨国家（地区）劳动力流动数据的可得性，我们以东亚地区国际移民存量变化来反映劳动力的流动状况。表 7.11 为 1990—2019 年东亚地区国际移民存量情况。1990 年以东北亚地区作为移民目的地的移民数量为 3 959 266 人，到 2019 年这一数量上升至 8 105 764 人，这些移民大多来自东北亚地区，但其占比有所下降；来自东南亚地区的移民占比有所上升，但 2019 年其占比不足 18%。1990 年以东南亚地区作为移民目的地的移民存量为 2 876 616 人，到 2019 年上升至 10 190 867 人。这些移民中，1990 年来自东北亚地区的移民占总移民数量的比例接近 25%，随后这一比例不断下降，到 2019 年降至约 8%；来自东南亚地区的移民在 1990 年约占 47%，并且呈逐渐上升趋势，到 2019 年这一占比超过 67%。

表 7.11　1990—2019 年东亚地区国际移民存量　　　　单位：人，%

目的地	年份	总人数	来源地					
			东北亚		东南亚		中国	
			人数	比例	人数	比例	人数	比例
东北亚	1990	3 959 266	2 971 123	75.04	363 603	9.18	2 023 030	51.10
	1995	4 639 749	3 176 817	68.47	476 930	10.28	2 253 678	48.57
	2000	5 393 004	3 442 923	63.84	663 072	12.30	2 539 585	47.09
	2005	6 228 684	4 177 064	67.06	837 391	13.44	3 226 570	51.80
	2010	7 062 527	4 866 836	68.91	990 154	14.02	3 723 323	52.72
	2015	7 636 397	5 064 647	66.32	1 220 543	15.98	3 951 004	51.74
	2019	8 105 764	5 201 972	64.18	1 430 434	17.65	4 015 410	49.54
东南亚	1990	2 876 616	707 453	24.59	1 341 305	46.63	634 278	22.05
	1995	3 700 057	648 755	17.53	2 231 222	60.30	565 617	15.29
	2000	5 113 208	641 051	12.54	3 454 008	67.55	533 353	10.43
	2005	6 718 503	687 353	10.23	4 596 472	68.42	555 611	8.27
	2010	8 685 564	774 279	8.91	5 943 876	68.43	595 141	6.85
	2015	10 237 687	896 035	8.75	6 813 281	66.55	697 165	6.81
	2019	10 190 867	830 016	8.14	6 855 917	67.28	639 191	6.27

资料来源：根据联合国发布的"Trends in International Migrant Stock：The 2019 Revision"数据整理所得，https://www.un.org/development/desa/pd/content/international-migrant-stock。

注："比例"是指目的地的总移民中来自来源地的人数所占的比例。

表 7.12 和表 7.13 分别为东北亚地区和东南亚地区主要经济体 1990—2019 年的国际移民情况。可以看出，东北亚地区和东南亚地区主要经济体的移民数量存在显著的差异，这与各经济体的经济规模、地理位置、就业环境、开放程度和移民政策等因素密切相关。对于绝大多数东北亚经济体而言，其流入的移民主要来自东北亚地区。尤其是中国香港和中国澳门，来自东北亚地区的移民占两地移民总量的 70%～90%。流入东北亚经济体的移民中，来自东南亚地区的移民比例相对较低，基本都在 10% 左右。东南亚经济体的移民流入表现出了较大差异，菲律宾、缅甸、印度尼西亚等国的移民主要来自东北亚地区，而柬埔寨、马来西亚、泰国、文莱和越南等国的移民主要来自东南亚地区。

表 7.12　1990—2019 年东北亚地区主要经济体国际移民存量　　单位：人，%

目的地	年份	总人数	来源地			
			东北亚		东南亚	
			人数	比例	人数	比例
朝鲜	1990	34 103	25 818	75.71	3036	8.90
	2000	36 183	24 311	67.19	3932	10.87
	2010	44 010	31 175	70.84	5311	12.07
	2019	49 393	34 987	70.83	5959	12.06
韩国	1990	43 247	24 386	56.39	1177	2.72
	2000	244 224	109 405	44.80	59 420	24.33
	2010	919 987	528 773	57.48	194 927	21.19
	2019	1 163 655	668 821	57.48	246 547	21.19
蒙古国	1990	6718	2098	31.23	46	0.68
	2000	8206	2560	31.20	55	0.67
	2010	16 062	10 891	67.81	364	2.27
	2019	21 128	14 351	67.92	476	2.25
日本	1990	1 075 317	838 215	77.95	72 740	6.76
	2000	1 686 444	970 794	57.56	222 517	13.19
	2010	2 134 151	1 253 145	58.72	331 695	15.54
	2019	2 498 891	1 259 929	50.42	576 212	23.06
中国内地	1990	376 361	167 402	44.48	76 557	20.34
	2000	508 034	155 278	30.56	116 838	23.00
	2010	849 861	424 265	49.92	140 962	16.59
	2019	1 030 871	514 632	49.92	170 983	16.59

目的地	年份	总人数	来源地			
			东北亚		东南亚	
			人数	比例	人数	比例
中国澳门	1990	205 047	184 082	89.78	3814	1.86
	2000	240 791	218 522	90.75	6213	2.58
	2010	318 506	270 088	84.80	15 480	4.86
	2019	399 572	319 938	80.07	31 494	7.88
中国香港	1990	2 218 473	1 729 122	77.94	206 233	9.30
	2000	2 669 122	1 962 053	73.51	254 097	9.52
	2010	2 779 950	2 348 499	84.48	301 415	10.84
	2019	2 942 254	2 389 314	81.21	398 763	13.55

资料来源：根据联合国发布的"Trends in International Migrant Stock：The 2019 Revision"数据整理所得，https://www.un.org/development/desa/pd/content/international-migrant-stock。

注："比例"是指目的地的总移民中来自来源地的人数所占的比例。

表 7.13　1990—2019 年东南亚地区主要经济体国际移民存量　　单位：人，%

目的地	年份	总人数	来源地			
			东北亚		东南亚	
			人数	比例	人数	比例
东帝汶	1990	8954	928	10.36	5548	61.96
	2000	10 602	1104	10.41	6572	61.99
	2010	8520	953	11.19	4970	58.33
	2019	8417	941	11.18	4908	58.31
菲律宾	1990	154 071	58 793	38.16	34 501	22.39
	2000	318 095	102 795	32.32	9552	3.00
	2010	211 862	62 616	29.56	6640	3.13
	2019	218 530	64 585	29.55	6843	3.13
柬埔寨	1990	38 375	865	2.25	31 322	81.62
	2000	146 085	3668	2.51	134 512	92.08
	2010	73 963	1857	2.51	68 106	92.08
	2019	78 649	1972	2.51	72 417	92.08
老挝	1990	22 866	4125	18.04	17 931	78.42
	2000	21 948	3005	13.69	14 738	67.15
	2010	45 538	13 400	29.43	28 494	62.57
	2019	48 275	14 205	29.43	30 205	62.57

目的地	年份	总人数	来源地			
			东北亚		东南亚	
			人数	比例	人数	比例
马来西亚	1990	695 920	97 826	14.06	441 262	63.41
	2000	1 463 598	64 847	4.43	1 063 733	72.68
	2010	3 280 681	33 098	1.01	1 833 438	55.89
	2019	3 430 380	34 606	1.01	1 917 109	55.89
缅甸	1990	133 545	72 413	54.22	0	0.00
	2000	98 011	44 999	45.91	0	0.00
	2010	73 309	33 656	45.91	0	0.00
	2019	75 998	34 893	45.91	0	0.00
泰国	1990	528 693	10 618	2.01	491 071	92.88
	2000	1 257 821	11 433	0.91	1 189 143	94.54
	2010	3 486 526	83 487	2.39	3 351 849	96.14
	2019	3 635 085	87 042	2.39	3 494 666	96.14
文莱	1990	73 200	2112	2.89	59 578	81.39
	2000	96 296	2744	2.85	78 577	81.60
	2010	102 733	2927	2.85	83 832	81.60
	2019	110 641	3150	2.85	90 282	81.60
新加坡	1990	727 262	177 245	24.37	219 205	30.14
	2000	1 351 691	311 501	23.05	769 659	56.94
	2010	2 543 638	532 734	20.94	1 321 552	51.96
	2019	2 155 653	451 481	20.94	1 119 972	51.96
印度尼西亚	1990	465 612	281 711	60.50	15 411	3.31
	2000	292 307	91 067	31.15	146 774	50.21
	2010	338 124	123 151	36.42	73 863	21.84
	2019	353 135	128 616	36.42	77 138	21.84
越南	1990	28 118	817	2.91	25 476	90.60
	2000	56 754	3888	6.85	40 748	71.80
	2010	72 793	8156	11.20	40 537	55.69
	2019	76 104	8525	11.20	42 377	55.68

资料来源：根据联合国发布的"Trends in International Migrant Stock：The 2019 Revision"数据整理所得，https://www.un.org/development/desa/pd/content/international-migrant-stock。

注："比例"是指目的地的总移民中来自来源地的人数所占的比例。

（二）东亚地区劳动力流动的新趋势

东亚区域内的劳动力流动还呈现出如下特点：

一方面，劳动力的双向流动成为常态。尽管发展中国家的劳动力流入发达国家仍然是劳动力流动的主要趋势，但东亚地区劳动力的双向流动日益成为常态，劳动力跨境往来愈发频繁，尤其是自较发达经济体流入中国的劳动力逐渐增多。随着中国经济实力的增强，国内就业机会不断增多，加上政府和企业重视人才引进，为外来人才提供了具有竞争力的薪资报酬体系，因此，区域内较发达经济体的劳动力，特别是来自日本和韩国的高端劳动力流入中国的数量日益增多。

另一方面，熟练劳动力占比逐渐增大。区域内早期的劳动力流动更多是非熟练劳动力的流动，且存在较多被动吸收劳动力的现象。但随着东亚经济体经济实力的上升，各经济体意识到人才对经济发展的重要作用，对高端人才和熟练劳动力的需求逐渐上升，因此，各经济体政府制定了各项政策以吸引外来人才。

第三节　东亚经济一体化存在的问题和挑战

尽管东亚经济一体化已经取得了不可忽视的进展，合作程度逐渐加深。但是，东亚区域一体化仍然存在着许多亟待解决的问题，也面临诸多挑战。

一、制度型一体化相对不足

虽然东亚地区在贸易、金融、劳动力流动合作等各领域已经取得了一定的成果，但是东亚地区的制度型一体化合作远远落后于经济上事实的一体化程度，尤其是在经济技术合作和劳动力流动方面的制度型一体化合作严重不足。东亚地区至今未能启动覆盖整个区域的多边一体化进程，而已经建立起来的地区合作机制在成员、议题、规则、执行等方面存在许多的局限性和较大的差异性，对现有合作机制进行整合的可能性极低，并且目前的合作机制存在一些共同的盲区，导致一体化合作困难重重（吴金平和赵景峰，2009）。

同时，东亚区域内各经济体的发展程度不同，导致各经济体对一体化的愿景关注点相差甚远，利益出发点不同，难以达成一致目标。

二、地区内相互合作仍存在发展空间

就区域内贸易而言，东北亚经济体之间的贸易往来频繁，而东北亚经济体与东盟经济体的合作明显处于较低水平，并且区域内贸易大国，包括日本、中国和韩国，对区域内贸易的依存度有一定的下降趋势。

在劳动力市场合作中，东亚各经济体之间的劳动力流动虽然较为频繁，但是劳动力市场一体化的相关规定和政府级别的合作文件仍然较少，关于普通劳动力的管理依然缺失。并且，目前尚缺乏关于对劳动力跨国流动进行管理的统一法规，在跨境劳动力的权益保护和社会保障方面也缺乏有效的合作。

在金融市场合作方面，东亚存在明显的失衡。与股票市场一体化程度逐年提高相比，债券市场一体化程度仍处于较低的水平，并存在着严重的脆弱性（张茜等，2012），区域内债券市场虽然具有一定的联动性，但经济体之间在应对风险、相互合作上还存在不足，提高区域合作程度迫在眉睫。

三、地区主导权问题

东亚区域经济一体化面临的另一个重要问题是地区的主导权。历史上，东盟凭借丰富的一体化合作经验在东亚经济一体化中发挥了事实上的主导作用。而随着中国经济的发展，其在东亚地区的影响力逐渐扩大，在地区中发挥了越来越重要的作用。但美国和日本出于自身利益考虑，不断阻挠中国在东亚地区主导权的实现，破坏地区友好和谐的合作局面，给东亚经济一体化带来重重困难。

另外，中日韩三国之间由于政治及历史因素、经济差异、大国干扰等原因，难以形成一致的地区合作机制，而中日韩三国在地区内占据重要地位，倘若三国之间无法达成一致意见，那么形成"10+3"或者"10+6"机制几乎是不可能的。

四、FTA 碎片化问题

东亚地区自由贸易区建设的主要特点是存在错综复杂的自由贸易协定，在地区间形成"意大利面碗效应"，尽管这在一定程度上促进了各国的贸易往来、领导人对话和经济合作，但也暴露出东亚地区经济合作的最主要问题——缺乏一个富有深度和广度的一体化合作的总体框架。由于东亚区域内各经济体在分工链条上的位置不同，对自由贸易区模式的选择也存在不同程度的需求。此外，东亚地区"两头在外"的生产格局，使得经济受外部波动的影响较大，东亚内部经济的相互关联度还没有达到建立一个深度和广度兼备的自由贸易区的标准。

五、外部环境阻碍

东亚一体化进程的发展还面临着外部环境的阻挠，特别是美国在东亚地区的各项活动对东亚一体化进程产生的负面影响。在政治层面，随着东亚多边合作机制的发展，美国积极介入东亚地区的多边合作进程，并且明里暗里开展各种形式的外交活动，旨在加强与传统盟国和非盟国的联系。军事上，美国利用东亚部分经济体对其在安全问题上的依赖性，宣扬"中国威胁论"，并且不断挑起东亚地区内部的领土争端问题。在经济方面，为了阻碍东亚经济一体化和主导东亚经济合作进程，美国曾采取积极推进 TPP 谈判等策略，导致东亚经济一体化进程一度陷入停滞。多数学者认为，美国的以上行为造成了东亚权力结构的对抗性，制约了东亚经济体整体认同意识和合作意识的形成，从政治、经济、文化、军事各个方面阻碍了东亚一体化的发展进程。

第八章　区域经济一体化对东亚生产分工的影响

随着东亚区域经济一体化由市场引导型一体化逐渐过渡为制度推动型一体化，东亚区域内贸易和投资自由化、便利化及技术交流合作等方面都得到进一步发展，推动了地区分工的深化。但目前制度型经济合作机制相对滞后，尚存在不足，导致了东亚经济体的比较优势在地区分工中发挥不充分，也限制了各经济体之间更好地取长补短、优势互补。本章就区域经济一体化，特别是制度型区域经济一体化对东亚生产分工的影响进行分析，在区域经济一体化背景下对东亚生产分工优化问题进行进一步探讨。

第一节　制度型区域经济一体化与东亚生产分工

影响生产分工的因素涉及诸多方面，Grossman 和 Helpman（2002）、Lall 等（2005）认为要素密集度差异是价值链分工的基础，若要素价格无差异，则垂直专业化分工将不复存在。卢锋（2004）认为传统的要素禀赋和规模经济理论依然重要，其深入工序层面，不同区段生产工艺所需要的投入比例差异越大，不同区段的有效规模差异越大，生产分工的动机就越强。可见，要素禀赋、规模经济直接决定了一个经济体加入分工环节所能获得的收益，而关税成本和一系列其他成本也是影响垂直专业化分工的重要因素。就东亚地区生产分工的影响因素而言，彭支伟和刘钧霆（2008）认为，地区内各经济体的要素禀赋差异、规模经济和关税壁垒会影响地区分工，关税壁垒对于需要经过多次跨境流通的中间产品产生的影响具有乘数放大效应。彭支伟和白雪飞（2010）、彭支伟等（2012）研究发现，东亚地区基础设施的建设及服务联系成本的降低对东亚分工体系的建立起到了巨大的促进作用；分工程度与一国制成品部门的相对技术效率及汇率管制程度呈正相关，而与该国中间品部门的相对技术效率呈负相关。

一体化下的制度性安排包含众多措施，诸如降低关税、引入 FDI、增强成员国知识产权保护力度、提高劳动力流动性、放开成员间高科技技术的进出口限制等。本节主要从三个方面，即区域内贸易自由化、区域内投资自由化和区域内经济技术合作的角度，就制度型一体化安排对东亚地区生产分工的影响进行分析。

一、区域内贸易自由化对于地区生产分工的影响

区域内生产分工联系日益紧密，意味着各经济体之间中间品的跨国界流动更加频繁，因此贸易成本的影响被放大。除地理距离导致的运输成本外，关税水平及贸易壁垒构成了区域内贸易成本的主体。表 8.1 列出了 2000 年以来东亚主要经济体制造业行业①区域内进口关税的变化情况，以反映东亚经济体之间的贸易便利化程度。

由表 8.1 可以看出，东亚主要经济体制造业区域内进口关税随着时间推移总体呈现下降的趋势。其中，除新加坡关税始终为 0 外，文莱的关税水平在近年来达到最低，在 2020 年接近零关税。日本和老挝的关税水平也处于较低水平，日本的关税基值较低，而老挝则是由 2000 年较高的 11.85 降至 2020 年的 1.34。除此之外，中国、菲律宾、泰国和越南的关税下降幅度较大，中国由 2000 年的 19.43 降至 2020 年的 2.70，下降幅度超过 86%，菲律宾、越南等国的下降幅度均在 80% 以上。由此可以看出，东亚经济体的关税水平虽然在不同年份有所波动，但是整体上呈现明显的下降趋势，这在一定程度上反映了区域贸易便利化程度的提升。

---

① 采用的是 ISIC3 分类二位码中的制造业。

表 8.1 东亚主要经济体制造行业进口关税率   单位：%

经济体	2000 年	2001 年	2002 年	2003 年	2004 年	2005 年	2006 年	2007 年	2008 年
文莱	4.31	3.67	3.52	3.32	3.03	3.14	3.12	2.95	2.36
柬埔寨	—	17.78	17.41	17.04	—	14.06	13.80	11.77	11.52
中国大陆	19.43	17.95	13.48	11.88	10.81	10.22	9.35	8.79	8.86
印度尼西亚	9.56	6.58	5.86	5.26	5.45	5.22	5.22	4.83	7.76
日本	1.59	2.06	1.95	1.93	2.14	2.06	2.14	2.08	1.81
马来西亚	10.05	7.79	7.86	7.47	9.55	9.40	6.01	4.66	4.28
缅甸	6.21	5.96	5.96	5.91	5.67	5.55	5.37	4.98	4.74
菲律宾	8.18	7.91	6.14	5.14	5.03	5.05	5.02	4.75	4.35
泰国	20.94	14.65	—	12.12	13.23	9.80	9.54	13.79	13.83
越南	—	20.63	19.30	16.84	16.43	15.99	15.71	13.93	11.55
韩国	9.71	9.58	9.50	9.15	8.78	8.56	8.72	6.38	8.57
老挝	11.85	11.84	—	—	9.89	7.84	6.66	5.57	11.99
中国台湾	8.19	8.19	7.68	6.97	6.13	5.94	5.89	5.74	5.57
经济体	2009 年	2010 年	2012 年	2015 年	2016 年	2017 年	2018 年	2019 年	2020 年
文莱	1.32	3.62	—	—	0.27	0.04	0.04	0.04	0.04
柬埔寨	—	13.64	12.26	—	12.09	—	—	—	—
中国大陆	7.04	6.19	—	5.58	4.83	5.09	4.75	3.27	2.70
印度尼西亚	3.69	2.82	2.82	—	3.85	2.15	1.91	1.78	1.91
日本	1.54	1.50	1.46	1.26	1.22	1.23	1.17	1.28	1.25
马来西亚	3.48	3.87	6.97	—	6.70	—	—	—	6.63
缅甸	—	4.05	6.38	1.65	—	—	—	2.22	
菲律宾	4.27	4.26	1.45	1.28	4.22	1.12	0.99	1.00	0.99
泰国	13.92	13.78	—	2.01	—	—	—	—	—
越南	11.52	9.39	10.11	6.43	5.62	5.49	6.82	3.17	3.00
韩国	8.45	8.65	8.45	5.05	8.76	4.36	4.34	—	3.92
老挝	—	—	—	2.01	1.65	1.54	1.13	1.29	1.34
中国台湾	5.61	5.53	5.48	5.12	5.11	5.22	5.10	4.91	4.86

资料来源：根据 WITS 数据库中的数据整理所得，https://wits.worldbank.org。

注：①关税指的是 AHS 关税率，采取简单平均的计算方式。②由于新加坡关税为零，没有列出。③"—"表示数据缺失。

区域内贸易自由化程度的提高对地区生产分工会产生一定的积极作用。如果关税水平上升或者贸易壁垒提高，那么各经济体的企业在进行中间产品贸易的过程中需要多次缴纳高额关税，由此提高了企业的贸易成本，进而会降低企业在区域内配置生产环节的意愿，不利于各经济体参与区域内分工，分工水平自然而然就会下降。相反，如果各经济体之间达成了合作协议或者自由贸易协定，关税水平下降或者贸易壁垒不断降低乃至消失，那么企业进行中间投入品和零部件贸易的成本将会显著下降，从而降低企业的跨境生产成本，进而在区域内配置生产环节的收益提高的幅度大于成本上升的幅度，企业进行跨境生产配置的意愿增加，各经济体能够根据自身比较优势接受这些生产环节并进行专业化生产，有利于企业形成规模经济和专业化生产能力，并激励更多企业进入垂直专业化分工网络，从而促进区域内生产分工和资源的优化配置。

可见，贸易自由化和便利化的相关措施有助于更好地发挥经济体的比较优势，形成优势互补，提高资源配置的效率，避免资源错配及贸易壁垒所导致的分工扭曲现象，实现区域的整体分工优化。此外，经济体间关税等贸易壁垒的降低也会产生贸易创造效应，有利于扩大各经济体的贸易规模，提高国民福利。

当然，削减关税对区域内生产分工也可能会产生不利影响。例如，各经济体在东亚区域内构建 FTA 框架，通过减税提高贸易自由化程度，有可能与 WTO、APEC 框架下的政策产生冲突。由于缺乏统一的一体化组织，建立 FTA 的国家之间在某一产业领域相互降低关税，其他国家就会遭遇不公平待遇，从而可能引发贸易转移，其程度甚至会大于贸易自由化所产生的贸易创造效应。再如，降低关税会减少政府的收入，东亚经济体多实行出口导向型战略，关税收入是重要的财政收入来源，加之各国政府赤字率都处于高位，随着世界经济增速逐步放缓，各国抵御金融危机的能力也受到极大的考验。

综合上述两方面影响，贸易对分工所起的积极作用占主要方面，从整体上来看，贸易自由化程度的提高对于区域内生产分工应当呈现正向影响。

二、区域内投资自由化对于地区生产分工的影响

随着东亚区域内一体化程度的不断加深，各经济体之间的联系日益紧密，东亚地区制度型一体化深度也得到了一定的拓展,从贸易领域逐渐延伸至投资领域。在各经济体早期签订的一体化协定中,有关投资方面的合作和条款都会出现在后期附加内容上,而近年来,有关投资一体化的内容逐渐在协定框架中有所体现,这反映了投资对于区域经济和金融稳定的重要性,以及各经济体对金融一体化的重视程度在日渐加深。

东亚区域内一系列双边投资协定及相应的投资便利化措施的落实,使得区域内资本活跃程度日益提高,为区域内资本流动创造了更加有利和便捷的条件。区域内各经济体不断放松对资本账户管制的程度和对跨境资本流动的限制,积极引入外部资金,有力地提升了区域内投资的活跃程度。表 8.2 列出了东亚地区签订的部分投资促进协定。

表 8.2　东亚地区的投资协定

协定	状态	成员	签订日期	生效日期
中国-新加坡 BIT（1985）	生效	中国、新加坡	1985.11.21	1986.2.7
中国-泰国 BIT（1985）	生效	中国、泰国	1985.3.12	1985.12.13
东盟投资协定（1987）	终止	东盟	1987.12.15	1988.8.2
文莱、印度尼西亚、马来西亚、菲律宾、新加坡和泰国政府间投资协定（1987）	生效	文莱、印度尼西亚、马来西亚、菲律宾、新加坡、泰国	1987.12.15	1989.2.28
中国-马来西亚 BIT（1988）	生效	中国、马来西亚	1988.11.21	1990.3.31
韩国-马来西亚 BIT（1988）	生效	韩国、马来西亚	1988.4.11	1989.3.31
中国-日本 BIT（1988）	生效	中国、日本	1988.8.27	1989.5.14
韩国-泰国 BIT（1989）	生效	韩国、泰国	1989.3.24	1989.9.30
新加坡-中国台湾 BIT（1990）	生效	新加坡、中国台湾	1990.4.9	1990.4.9
老挝-泰国 BIT（1990）	生效	老挝、泰国	1990.8.22	1990.12.7
印度尼西亚-新加坡 BIT（1990）	终止	印度尼西亚、新加坡	1990.8.28	1990.8.28
印度尼西亚-越南 BIT（1991）	终止	印度尼西亚、越南	1991.10.25	1994.4.3
泰国-越南 BIT（1991）	生效	泰国、越南	1991.10.30	1992.2.7
印度尼西亚-韩国 BIT（1991）	生效	印度尼西亚、韩国	1991.2.16	1994.3.10
韩国-蒙古国 BIT（1991）	生效	韩国、蒙古国	1991.3.28	1991.4.30
中国-蒙古国 BIT（1991）	生效	中国、蒙古国	1991.8.25	1993.11.1
新加坡-越南 BIT（1992）	生效	新加坡、越南	1992.10.29	1992.12.25

续表

协定	状态	成员	签订日期	生效日期
中国-越南 BIT（1992）	生效	中国、越南	1992.12.2	1993.9.1
老挝-马来西亚 BIT（1992）	未生效	老挝、马来西亚	1992.12.8	
马来西亚-越南 BIT（1992）	生效	马来西亚、越南	1992.1.21	1992.10.9
菲律宾-越南 BIT（1992）	生效	菲律宾、越南	1992.2.27	1993.1.29
菲律宾-中国台湾 BIT（1992）	生效	菲律宾、中国台湾	1992.2.28	1992.2.28
中国-菲律宾 BIT（1992）	生效	中国、菲律宾	1992.7.20	1995.9.8
中国-韩国 BIT（1992）	终止	中国、韩国	1992.9.30	1992.12.4
中国-老挝 BIT（1993）	生效	中国、老挝	1993.1.31	1993.6.1
马来西亚-中国台湾 BIT（1993）	生效	马来西亚、中国台湾	1993.2.18	1993.3.18
中国台湾-越南 BIT（1993）	生效	中国台湾、越南	1993.4.21	1993.4.23
韩国-越南 BIT（1993）	终止	韩国、越南	1993.5.13	1993.9.4
印度尼西亚-老挝 BIT（1994）	终止	印度尼西亚、老挝	1994.10.18	1995.10.14
中国-印度尼西亚 BIT（1994）	终止	中国、印度尼西亚	1994.11.18	1995.4.1
印度尼西亚-马来西亚 BIT（1994）	终止	印度尼西亚、马来西亚	1994.1.22	1999.10.27
老挝-蒙古国 BIT（1994）	生效	老挝、蒙古国	1994.3.3	1994.12.29
韩国-菲律宾 BIT（1994）	生效	韩国、菲律宾	1994.4.7	1996.9.25
柬埔寨-马来西亚 BIT（1994）	生效	柬埔寨、马来西亚	1994.8.17	1997.5.9
东盟服务协定（1995）	生效	东盟	1995.12.15	1998.12.30
柬埔寨-泰国 BIT（1995）	生效	柬埔寨、泰国	1995.3.29	1997.4.16
蒙古国-新加坡 BIT（1995）	生效	蒙古国、新加坡	1995.7.24	1996.1.7
马来西亚-蒙古国 BIT（1995）	生效	马来西亚、蒙古国	1995.7.27	1996.1.14
菲律宾-泰国 BIT（1995）	生效	菲律宾、泰国	1995.9.30	1996.9.6
柬埔寨-新加坡 BIT（1996）	生效	柬埔寨、新加坡	1996.11.4	2000.2.24
老挝-越南 BIT（1996）	生效	老挝、越南	1996.1.14	1996.6.23
中国台湾-泰国 BIT（1996）	生效	中国台湾、泰国	1996.4.30	1996.4.30
韩国-老挝 BIT（1996）	生效	韩国、老挝	1996.5.15	1996.6.14
柬埔寨-中国 BIT（1996）	生效	柬埔寨、中国	1996.7.19	2000.2.1
柬埔寨-韩国 BIT（1997）	生效	柬埔寨、韩国	1997.2.10	1997.3.12
老挝-新加坡 BIT（1997）	生效	老挝、新加坡	1997.3.24	1998.3.26
印度尼西亚-蒙古国 BIT（1997）	生效	印度尼西亚、蒙古国	1997.3.4	1999.4.13
中国香港-日本 BIT（1997）	生效	中国香港、日本	1997.5.15	1997.6.18
中国香港-韩国 BIT（1997）	生效	中国香港、韩国	1997.6.30	1997.7.30
缅甸-菲律宾 BIT（1998）	生效	缅甸、菲律宾	1998.2.17	1998.9.11
印度尼西亚-泰国 BIT（1998）	生效	印度尼西亚、泰国	1998.2.17	1998.11.5
朝鲜-马来西亚 BIT（1998）	生效	朝鲜、马来西亚	1998.2.4	1998.10.17

协定	状态	成员	签订日期	生效日期
柬埔寨-印度尼西亚 BIT（1999）	终止	柬埔寨、印度尼西亚	1999.3.16	
文莱-韩国 BIT（2000）	生效	文莱、韩国	2000.11.14	2003.10.30
文莱-中国 BIT（2000）	未生效	文莱、中国	2000.11.17	
缅甸-越南 BIT（2000）	未生效	缅甸、越南	2000.2.15	
印度尼西亚-朝鲜 BIT（2000）	未生效	印度尼西亚、朝鲜	2000.2.21	
蒙古国-越南 BIT（2000）	生效	蒙古国、越南	2000.4.17	2001.12.13
柬埔寨-菲律宾 BIT（2000）	未生效	柬埔寨、菲律宾	2000.8.16	
蒙古国-菲律宾 BIT（2000）	生效	蒙古国、菲律宾	2000.9.1	2001.11.1
印度尼西亚-菲律宾 BIT（2001）	未生效	印度尼西亚、菲律宾	2001.11.12	
中国-缅甸 BIT（2001）	生效	中国、缅甸	2001.12.12	2002.5.21
日本-蒙古国 BIT（2001）	终止	日本、蒙古国	2001.2.15	2002.3.24
老挝-缅甸 BIT（2001）	终止	老挝、缅甸	2001.5.30	
柬埔寨-越南 BIT（2001）	生效	柬埔寨、越南	2001.9.1	2005.10.24
东盟-中国框架协定（2002）	生效	东盟、中国	2002.11.4	2003.7.1
日本-新加坡 EPA（2002）	生效	日本、新加坡	2002.1.13	2002.11.30
朝鲜-泰国 BIT（2002）	生效	朝鲜、泰国	2002.3.1	2002.5.24
日本-韩国 BIT（2002）	生效	日本、韩国	2002.3.22	2003.1.1
朝鲜-越南 BIT（2002）	未生效	朝鲜、越南	2002.5.2	
中国内地-中国澳门合作伙伴协定（2003）	生效	中国内地、中国澳门	2003.10.17	2004.1.1
朝鲜-蒙古国 BIT（2003）	未生效	朝鲜、蒙古国	2003.11.10	
日本-越南 BIT（2003）	生效	日本、越南	2003.11.14	2004.12.19
老挝-缅甸 BIT（2003）	生效	老挝、缅甸	2003.5.5	2007.8.28
中国-中国香港 CEPA（2003）	生效	中国内地、中国香港	2003.6.29	2003.6.29
韩国-越南 BIT（2003）	生效	韩国、越南	2003.9.15	2004.6.5
中国香港-泰国 BIT（2005）	生效	中国香港、泰国	2005.11.19	2006.4.18
东盟-韩国框架协定（2005）	生效	东盟、韩国	2005.12.13	2006.7.1
日本-马来西亚 EPA（2005）	生效	日本、马来西亚	2005.12.13	2006.7.13
印度尼西亚-新加坡 BIT（2005）	终止	印度尼西亚、新加坡	2005.2.16	2006.6.21
中国-朝鲜 BIT（2005）	生效	中国、朝鲜	2005.3.22	2005.10.1
韩国-新加坡 FTA（2005）	生效	韩国、新加坡	2005.8.4	2006.3.2
日本-菲律宾 EPA（2006）	生效	日本、菲律宾	2006.9.9	2008.12.11
柬埔寨-朝鲜 BIT（2007）	未生效	柬埔寨、朝鲜	2007.11.1	
日本-泰国 EPA（2007）	生效	日本、泰国	2007.4.3	2007.11.1
柬埔寨-日本 BIT（2007）	生效	柬埔寨、日本	2007.6.14	2008.7.31
文莱-日本 EPA（2007）	生效	文莱、日本	2007.6.18	2008.7.31

协定	状态	成员	签订日期	生效日期
印度尼西亚-日本 EPA（2007）	生效	印度尼西亚、日本	2007.8.20	2008.7.1
中国-韩国 BIT（2007）	生效	中国、韩国	2007.9.7	2007.12.1
中国-新加坡 FTA（2008）	生效	中国、新加坡	2008.10.23	2009.1.1
柬埔寨-老挝 BIT（2008）	未生效	柬埔寨、老挝	2008.11.24	
日本-越南 EPA（2008）	生效	日本、越南	2008.12.25	2009.10.1
朝鲜-新加坡 BIT（2008）	生效	朝鲜、新加坡	2008.12.2	2009.3.18
日本-老挝 BIT（2008）	生效	日本、老挝	2008.1.16	2008.8.3
缅甸-泰国 BIT（2008）	生效	缅甸、泰国	2008.3.14	2012.6.8
东盟-日本 EPA（2008）	生效	东盟、日本	2008.3.28	2008.12.1
东盟全面投资协定（2009）	生效	东盟	2009.2.26	2012.2.24
东盟-韩国投资协定（2009）	生效	东盟、韩国	2009.6.2	2009.9.1
东盟-中国投资协定（2009）	生效	东盟、中国	2009.8.15	2010.1.1
中国大陆-中国台湾框架协定（2010）	生效	中国大陆、中国台湾	2010.6.29	2010.9.1
中国-日本-韩国投资协定（2012）	生效	中国、日本、韩国	2012.5.13	2014.5.17
新加坡-中国台湾 EPA（2013）	生效	新加坡、中国台湾	2013.11.7	2014.4.19
日本-缅甸 BIT（2013）	生效	日本、缅甸	2013.12.15	2014.8.7
韩国-缅甸 BIT（2014）	生效	韩国、缅甸	2014.6.5	2018.10.31
中国内地-中国澳门服务贸易协定（2015）	未生效	中国内地、中国澳门	2015.11.28	
日本-蒙古国 EPA（2015）	生效	日本、蒙古国	2015.2.10	2016.6.7
韩国-越南 FTA（2015）	生效	韩国、越南	2015.5.5	2015.12.20
中国-韩国 FTA（2015）	生效	中国、韩国	2015.6.1	2015.12.20
东盟-中国香港投资协定（2017）	生效	东盟、中国香港	2017.11.12	2019.6.17
中国内地-中国香港 CEPA 投资协定（2017）	生效	中国内地、中国香港	2017.6.28	2017.6.28
印度尼西亚-新加坡 BIT（2018）	生效	印度尼西亚、新加坡	2018.10.11	2021.3.9
缅甸-新加坡 BIT（2019）	生效	缅甸、新加坡	2019.09.24	2020.10.09
中国台湾-越南 BIT（2019）	未生效	中国台湾、越南	2019.12.18	
印度尼西亚-韩国 CEPA（2020）	未生效	印度尼西亚、韩国	2020.12.18	

资料来源：根据 UNCTAD IIA 数据库整理所得，http://investmentpolicyhub.unctad.org/IIA。

注：①"未生效"指协定已签订但尚未生效。②BIT 为双边投资协定；EPA 为经济合作协议；CEPA 为更紧密/全面经济伙伴关系协议。

区域内部投资协定的签订和落实加强了资本在不同东亚经济体之间的流动，这对各个经济体在东亚生产网络中的分工地位产生了一定的积极影响。首先，伴随着 FDI 的引入，不同经济体之间，尤其是发达经济体与发展中经济体之间的技术交流与人员往来更为密切，而技术和人员的交流可以提升技术水平，降低发展中国家被"低端锁定"的概率，促进区域内各经济体产业结构升级。具体来说，垂直型 FDI 通过与本土企业建立前后向的联系，有利于企业学习先进技术；水平型 FDI 能够通过示范效应、竞争效应、人员流动效应提升本土企业的生产率（李平等，2018）。其次，当地政府对市场的规制与 FDI 的融合过程，有利于东道国制度质量的提高（Globeman 和 Shapiro，2002），而制度质量的改善有利于提升一国在全球价值链中的分工地位（胡昭玲和张玉等，2016）。最后，FDI 的增长，对于母国和东道国在区域内合理分配生产环节具有激励作用，从而对跨国公司的生产环节布局也会产生一定的影响。此外，FDI 的引入还会创造更多的就业机会，加强各国产业间的融合，从而提高区域分工的水平及层次。

也有学者认为，投资自由化对国际分工的影响并不确定。部分学者认为，这与外商直接投资的类型具有较大的相关性，如果是替代型的外商直接投资，即被投资的经济体能够提供本来需要从投资国进口用于中间投入的产品，那么这种类型的外商直接投资是不利于垂直专业化分工水平提高的；如果是互补型的外商直接投资，即这种类型的外商直接投资能够促进中间投入品的跨国流动和贸易，那么这种类型的外商直接投资是有利于垂直专业化分工发展的。并且，FDI 也有可能对东道国产生负向的技术溢出效应，这取决于经济体嵌入价值链的程度，过高或者过低的价值链嵌入度均会降低 FDI 的溢出效应。此外，还有学者认为，从国际分工的视角来看，FDI 东道国如果是发展中国家，还存在被动服从全球价值链分工角色的可能，FDI 可能会加重区域内分工地位的固化程度，不利于经济体向更高端分工环节攀升（李平等，2018）。当然，还需要考虑到，各国抗击金融风险的能力不同，投资也是一把双刃剑，既可以成为提升产业的助力，也有可能成为推升通胀或促使汇率波动的巨大问题，特别是由于各国经济基础不同，当金融危机来临时，各国的抵御能力不同，对投资的安全性及可控性的掌控程度也大大不同。投资者会担心投资难以收回，而东道国则有可能担心投资变为掠夺国家财富的祸水，对分工的优化产生阻力。

结合上述两方面的因素，投资自由化对分工的影响有利有弊。在现实中，各国对于是否要促进 FDI 流入，态度也不尽相同。例如，在东亚区域内，越南、菲律宾等国鼓励引进外资；而随着经济的不断调整，加强供给侧结构性改革，中国逐渐对 FDI 的流入持收缩的态度。在下一节中，我们将就投资自由化是否能够促进一体化组织内部各成员的分工优化进行计量检验。

三、区域内经济技术合作对于地区生产分工的影响

对东亚地区而言，制度层面的区域合作不仅体现在贸易与投资的自由化及便利化上，经济技术合作也是非常重要的一个方面。虽然东亚地区整体上呈现经济快速发展的势头，但是区域内各经济体在经济技术方面仍存在较大的差距。日本、韩国、中国香港、新加坡在人力资源及科学技术方面处于领先地位，而东盟各国相对而言较为落后。加强区域内经济技术合作，特别是技术转移与传递，可以促进区域内发展中国家的技术水平及产业水平提升，使其在价值链上的位置不断攀升；而发达国家也可以借助技术转移获取收益，并同时实现产业渗透及市场扩张。

考虑到 APEC 包含了大多数东亚重要经济体，因此，我们以 2010 年以来几个代表性东亚经济体在 APEC 框架下亚太经合组织科技创新政策伙伴关系（PPSTI）中的项目情况反映区域内推动技术合作的制度安排情况（见表 8.3）。

表 8.3　东亚经济体 APEC 框架下 PPSTI 项目

经济体	年份	项目名称
中国	2010	亚太经合组织低碳技术与产业合作研讨会
		亚太经合组织国际沼气资源开发利用科技合作论坛
	2011	智能电网建设高效可再生资源整合与配送技术合作研究
		亚太经合组织共同孵化网络
	2012	亚太经合组织智慧城市产业技术合作论坛
		亚太经合组织信息技术创新服务链研讨会
		亚太经合组织新能源和可再生能源技术发展与应用论坛

经济体	年份	项目名称
中国	2013	亚太经合组织智慧城市创新技术合作论坛
		亚太经合组织汽车互联网合作及其全球应用论坛
	2014	亚太经合组织技术商业化项目
	2015	亚太经合组织信息技术智慧城市论坛暨展览会
		共同建立亚太经合组织成员中小企业合作创新的网上服务平台
		第九届亚太经合组织地震模拟合作国际研讨会
	2016	基于亚太经合组织互联互通蓝图和全球价值链战略蓝图的亚太地区汽车互联网（IOV）第三阶段培训计划
		亚太经合组织推动中小微企业现代化向工业4.0迈进的政策与制度研讨会
	2017	亚太经合组织促进科技中小微企业的能力建设企业导师跨境流动研讨会
		亚太经合组织可持续增长创新矿业研究
		亚太经合组织卫生与医疗大数据创新培训
		为亚太经合组织科技创新合作和互联互通培养国际技术转移专业人才
	2018	亚太经合组织公私部门参与共享经济和数字技术互联互通，实现包容性发展
印度尼西亚	2013	发展生物能源作物作为亚太经合组织经济体的可再生能源
	2017	职业教育与劳动力市场连接研讨会
韩国	2011	利用气候信息进行农业、水资源管理和能源效率决策
	2012	
	2013	开发 APEC-VC 单入口点
		干旱预测学区域合作，以支持灾害的预防和管理
	2015	从科学到行动：利用天气和气候信息进行有效的灾害风险管理
		亚太地区青年科学家（理论物理学家）培训与培养
	2016	智能气候信息和负责行动：在不断变化的世界中实现可持续的粮食安全
	2017	建立从生产到消费的弹性农业粮食系统：利用气候信息实现可持续粮食安全的跨学科方法
	2018	通过加强气候信息和服务，克服未来不确定的挑战
		加强传染病现场流行病学家的工作队伍，实现可持续的卫生安全
马来西亚	2012	亚太经合组织经济体生物技术商业化和贸易研讨会——生物安全监管视角
		支持亚太经合组织经济体核电项目的教育和培训
	2014	21世纪亚太经合组织科学传播路线图青年科学家研讨会
菲律宾	2014	亚太经合组织通过科学、技术和创新解决非传染性疾病战略研讨会——营养基因组学方法

经济体	年份	项目名称
菲律宾	2015	通过低碳经济提高中小微企业的竞争力
		建立地区草药数据库
		亚太经合组织关于通过政策翻译使研究和以市场为基础的创新商业化和普及的讲习班
		亚太经合组织通过科学、技术和创新解决非传染性疾病战略研讨会——营养基因组学方法
泰国	2017	产业创新前景
		建立亚太地区标准剂量测量实验室能力，建立区域可持续网络
		燃料经济平台政策对话
	2018	建立亚太地区个人监测服务（IMS）能力，向区域可持续网络发展

资料来源：根据 APEC 项目数据库整理所得，https://aimp2.apec.org。

从表 8.3 可以看出，2010 年以来各经济体对国际技术合作与交流都比较重视。其中，中国提出和参与的项目数量最多，反映出中国政府对于提升自身技术水平的迫切性，以及与各经济体进行技术交流合作的积极性较高。其他经济体，如韩国，提出和参与的项目数量也较多，这意味着各经济体对于国际技术合作的重要性和必要性达成了共识。另外，各经济体参与的项目囊括了诸多领域，包括农业、能源、医疗卫生和教育等，这说明东亚经济体在各个领域进行了广泛的技术交流与沟通，这些制度安排促进了经济体之间知识和技术产品的流动。

第二节 区域经济一体化对东亚生产分工影响的实证分析

一、计量模型和变量选取

（一）被解释变量选取

考虑到数据的可得性，我们采用 Hummels 等（2001）对分工程度的测算方法，以东亚主要经济体的垂直专业化（VS）指数作为被解释变量，用以描述各经济体的生产分工程度。

Hummels 等（2001）将垂直专业化指数定义为出口中包含的进口中间投入品的价值。根据 Hummels 等（2001）的定义，某个行业的出口 VS 值取决于该行业的进口投入品的价值占该行业产出值之比与该行业出口值的乘积，一个经济体总出口的 VS 指数则为所有行业出口 VS 值之和，用矩阵表示如下：

$$VS = u \cdot AM \cdot X \qquad (8.1)$$

其中，u 是各元素为 1 的 $1 \times n$ 维向量，n 为行业数。AM 为 $n \times n$ 维的进口投入系数矩阵（进口中间品直接消耗系数矩阵），X 为 $1 \times n$ 维出口向量。考虑到生产过程的产业关联和循环利用效应，总出口的 VS 值进一步表示如下：

$$VS = u \cdot AM \cdot (I - AD)^{-1} \cdot X \qquad (8.2)$$

其中，I 为 $n \times n$ 维单位矩阵，AD 为 $n \times n$ 维的国内中间投入系数矩阵（国内中间品直接消耗系数矩阵），$(I - AD)^{-1}$ 为里昂惕夫逆矩阵，通常用总出口的 VS 值与总出口（T）的比值来衡量一国总出口包含的 VS 比重（VSS），用公式表示如下：

$$VSS = VS / T \qquad (8.3)$$

由于世界投入产出（WIOD）数据库包含的东亚国家数量有限，本节用于计算垂直专业化指数的数据来源于 OECD 投入产出数据库。我们计算了 2000—2011 年东亚主要经济体的垂直专业化指数，结果如表 8.4 所示。由表 8.4 可以看出，除日本、文莱和印度尼西亚以外，东亚各经济体 2011 年 VS 值占总出口的比重（即 VSS 值）整体较高，都达到了 20% 以上。其中，中国台湾、韩国、新加坡和马来西亚 2011 年的 VS 值占总出口的比重达到了 40% 以上，泰国 2011 年的 VS 值占总出口的比重也接近 40%，这说明样本期内的东亚各经济体的垂直专业化分工程度都较高，各经济体都积极地参与了生产分工。

表 8.4 东亚主要经济体垂直专业化指数 单位：%

经济体	2000 年	2001 年	2002 年	2003 年	2004 年	2005 年
日本	7.72	8.10	8.29	8.60	9.48	11.49
韩国	29.91	28.79	27.56	31.00	32.73	33.33
文莱	5.37	5.95	5.92	4.37	3.30	4.65
柬埔寨	36.12	36.91	37.68	40.33	40.30	40.39
中国大陆	19.53	19.62	22.23	26.13	28.79	29.29
印度尼西亚	17.08	17.32	14.70	14.26	16.20	16.24
马来西亚	48.07	47.33	45.14	45.94	46.50	46.18
菲律宾	33.06	38.15	38.31	40.02	40.56	38.00
新加坡	45.64	39.04	36.98	35.56	38.28	39.90
中国台湾	32.50	30.10	30.05	32.01	35.23	37.77
泰国	31.96	32.33	31.30	31.46	33.74	36.92
越南	27.31	26.98	27.69	29.56	29.05	31.04
经济体	2006 年	2007 年	2008 年	2009 年	2010 年	2011 年
日本	13.63	14.94	16.11	11.46	13.04	15.06
韩国	34.82	35.79	42.01	37.82	39.55	41.99
文莱	3.51	2.31	3.77	5.27	4.52	4.27
柬埔寨	41.11	39.16	39.50	33.29	35.87	35.80
中国大陆	29.36	27.46	25.66	23.41	25.25	24.82
印度尼西亚	14.74	14.19	14.71	11.16	11.17	12.12
马来西亚	46.51	44.45	41.42	40.24	41.96	40.85
菲律宾	39.77	36.08	31.76	26.95	27.66	23.57
新加坡	39.79	39.88	37.50	41.91	41.38	41.87
中国台湾	40.40	41.48	44.40	38.07	42.01	43.84
泰国	35.85	35.75	39.27	34.66	36.66	39.09
越南	32.61	35.37	35.67	33.02	34.86	36.40

资料来源：根据 OECD 数据库投入产出表计算所得，https://stats.oecd.org。

另外，根据 OECD 投入产出数据库中的行业层面数据[①]，表 8.5 列出了东亚主要经济体 2011 年各行业的垂直专业化指数。由表 8.5 可以看出，总体而言，2011年东亚各经济体垂直专业化指数较高的有石油加工、炼焦及核燃料加工业，化学

---

① 行业分类标准基于 ISIC3 二位码分类标准。

原料及化学制品，基本金属，金属制品，机械设备，计算机、电子和光学设备行业，部分经济体在纺织品、皮革和鞋类的垂直专业化程度也较高。中国垂直专业化生产程度最高的是计算机、电子和光学设备行业。日本垂直专业化分工程度最高的行业为石油加工、炼焦及核燃料加工业，其余各行业的垂直专业化指数都相对较低。东盟的印度尼西亚、马来西亚和泰国的垂直专业化生产具有一定的相似性，主要集中在计算机、电子和光学设备行业及机械设备行业，但与其他两国不同的是，马来西亚在纺织品、皮革和鞋类制造中也具有较高的垂直专业化分工程度。同样的，韩国、新加坡和中国台湾也具有一定的相似性，在石油加工、炼焦及核燃料加工业垂直专业化程度均较高。整体来看，经济发展程度相近的国家或地区之间在垂直专业化分工方面呈现出一定的相似性，这在一定程度上为东亚区域内生产分工的发展提供了基础。

表8.5　2011年东亚主要经济体各行业垂直专业化指数　　　　单位：%

经济体	农林牧渔业	采矿业	食品饮料、烟草	纺织品、皮革和鞋类	木材加工业	纸制品和出版业	石油加工、炼焦及核燃料加工业	化学原料及化学制品	橡胶和塑料制品	其他非金属矿物制品业	基本金属
日本	13.26	13.99	12.82	25.62	20.61	10.47	59.38	23.62	18.85	14.14	22.99
韩国	20.71	20.46	35.81	35.63	35.27	28.87	80.98	53.34	41.57	39.43	53.87
文莱	23.62	2.62	42.43	32.81	20.29	15.91	2.22	28.35	31.65	46.45	34.89
柬埔寨	1.23	23.28	21.24	58.92	28.98	46.68	33.30	61.60	64.04	49.83	55.77
中国大陆	5.82	13.00	10.76	17.93	13.53	22.39	28.18	25.53	23.62	20.31	18.00
印度尼西亚	5.61	4.92	8.78	18.48	12.09	20.82	10.80	19.94	19.85	14.92	23.59
马来西亚	17.13	13.03	32.77	49.48	25.13	34.63	43.09	42.00	38.82	39.99	56.19
菲律宾	9.43	18.99	12.67	15.61	19.74	23.45	57.80	32.41	31.96	36.48	42.44
新加坡	35.57	34.12	50.49	55.99	44.06	37.24	80.80	44.92	38.03	56.74	71.09
中国台湾	28.35	66.65	35.10	43.26	44.74	41.26	77.82	58.75	50.14	53.24	63.82
泰国	18.14	17.55	23.01	25.95	23.40	42.95	59.49	41.53	37.53	40.18	63.72

续表

经济体	金属制品	机械设备	计算机、电子和光学设备	电气机械和设备	汽车、拖车和半拖车	其他运输设备	其他制造和回收	电力、天然气和水供应	建筑业	批发和零售交易，维修	酒店和餐饮业
越南	14.47	12.86	24.83	37.55	43.31	41.39	58.34	64.21	60.54	38.52	68.54
日本	14.66	14.95	18.04	16.24	14.34	15.94	19.40	—	11.38	6.23	9.93
韩国	39.53	41.23	43.03	38.73	38.04	38.70	36.62	53.48	31.17	15.89	28.14
文莱	60.96	32.41	27.23	31.80	33.19	31.30	39.70	—	37.87	6.51	31.15
柬埔寨	55.36	55.85	55.85	53.09	54.55	55.85	44.02	41.44	37.47	19.37	16.65
中国大陆	25.94	20.76	50.31	27.30	23.26	25.29	12.98	10.83	14.14	4.94	6.14
印度尼西亚	27.34	38.30	27.38	26.07	25.78	22.44	17.49	23.99	21.38	6.94	7.95
马来西亚	55.89	52.23	67.36	62.65	59.49	49.62	50.17	30.00	42.02	16.31	23.66
菲律宾	38.27	28.54	28.60	27.77	40.38	38.00	21.76	18.43	22.25	7.59	17.92
新加坡	48.09	46.32	40.36	52.85	48.46	39.02	40.05	48.33	39.56	26.38	33.17
中国台湾	49.30	53.78	45.28	50.39	47.99	47.31	41.29	62.51	44.34	10.48	20.80
泰国	61.20	55.80	65.57	53.65	56.66	48.57	50.98	37.56	47.45	10.82	20.15
越南	58.85	71.22	70.53	66.52	55.15	59.85	37.82	11.29	44.53	19.44	13.40

经济体	运输和仓储业	邮电	金融中介	房地产活动	机械设备租赁	计算机及相关活动	研发和其他业务活动	公共管理和预防，社会保障	教育	健康和社会工作	其他社区、社会和个人服务
日本	9.17	4.66	3.59	1.65	2.90	3.60	3.97	5.77	3.23	9.20	5.40
韩国	34.18	21.49	7.37	6.95	13.08	17.46	13.68	13.30	9.18	19.55	18.79
文莱	9.53	9.18	5.15	3.69	9.75	11.51	13.17	—	11.65	—	26.03
柬埔寨	29.88	19.89	16.07	14.65	17.47	15.43	21.61	—	12.58	26.92	15.49
中国大陆	10.34	8.37	4.06	6.21	14.94	15.62	15.27	—	6.00	11.92	9.32
印度尼西亚	18.77	4.16	6.02	3.58	11.37	12.44	11.00	—	11.76	12.58	16.38
马来西亚	38.42	18.75	10.94	5.87	17.95	17.44	19.71	—	13.51	39.82	28.67
菲律宾	25.92	12.66	9.10	4.96	23.48	24.02	18.91	11.74	11.19	21.27	14.25
新加坡	44.60	30.74	25.16	16.86	30.87	49.16	32.18	30.57	16.59	22.81	27.31
中国台湾	36.63	20.68	5.99	5.82	17.75	16.29	15.83	—	9.16	18.82	20.04
泰国	32.02	12.16	10.36	5.15	16.92	16.59	25.38	—	10.93	30.63	28.15
越南	28.22	14.21	10.75	10.86	20.40	22.50	20.95	22.96	12.96	28.17	14.66

资料来源：根据 OECD 数据库投入产出表计算所得，https://stats.oecd.org。

（二）解释变量选取

根据前文有关东亚区域经济一体化对生产分工影响的分析，在选取解释变量时，首先考虑将贸易自由化、投资便利化和技术合作三个因素纳入计量模型中。

以关税率代表贸易自由化程度。根据前文中贸易自由化程度对分工地位影响的分析，区域内生产分工与贸易对贸易壁垒的弹性非常高。区域内各经济体在加强贸易自由化方面做了大量努力，通过签订一系列协议和建立自由贸易区，使得区域内关税水平显著降低，极大地促进了中间品的跨国界流动。本节采用世界银行世界综合贸易方案（WITS）数据库中提供的关税进出口数据来反映东亚区域内贸易自由化程度。考虑到在中间品贸易中，一国的进口关税和该国出口时别国对其施加的关税都可能会影响其参与分工程度，因此将两个变量都考虑在内。但由于进口关税水平与出口关税水平之间可能会存在相关性，在实证过程中，将二者逐一加入方程。此外，根据关税的来源地和流向地进行区分，将进口关税率区分为区域内进口关税和世界进口关税，同样将向别国出口时承受的关税以区域内[①]和世界范围加以区分，以考察生产分工对不同地区关税的反应弹性是否有差别。

以 FDI 流入量代表投资自由化程度。由上文投资自由化对区域分工影响的分析可知，投资协定的签订和落实加强了 FDI 在东亚区域内的流动，但其对地区分工的影响并不确定，部分学者认为 FDI 流动性的加强会通过技术溢出、人员流动及制度质量提升等效应来促进经济体之间的分工，但也有学者认为 FDI 的过度引入可能有锁定经济体分工地位的风险，尤其是对于发展中经济体，而东亚区域内发展中经济体居多，因此投资自由化对分工的影响方向并不确定。考虑到分行业层面 FDI 数据的有限性，本书采用了联合国贸易和发展会议数据库中各经济体2000—2011 年 FDI 流入量，来反映区域内投资自由化程度。

以版权和许可费贸易进口额代表技术合作程度。区域内技术合作交流的加强对经济体之间的分工存在积极影响，但考虑到东亚地区各经济体现有的技术合作

---

① 区域内经济体包括东盟十国及中国大陆、日本、韩国、中国台湾。

体系并不成熟，因此最终影响方向并不确定。鉴于此，本书选取东亚各主要经济体2000—2011年版权和许可费贸易进口额衡量技术合作交流程度，按照进口来源将变量区分为区域内版权和许可费进口额及世界范围的版权和许可费进口额，以考察在现有的技术合作体系内东亚各主要经济体对不同地区间技术合作交流的反应敏感度差异。选取的数据来自OECD数据库中服务贸易类目。

除了以上述变量衡量东亚区域一体化的程度外，本书还加入了要素禀赋差异和经济规模，以控制二者对垂直专业化程度的影响。

对于要素禀赋差异。比较优势是东亚生产分工建立和发展最为重要的基础，顺应各经济体的要素禀赋和比较优势，不同的生产环节和生产工序在拥有不同要素禀赋的经济体之间合理安排，使各经济体充分利用要素禀赋差异所形成的比较优势参与国际分工，发挥所长，更容易形成专业化生产能力和规模经济效应。参与分工的经济体要素禀赋差异越大，在这些经济体之间进行生产工序进一步细化分工的潜力就越大，各经济体基于自身要素优势进行专业化生产，在所擅长的生产环节上形成规模经济，相互之间的垂直专业化分工水平自然会不断提高。本书将各经济体的资本-劳动比与日本的资本-劳动比相除，用于表示各经济体之间的要素禀赋差异。其中，资本总量数据来自格罗宁根大学公布的资本总量数据，劳动力总数（除中国台湾外）均来自世界银行发布的世界发展指标数据库，中国台湾的劳动力总数取自国际劳工组织公布的数据。

对于经济规模。根据Hummels等（2001）的研究结果，规模较大的经济体的垂直专业化指数通常偏小。这可能是由于较大规模经济体的国内市场规模相对更大，本国内部就可以实现一定的规模经济效应，通过扩大出口来实现规模经济的需求就较低。同时，经济规模大的国家往往在资源禀赋和经济、产业结构等方面都相对丰富和多层次，对于国外中间品的依赖性可能就较低。综合来看，较低的出口倾向和较低的进口依赖性，就使得规模较大的经济体往往具有较低的垂直专业化指数。因此，本书将经济体的经济规模纳入计量模型中，以一国的GDP作为经济规模的代理变量，数据来源于联合国贸易和发展会议数据库，变量系数的预期符号为负。

（三）计量模型的设定

根据上文的分析，我们将计量模型设定如下：

$$VSS_{ijt} = \alpha_0 + \beta_1 FDI_{it} + \beta_2 lnGDP_{it} + \beta_3 TAR_{ijt} + \beta_4 lnTECH_{it} + \beta_5 K\_L_{it} + \mu \quad (8.4)$$

其中，i 表示国家，j 表示行业，t 代表年份；VSS_{ijt} 表示 i 国 j 行业 t 年的垂直专业化指数；FDI_{it} 代表 i 国 t 年的 FDI 流入量，以衡量投资自由化程度对垂直专业化分工产生的作用；GDP_{it} 是 i 国 t 年按现价美元测算的国内生产总值，以衡量各经济体的经济规模；TAR_{ijt} 表示 i 国 j 行业 t 年的平均关税率，以反映贸易自由化程度，依次用国家 i 出口到区域内国家面临的平均关税率（tar_ex_asia）、国家 i 出口到世界范围内面临的平均关税率（tar_ex_world）、国家 i 从区域内国家进口时面临的平均关税率（tar_im_asia）及国家 i 从世界范围内进口时所面临的平均关税率（tar_im_world）代入回归方程，以分别考察四种税率对 t 年 i 国各行业垂直专业化分工产生的影响；$TECH_{it}$ 代表 i 国 t 年的版权和许可费进口额，分为自区域内进口的总额（tech_asia）和自世界范围内进口额（tech_world）；K_L_{it} 代表 i 国 t 年的要素禀赋状况。

二、计量结果与分析

对式（8.4）进行回归，并且考虑国家行业和年份的固定效应，得到的结果如表 8.6 所示。其中，第（1）、（2）列中的关税变量是进口关税率，第（3）、（4）列是出口产品面临的关税率。具体计量结果如表 8.6 所示。

表 8.6　实证计量结果表

解释变量	（1）	（2）	（3）	（4）
FDI	0.000 （1.34）	0.000 （0.58）	0.000 （0.75）	−0.000 （−0.02）
lnGDP	−11.320*** （−7.05）	−13.336*** （−7.77）	−10.788*** （−6.97）	−12.164*** （−7.54）

续表

解释变量	（1）	（2）	（3）	（4）
tar_im_asia	−0.136*** （−3.77）	—	—	—
tar_im_world	—	−0.128*** （−3.42）	—	—
tar_ex_asia	—	—	−0.233** （−2.41）	—
tar_ex_world	—	—	—	−0.204 （−1.54）
K_L	6.279** （2.24）	7.216** （2.57）	7.094** （2.58）	6.755** （2.44）
tech_asia	1.257* （1.78）	—	1.925*** （3.09）	—
tech_world	—	4.328*** （3.13）	—	5.043*** （4.11）
调整的 R^2	0.672	0.669	0.681	0.679
F 值	14.893	16.968	15.349	16.087
观测值	2476	2502	2597	2608

注：括号内为 t 统计量，"***""**""*"分别表示 1%、5%、10%的显著性水平。

各模型的回归结果中，平均关税率、版权和许可费进口额，以及两个控制变量（经济体要素禀赋差异和经济规模）的系数符号都符合预期，除第（4）列中的关税水平不显著外，其他变量均显著，这也验证了前文中关于区域经济一体化对分工水平影响的分析与预测。值得注意的是，FDI 变量的系数均接近于零且都不显著，这在一定程度上反映出促进区域内资本流动对经济体之间分工的影响并不明显，可能是由于其积极影响与消极影响相互抵消，或是由于区域内投资自由化相关体系与联系并不成熟，使其没有发挥出应有的效益。

具体来看，第（1）、（2）列考察的是进口关税对垂直专业化分工的影响，其中，第（1）列考虑的是区域内影响，而第（2）列考察的是世界范围影响，通过对比分析可以发现，就关税水平而言，区域内各经济体的垂直专业化分工对于区域内平均关税率的反应弹性要高于世界范围平均关税率，这也从侧面反映出东亚区域内各经济体之间的贸易联系更为紧密，以及东亚区域内贸易一体化日趋完善和成熟。而对于技术合作与交流而言，结果却正好相反，相比区域内来讲，各经济体分工程度对于世界范围内的版税和许可进口反应弹性更大，这可能是以下原因所致：东亚经济体区域内经济技术合作推进程度不够深入。大多数东亚经济体都是发展中经济体，对技术的依赖度较高，但由于东亚区域内发达经济体数量较少，能够提供技术的国家比较有限，所以更多是从欧美等区域外发达国家进口，而对区域内经济体的依赖度较小。同样，在第（3）、（4）列中，分地区讨论两个变量的对比结果与第（1）、（2）列相同，反映了进出口的一致性，尽管在世界范围的平均关税率系数并不显著，但是其符号为负，且小于区域内平均关税率影响系数，再次证实了东亚区域内贸易自由化对于地区生产分工起到了推动作用，而技术合作交流体系还有待完善和加强。

综合上述回归结果可以发现，东亚区域贸易一体化成果显著，关税率的降低对于提高各经济体的生产分工程度呈现积极影响，技术合作与交流的加强对于提升分工程度也是有利的，但是投资自由化对分工程度的提升并无显著影响，其他控制变量符号与预期一致。此外，东亚各经济体垂直专业化分工程度对于区域内关税率的反应弹性要高于世界范围内的关税率，而对于技术交流程度的反应弹性则是区域内更低，这可能是由东亚经济体之间对加工贸易的依赖度更高和区域内贸易制度较为完善，而技术合作体系还不成熟及区域内经济体之间的技术依赖度较低造成的。

三、结论与启示

通过前文对东亚区域经济一体化对地区生产分工影响的分析与实证检验，我们发现，东亚区域内贸易自由化程度的加强会对各经济体的生产分工程度产生显著的正向影响，并且相对于世界范围内的贸易自由化程度，各经济体的垂直专业化分工对于区域内贸易自由化程度的反应弹性更大。除贸易自由化之外，区域内技术合作与交流的加强也可以显著促进各经济体提升分工水平，但目前区域内缺乏一套完善的技术合作体系，使得东亚经济体对技术交流的依赖更多地来自区域外国家，因此造成了生产分工对技术合作程度的敏感度较区域外更低，这就要求区域内进一步加强技术交流，建立和完善区域内技术合作体系。此外，区域内投资自由化程度的加强促进了资本在各经济体之间的流动，然而其对于区域内各经济体的生产分工并无显著影响，需要继续探讨其背后的意义。

基于上述结论，可以得到如下启示：在东亚区域经济一体化进程中，一方面应当顺应并加强原有优势，另一方面要消除并引导原有缺陷的转变。具体说来，以下几个方面极为重要：

第一，要进一步鼓励和推动区域内贸易自由化。当前东亚经济体之间的贸易伙伴关系十分紧密，东亚经济体之间的贸易已经呈现出极强的区域内依赖性，自由贸易区的建设和一系列贸易协定的签署对各国更好地发挥比较优势参与到区域分工中产生了积极影响。因此，应当扩大已有的合作成果，进一步削减关税，破除非关税贸易保护壁垒，继续加强和巩固东亚经济体之间的贸易伙伴关系，促进区域内贸易合作与交流，以提升区域整体的生产分工水平。

第二，应当加强东亚经济体之间的经济技术沟通与交流。建立和完善各经济体之间的技术合作体系，加强人力资源与技术培训，在促进各经济体自主创新能力提升的同时，更好地利用别国的技术优势，提升区域内整体的技术水平。进一步规范、提升经济技术合作项目，改变过去单一的交流形式，将过去单一的研讨会模式横向展开，扩展到培训、技术交流、平台建设、中小型企业合作等多种模式，实现技术转移的溢出效应。进一步制定相关规则，以保护发展中经济体的权益，实现东亚区域内共同发展，进一步优化地区分工。

第三，在已经建立的 FTA（Free Trade Area）基础上，更加努力地探索东亚地区统一的一体化的实现路径。通过规范并整合原有的 FTA，尽快制定出统一适用的准则要求，用以解决东亚区域内 FTA 重叠零散的问题。东亚地区长期受市场化引导，制度性安排相对滞后，当前的区域合作以东盟、东盟"10+1""10+3"及其他小型一体化组织为主，内部缺乏轴心力量。而无论是经济实力，还是在区域内的贸易地位，中日韩三国都是重要的中心，应当建立起中国、日本、韩国三国的合作机制，并以此为轴心，推动泛亚洲的一体化合作组织的建立，进一步优化东亚地区的一体化制度安排，从而推动区域生产分工体系的发展。特别是中国，要大力加强与东亚经济体之间的交流，主动引导东亚经济一体化的进程。在后两章当中，我们将进一步探讨区域经济一体化背景下东亚生产分工的优化及中国的角色与对策。

第九章 区域经济一体化背景下东亚生产分工的优化路径与对策

第一节 东亚生产分工优化的目标、原则与基础

一、东亚生产分工优化的主要目标

在东亚区域生产分工的演化过程中，"雁阵模式"扮演了非常重要的角色，也是促进东亚集体性经济增长的重要动力。当前，东亚生产分工模式已逐渐由"雁阵模式"转变为复杂的区域性生产分工网络，生产环节越来越细化，生产联系越来越密切，交易活动越来越复杂。东亚区域内各经济体承担着产品内分工不同阶段的生产任务，进出口不同生产环节、不同单位价值的产品，决定了各经济体在价值链分工中的位置明显不同，以及在获取生产分工的收益上具有显著差异。相比东亚区域外其他经济体而言，目前大多数东亚经济体出口中的国外增加值比重高，而出口中的国内增加值比重相对较低，这意味着大多数东亚经济体要素创造价值的能力较弱，在国际生产分工中的获益十分有限，并且区域内各经济体获得的分工利益也存在明显差异。

因此，要实现东亚生产分工优化的主要目标，不仅需要实现东亚区域整体的协同发展，提升东亚地区整体在参与全球生产分工中的地位，而且需要平衡各经济体之间所获取的收益，保持区内各经济体分工利益的均衡分配，即在各经济体参与区域生产分工过程中力争同时实现经济发展的协同共进和分工利益的均衡分配。

一方面，东亚地区可以作为整体参与全球竞争，提高区域在全球生产分工中的收益。随着东亚复杂生产分工网络的逐渐形成，各经济体之间的生产、贸易和投资联系空前增强，区域经济一体化程度加深，有利于东亚经济体作为一个整体参与到全球生产分工的竞争中。对于东亚地区的发展中经济体而言，既要防止落入"低端锁定陷阱"，又要避免滑向"中等收入陷阱"。东亚区域经济的整体协同发展，是整个区域在全球生产分工中争取更大利益的关键所在，也意味着东亚生产分工优化中效率的提升。在全球范围内，与东亚地区具有明显竞争关系的区域主要是欧盟和北美，相对于东亚地区，这两个地区经济体的平均发展水平较高，在全球生产分工中的地位和获益也相对更高。东亚作为整体参与全球生产分工的竞争，有利于提升东亚地区总体的全球价值链分工利益，也有利于平衡全球不同区域的生产分工利益。

另一方面，东亚内部应保持良好的合作关系，平衡各经济体之间获取的分工利益。在东亚生产分工优化过程中，要兼顾效率与公平，关注区域内部各经济体之间分工利益的分配。在东亚生产分工模式逐渐由"雁阵模式"转变为复杂区域生产网络的背景下，区域内部各经济体的生产分工联系日益紧密，成员之间的利益相互交织在一起。在参与全球生产分工过程中，虽然各经济体保持一定的独立性可能有利于自身更高分工利益的获取，但区内经济体之间的过度竞争可能也会导致竞争陷入"囚徒困境"，并难以应对来自区域外的激烈竞争。相反，如果区域内部各经济体之间加强合作，注重分工利益的平衡，则有利于加强区域内部的进一步合作，在应对全球竞争的过程中提高东亚地区的整体分工利益，形成区域内部分工利益"扩大-平衡 再扩大-再平衡"的良性循环。

二、东亚生产分工优化的基本原则

东亚经济体基于自身的要素禀赋和生产效率，发挥比较优势，积极参与地区生产分工，推动了东亚生产分工格局的形成和演化，也成就了东亚经济体的集体性经济增长。在东亚生产分工网络演化过程中，参与的国家和地区的数量不断增加，参与的广度不断拓宽，参与的程度不断加深，参与的行业和规模不断扩大，而各经济体的比较优势不同，参与分工的程度、分工地位和分工获益也具有明显的差异。并且，由于各种历史的和现实的原因，东亚各经济体的比较优势状况及变化往往具有不同的特征和趋势。换言之，不仅东亚经济体之间的比较优势存在差异，而且随着时间的不断推移，各经济体的比较优势也可能发生不同程度的变化。

因此，实现东亚生产分工优化的基本原则，是充分发挥各经济体自身的比较优势，实现地区生产分工与经济体比较优势的匹配。具体而言：

第一，实现东亚地区的生产分工优化，提高东亚区域比较优势和生产分工的匹配效率，不仅需要实现结构层面的静态匹配，而且需要实现时间层面的动态匹配。一方面，东亚各经济体在劳动力、物质资本、知识技术、人力资本和制度质量等方面的比较优势各不相同，在生产、贸易和投资等方面的结构上也存在明显的差异性，而东亚生产分工网络的复杂程度在逐渐提高，各经济体比较优势与生产分工匹配的结构相对复杂，这就需要东亚各经济体在特定时期内实现自身比较优势与生产分工在结构上的静态匹配。另一方面，由于各经济体的比较优势可能随着时间推移发生变化，并且不同经济体比较优势演变的程度可能不尽相同，所以需要东亚各经济体根据比较优势的动态演变，适时调整在区域生产分工中的参与策略，达到比较优势与生产分工的动态匹配。

第二，实现东亚地区的生产分工优化，提高东亚区域比较优势和生产分工的匹配效率，不仅需要实现一国层面的局部匹配，而且需要实现区域层面的整体匹配。对于国家层面的局部匹配，需要各经济体结合本地区的历史和现实状况，综合考虑自身的比较优势状况和生产分工的演化趋势，对以往比较优势和生产分工的匹配程度进行准确恰当的评估，进而针对两者未来的匹配制定科学合理的方案。对于区域层面的整体匹配，虽然各经济体之间比较优势的变化具有相对独立性，但是由于东亚区域生产分工的关联性日益加强，单独考虑各经济体内部的情况不利于地区整体生产效率的提高，因此实现区域比较优势与生产分工的匹配，需要在区域层面进行整体性的规划与设计，要求东亚经济体之间协同分工，提升地区总体的资源配置效率。

第三，实现东亚地区的生产分工优化，提高东亚区域比较优势和生产分工的匹配效率，不仅需要实现国家和部门层面的宏观匹配，而且需要实现企业层面的微观匹配。对于东亚各经济体而言，各自的比较优势和生产分工特征具有整体性和一致性，但是不同部门或行业具有显著差异，这种差异不仅体现在各部门参与区域生产分工的程度不同，而且体现在对不同要素的依赖程度不同，也就意味着比较优势和生产分工的匹配在部门间具有差异性，需要根据不同行业的情况和特征分别加以考虑。企业是一国参与全球或区域生产分工的微观主体，由于企业所在行业、类型特征和竞争力存在差异，企业在国际分工中的地位和所得到的利益不同，东亚各经济体应根据本国比较优势的状况，针对不同行业、不同类型的企业制定和实施差异化的政策，以实现比较优势与生产分工在企业层面的微观匹配。

三、东亚生产分工优化的重要基础

随着国际生产分工模式的不断演变，无论是从全球层面还是区域层面来看，产品内分工已经成为国际生产分工的重要特征，并逐渐形成越来越复杂的国际生产网络。东亚作为参与全球生产分工的重要区域，其生产分工模式和格局也发生了显著的变化，原先梯次分明的"雁阵模式"逐渐演变为更加复杂的区域生产网络，并与其他区域保持紧密的生产和贸易联系。未来，东亚区域内部的分工网络将更加复杂，各经济体在生产、贸易和投资等方面的联系也会更加紧密，而东亚地区与其他区域之间的生产联系也将更加密切。

在实现东亚生产分工优化过程中，充分尊重东亚生产分工形态从"雁阵模式"向区域生产网络转变的事实，发挥东亚各经济体自身的比较优势，实现生产分工与比较优势的匹配，需要准确梳理和判断东亚各经济体的比较优势、生产分工现状及东亚与其他区域之间的关系。具体而言：

第一，实现东亚生产分工优化的重要基础在于对东亚各经济体的比较优势现状和变化进行科学准确的判断。实现生产分工与比较优势的匹配是东亚生产分工优化的基本原则，而二者的匹配需要先对各经济体的比较优势进行客观评估。不同发展水平的东亚经济体的比较优势各不相同，而各经济体的比较优势也在随着时间的变化而发生改变，变化的程度也可能存在较大差异。对东亚各经济体比较优势现状和变化的判断，关系到生产分工与比较优势的匹配能否实现及匹配的效率。因此，要对东亚各经济体的劳动力、物质资本、知识技术、人力资本和制度质量等方面的比较优势进行科学准确的判断，不仅要对以往和当前的比较优势进行分析，而且要对比较优势未来可能的变化趋势做出预测。并且，东亚各经济体也要根据自身的发展水平和参与区域生产分工的情况，在保持现有比较优势的同时，逐渐培育新的优势，以在参与全球生产分工中获取更强的竞争力。

第二，实现东亚生产分工优化的重要基础在于对东亚各经济体参与区域和全球生产分工的情况有清晰的认识。准确认识东亚各经济体在区域和全球层面的生产分工参与情况，尤其是各经济体的全球价值链分工地位、分工利益和分工联系，是评价东亚区域生产分工绩效的关键所在。目前，东亚各经济体参与全球价值链的程度不同，在东亚地区内部的不同子区域中，东盟的全球价值链参与程度高于东北亚的参与程度。相比较而言，区域内部经济体之间的生产分工联系日益紧密，区域内部依赖大于外部依赖。并且，东亚各经济体的出口中包含了更高的国外增加值，特别是包含了较多区域内部其他经济体生产的中间产品，说明各经济体所获得的分工利益相对较少。未来需要进一步评估东亚各经济体参与区域生产分工的情况，在复杂的区域生产网络中，在各经济体生产分工联系增加的同时，逐步提升各经济体的全球价值链分工地位和分工利益。

第三，实现东亚生产分工优化的重要基础在于对东亚区域与全球其他区域间的生产分工关系进行明确的界定。东亚地区是全球价值链的重要区块之一，明确东亚与其他区域之间的生产分工关系，对于衡量东亚在全球生产分工中的地位和获益情况具有重要意义，同时也是实现东亚生产分工优化的重要基础。从投入产出关联的全球视角来看，东亚、北美和欧盟作为全球三大主要区域，各区域内部的投入产出关联程度，要远高于区域间的投入产出关联程度。对于不同区域之间的投入产出关联程度，北美对东亚的依赖程度高于欧盟，而欧盟对东亚和北美的依赖程度相当。此外，三大区域之间的投入产出关联程度，也高于各区域与边缘区域间的投入产出关联程度。因此，实现东亚生产分工的优化，不仅需要平衡东亚区域内部各经济体之间的投入产出关联，也需要进一步协调东亚地区与其他区域间的生产分工关系。

第二节　推进东亚生产分工优化的区域经济一体化制度安排

一、推进东亚生产分工优化的区域经济合作安排

在东亚经济发展过程中，各经济体都不同程度地参与到了国际生产分工中，由此形成了复杂的区域生产、贸易和投资网络，这一过程也促成了事实上的区域经济一体化，各经济体之间形成了难以分割的生产分工联系。然而，这种自然发生的区域经济一体化过程，主要是依靠市场力量自发推动的，各经济体的政府之间缺乏有效的经济合作机制。与此同时，东亚区域内各经济体的比较优势与其从事的价值链分工环节之间的匹配有待提高，一方面，不仅东亚各经济体的比较优势具有很大差异，而且各经济体的比较优势也在发生动态演变；另一方面，区域经济合作机制落后于生产网络的形成，东亚生产分工格局存在很大的优化空间。因此，东亚地区应注重利用各经济体发展水平的多样性和差异性，开展不同发展水平经济体之间的多层次合作，在区域生产分工中实现优势互补和效率提升。

合理的区域经济合作机制和制度安排，有助于各经济体优势互补、协同共进，尽可能地发挥各经济体的比较优势，充分挖掘区域经济发展潜力，从而优化东亚区域内的生产分工格局。

第一，东亚各经济体应当加强在制造业领域的区域经济合作。制造业是东亚

地区参与全球生产分工的主要部门，东亚地区逐渐形成的复杂区域生产网络，是各经济体在参与制造业全球分工过程中，中间品和最终品跨国生产和贸易的最终结果。加强东亚各经济体在制造业领域的合作，有利于促进东亚生产分工的不断优化。未来，东亚经济体可以借助、利用区域经济合作机制，积极推进关于制造业的传统议题和接纳下一代贸易投资议题，改善区域内制造业的生产、贸易和投资环境，逐渐降低各经济体对制造业的贸易和投资壁垒，采取有效的贸易和投资便利化措施，使各经济体更加充分地融入东亚区域制造业的生产网络中。

第二，东亚各经济体应当加强在服务业领域的区域经济合作。虽然东亚地区参与全球生产分工的传统部门是制造业，但在全球生产分工竞争不断加剧的背景下，以美国为核心的北美区域和以德国为中心的欧盟，不仅拥有强大而先进的制造业部门，而且其服务业尤其是生产性服务业的发展，有助于其制造业企业生产效率的提高，为其制造业部门的发展提供了强大的动力。因此，未来东亚地区各经济体应当加强在服务业领域的区域经济合作，不断推动服务部门的开放和创新，尤其是银行、保险、通信和交通等生产性服务行业的开放和创新，尽可能地为服务业的发展提供开放和竞争的环境，同时减少与制造业生产、贸易和投资相关的服务业壁垒，共同培育有助于服务业发展的比较优势，最大限度地发挥服务业在生产分工中的作用，使得区域生产网络更加高效、可靠、有活力。

第三，东亚各经济体应当利用区域经济合作加强信息的交流与传递。实现东亚生产分工的优化，对各经济体参与生产分工与比较优势进行高效率的匹配，不仅需要对各经济体的比较优势和生产分工状态进行科学而准确的把握，而且需要这些信息在东亚各经济体之间进行高效的交流与传递。推进东亚生产分工优化和促进分工效率提高，有必要通过区域经济合作机制的建立和完善，不断加强东亚各经济体之间的信息交流与传递。东亚经济体应当利用区域经济合作机制，实现信息的快速搜集、高效传递和共用共享，既要充分利用各经济体当前比较优势和生产分工状况的相关信息，实现东亚生产分工的静态优化，又要充分利用对各经济体比较优势和生产分工的未来变化趋势的预测信息，实现东亚生产分工的动态优化，尽可能地降低由于信息不对称而产生的资源浪费和资源错配。

二、东亚经济体参与区域经济合作的利益补偿机制

随着东亚生产分工模式逐渐转变为复杂的区域生产网络，不同的经济体可能具有不同的利益关切，而且各经济体的利益往往交织在一起。东亚生产分工优化的目标，不仅在于提升东亚整体参与国际生产分工的收益，而且在于保持区域内各经济体分工利益的均衡分配。事实上，由于各种历史或现实的原因，东亚各经济体的发展水平存在明显差异，对于东亚区域经济一体化，各经济体的出发点、关注点和落脚点也存在较大差异，往往很难达成一致目标。具体而言，以日本为代表的发达经济体往往更多关注贸易和投资规则的制定和执行，以中国为代表的发展中经济体则更多关注市场准入和渐进开放，而不发达经济体则更多谋求有助于自身能力建设的区域经济合作机制。这就要求在实现东亚生产分工优化过程中，要有针对性地设计和实施相应的利益补偿机制，促进更多经济体参与到区域经济合作中，从而更有效地实现东亚区域的生产分工优化。

从出发点和落脚点来看，区域经济合作的利益补偿机制有助于推进区域经济一体化。但在利益补偿机制的具体设计和实施上，涉及诸多需要特别考虑的问题。对于利益补偿机制的设计，在静态层面，不仅要考虑各经济体之间的利益分配，而且要考虑各经济体内部主要利益集团的实际利益关切；在动态层面，不仅涉及目前参与区域经济合作的各经济体的利益，同时也需要充分考虑未来可能参与区域经济合作的潜在经济体的利益关切。对于利益补偿机制的实施，由于东亚的区域生产网络越来越复杂，各经济体之间的利益关系相互交错，即便在设计利益补偿机制时对各经济体的利益得失做出了预判，但由于各经济体的利益衡量标准不一样，很难比较和判断实际的利益得失与预判的利益得失是否一致，这就为利益补偿机制的实施带来一定困难。

因此，在设计和实施东亚经济体参与区域经济合作的利益补偿机制时，需要注意如下问题：首先，应当在各经济体之间建立较为一致的利益评价体系和标准，

在设计具体的利益补偿方案时，尽可能地统一各经济体评估利益得失的标准，并尽可能地考虑不同发展水平经济体的利益关切，平衡各经济体参与生产分工的利得；其次，在实施利益补偿方案时，要评估实际的利益得失与预判的利益得失的一致性，在两者相一致的条件下，再实施具体的利益补偿方案和计划；再次，由东亚各经济体共同商讨和设立专门的执行机构，并建立和完善利益补偿机制的评估、监督、惩罚和争端解决机制，为利益补偿方案的设计和实施提供制度性保障；最后，建立利益补偿机制的事后跟踪体系，在监测各经济体的比较优势和生产分工变化的基础上，对利益评估体系和利益补偿方案做出动态调整。

第三节 区域经济一体化背景下东亚生产分工优化的路径

一、依靠逐级区域经济合作推进东亚生产分工优化

随着国际生产分工格局的不断演化，东亚地区已经逐渐形成了复杂的区域生产分工网络，但其形成并非能在短时间内做到，而是经过了长时间的发展和演变。并且，这一过程是与生产环节的可分割性紧密相关的，而生产环节的分割是逐渐细分和深化的过程。这就意味着东亚生产网络是逐渐形成的，各经济体也是逐渐参与到不同生产环节当中的，这一过程是逐级展开和层层深化的。东亚生产分工网络主要是自然演化的结果，依靠市场力量形成了事实上的区域经济一体化，由于较长时期内缺乏政府间的区域经济合作制度安排，各经济体未能充分结合自身的比较优势，更有效地利用经济一体化所带来的规模经济优势。东亚生产分工体系的优化，需要区域经济合作在深度和广度上逐步拓展和扩大来推进。

随着东亚地区从市场驱动型的经济一体化向制度推动型的经济一体化逐渐过渡，东亚地区已经形成了以中国-韩国、日本-韩国和中国-新加坡等为代表的双边自由贸易协定，以及以东盟、中日韩分别与东盟的合作（三个"10+1"）、东盟-中日韩首脑会议（"10+3"）为代表的次区域自由贸易协定，而 2020 年 11 月签署

的区域全面经济伙伴关系协定（Regional Comprehensive Economic Partnership，RCEP）也是以东亚经济体为主体。此外，在亚太经合组织第二十二次领导人非正式会议上，正式启动了亚太自由贸易区（Free Trade Area of the Asia-Pacific，FTAAP）进程，成为该次峰会的重要成果之一，对于顺利推进亚太和东亚地区的区域经济一体化进程和路径具有重要意义。这些已经形成和实施的或者正在谈判中的自由贸易协定在贸易、投资、金融、技术和劳动力等领域开展了广泛的合作，已经为促进东亚生产分工发挥了一定的积极作用。

未来可以通过区域经济合作逐级展开，提升区域经济一体化程度，进一步促进东亚生产分工的优化。具体而言，可以按照双边、次区域和区域的方式逐级展开区域经济合作。遵循这一原则的原因如下：一方面，东亚生产分工网络是逐渐形成的，各经济体也是逐渐参与到这一过程中的；另一方面，随着参与区域经济合作经济体数量的增加，谈判和协调的成本也会上升，逐级展开的区域经济合作有助于减少经济一体化中的摩擦和阻力。但是，需要特别注意的是，逐级推进东亚地区的区域经济合作，并不意味着鼓励东亚各经济体之间优先选择双边经济合作和次区域经济合作，更不提倡东亚各经济体止步于已经达成的双边经济合作，而是应当尽可能地在双边和次区域经济合作基础上，推动整个东亚地区的经济合作进程。通过不断扩大和加深的制度化合作充分发挥各经济体的比较优势，提高比较优势和生产分工的匹配效率，不断推动东亚生产分工的优化。

二、深化区域经济合作程度促进东亚生产分工优化

三十年来，随着全球价值链的不断拓展和深化，新型的生产、投资和贸易模式不断发展，WTO 框架下形成的传统贸易规则已经难以适应国际经济贸易格局的新变化，追求高质量、深层次和新标准的区域贸易协定，成为区域经济一体化发展的新特征。近年来，以 CPTPP、RCEP 等为代表的巨型贸易协定（Mega FTA）的出现，提出了更高标准的国际贸易与投资新规则。随着区域经济一体化程度不断加深，国际贸易与投资新规则的出现和发展，在为发展中经济体带来新机遇的

同时，也可能为其经济发展带来新的挑战。新一代高标准、高质量的贸易与投资规则是以全球价值链为基础的，新规则的制定不仅会对全球价值链分工体系产生冲击，而且会深刻影响东亚地区的生产分工格局。东亚各经济体应当尝试接纳与试行这些新的规则和制度，并努力扭转在国际贸易和投资规则制定中的被动地位，进一步为引领贸易与投资新规则制定奠定基础，逐渐提高东亚地区自由贸易协定网络的质量和水平，进而推动东亚的生产分工优化。

事实上，虽然东亚的区域经济合作晚于区域生产网络的形成，但是经过各经济体多年的努力，已经在贸易和投资一体化方面取得了一定成果，区域内的自由贸易和投资安排不断增多，关税及非关税贸易壁垒逐渐减少，贸易便利化和投资便利化程度提高，经济体之间的贸易和投资联系也在不断增强。在区域经济合作中，要重视国际贸易投资规则与东亚各经济体发展水平和利益诉求的差异，先达到水平较低的浅层次的区域经济合作，将其作为达成高水平区域经济合作的垫脚石，然后推进深层次的区域经济一体化，深化与拓展超越传统自由化议题的合作领域，推进更深层次的贸易和投资一体化。可以借助新签订的 RCEP，尝试在对原有的规则和承诺进行整理与融合的基础上，对协议内容和规则的质量做出深度调整和提升。但无论是原有规则的整合，还是新规则的跃进，都要尽可能确保各经济体能够深度参与到区域生产分工中。

东亚经济增长奇迹的经验表明，发挥比较优势是区域生产分工优化应当遵循的基本原则。一方面，东亚各经济体的比较优势存在差异并且在缓慢发生变化；另一方面，国际生产分工中的不同生产阶段需要各经济体具有不同的比较优势。而国际生产分工的不断深化和演进，又促使国际贸易与投资规则进行深度调整。未来在东亚区域经济合作制度安排中，需要基于各经济体比较优势的现状和演变趋势，同时考虑国际贸易与投资等方面新规则的影响，通过深化区域经济合作领域来促进东亚生产分工的优化。在此过程中，要充分考虑到各经济体的比较优势状况，给予经济发展水平相对较低的经济体一定的过渡期和优惠待遇，为其国内规制融合改革提供足够的空间和弹性，渐进地推动高质量高标准规则条款的达成，最终实现整个区域内深层次的经济一体化，并为区域生产分工的优化提供稳定的合作平台和良好的制度环境。

三、东亚生产分工优化的长期规划和动态调整

东亚生产分工网络的形成是资源配置的过程，并且随着时间的推移而不断发展和动态演进，而各经济体在参与区域生产分工过程中，各自的参与程度、分工地位和分工获益也会随时间而变化。同时，东亚经济体之间的比较优势也存在差异，各经济体的比较优势也是动态演变的，并可能发生不同程度的变化。因此，不仅需要根据各经济体现有的比较优势状态对区域价值链的生产分工环节进行优化匹配，也需要根据各经济体比较优势的变化趋势，对地区生产分工进行长远规划和调整，形成比较优势与区域生产分工的动态匹配。一方面，各经济体要基于微观的企业层面、中观的行业层面和宏观的国家层面，汇总和比较各经济体的比较优势和生产分工状态信息，逐步分层建立比较优势与区域生产分工的监测体系，为生产分工优化提供基础。另一方面，根据两者的动态变化进行协同调整，在整合和利用既有比较优势的同时，根据各经济体在东亚生产网络中的角色，在生产分工中培育新的竞争优势，为参与新一轮的全球竞争提供动力。

东亚各经济体的比较优势具有显著差异，而比较优势也表现出了不同的演化趋势。具体到不同类型的比较优势，从人力资本、物质资本、技术优势、制度质量和劳动力成本五个方面来看，东亚各经济体中，日本在人力资本方面的比较优势呈现了小幅上升，制度质量处于相对较高的水平并且保持相对稳定，但是在技术水平、物质资本和劳动力成本等方面却呈现出一定的下降趋势。韩国在技术水平和制度质量方面的比较优势呈现明显的上升趋势，而在劳动力成本和人力资本方面保持平稳水平。整体而言，尽管东盟各经济体保持了良好的劳动力优势，但是较低的人力资本水平、较弱的技术优势和较差的制度质量是东盟长期发展的不利因素。中国的人力资本和制度质量水平相对较低，但劳动力成本优势较高且平稳发展，物质资本和技术优势则出现了明显的上升趋势。

对东亚各经济体比较优势的准确认识和长期监测，是实现东亚生产分工优化的重要基础。从实现东亚生产分工优化的长期规划和动态调整的目标来看，东亚各经济体可以在各自现有比较优势的基础上，通过制定有关教育投入、科技创新、资本积累和制度建设等方面的政策，推动各经济体比较优势的动态转变。具体而言，东亚各经济体可以遵循的动态优化路径如下：对于日本而言，应当充分利用其人力资本优势和较高的制度质量，一方面提升将人力资本转化为企业生产的效率，另一方面利用较高的制度质量吸引更多对制度质量要求较高的行业或生产阶段，同时注重扭转其技术优势和物质资本逐渐下降的趋势，加强与其他经济体在技术领域的合作，并提高物质资本的存量和使用效率。对于韩国而言，应当充分利用其技术水平优势和制度质量优势，承接技术密集型的生产阶段和依赖制度质量的生产阶段，同时更加注重对其人力资本优势的培育，加强与日本在人力资本培育方面的交流与合作。对于东盟经济体而言，应当继续充分发挥现有的劳动力比较优势，同时尽可能地提高人力资本水平，加强对技术水平的改进和制度质量的提升，与日本和韩国等发达经济体进行更广泛、深入的合作。对于中国而言，应当继续利用其劳动力成本优势，消除各种不利于劳动力流动和优化配置的制度性障碍，同时充分发挥其正在提升的物质资本和技术优势，承接更多资本密集型和技术密集型的生产阶段。此外，也需要进一步提升其人力资本和制度质量水平，通过进一步地对内改革和对外开放，激发中国在区域生产分工中的活力。

第十章　中国参与东亚生产分工和区域经济一体化的实践与对策

第一节　中国参与东亚生产分工的实践

一、中国在东亚生产分工中的角色与对策

随着东亚区域内自由贸易协定的不断涌现，成员之间进一步取消关税，提高贸易自由化水平和贸易便利化程度，同时降低服务贸易和投资领域的准入门槛。区域一体化的拓展和加深，使得区域内经济体之间的贸易依存度更高，价值链分工集中体现为区域性的生产分工。东亚地区的生产网络与价值链贸易十分活跃且不断深化，中国与东亚经济体之间的生产分工联系也越来越紧密。根据中国参与东亚生产分工的实践来看，中国中间品出口的主要目的地集中在东亚地区，东亚经济体对中国的中间品出口具有较高的依赖性，当然这也意味着中国对东亚经济体的生产分工和价值链依赖程度较高。中国作为东亚区域内中间产品的重要中转站，成为东亚生产分工网络中的核心国家，而包括东盟国家在内的其他经济体则以中国和日本为中心，分布于东亚分工生产网络的外围位置，但同样在区域分工生产体系中扮演着不可或缺的角色。

中国在东亚生产分工中发挥重要作用的同时，东亚生产分工也在一定程度上对中国产生了影响。中国在参与东亚生产分工的过程中，其产品内分工的角色逐渐发生了改变。长期以来，中国嵌入以加工组装为代表的低附加值生产环节，表现为更多地参与最终品阶段的生产。但近年来这一状况在逐渐发生转变，中国的

资本品和中间品贸易比例不断上升，在一定程度上说明中国的分工状态在发生明显变化。从产品内各分工阶段的出口价值情况来看，中国的中间品出口价格在东亚处于较低水平，但中间品的单位出口价值有稳步提升的趋势，表明中国正在逐步向生产过程的高附加值环节移动。从产品内各分工阶段的进口价值情况来看，中国的中间品和资本品的进口单位价值在东亚各经济体中处于中等水平，反映了中国在东亚生产网络中承接了价值含量中等且复杂度一般的中间品和资本品的生产。同时，中国进口资本品和中间品的单位价值有了明显提升，表明中国在东亚生产网络中的分工地位在缓慢攀升。

总体而言，中国不仅在东亚经济增长中扮演了重要角色，而且在东亚生产分工体系的形成和演进过程中发挥了重要作用。东亚生产分工体系的演化与中国参与区域生产分工密切相关，中国的生产分工实践也依赖于东亚生产分工网络的发展。未来中国在参与东亚生产分工的实践中，应当注重与东亚各经济体在生产分工中的协同合作。中国可以基于以下几个方面巩固在东亚生产分工中的核心地位，提升在东亚生产网络中的分工位置，进一步提高在地区生产分工中的分工利益。

第一，利用中国的大国规模经济优势和内部地区之间的差异，与东亚各经济体进行生产分工环节的对接。由于东亚各经济体的比较优势和所处的发展阶段不同，其各自在东亚生产分工中的角色存在明显差异。中国作为东亚大国，虽然整体的实力在不断提升，但内部不同地区之间的差异仍然较大，集中表现为东部沿海地区、中部地区和西部地区，无论是比较优势还是经济发展水平，都存在很大的差距。从比较优势和经济发展水平的差异性来看，东亚地区内部不同经济体之间，与中国内部各区域之间具有一定的相似性，但相对而言，中国内部各区域之间的整体性和联动性更强。中国可以尝试在东亚生产分工网络中，根据比较优势和发展水平的差异，将国内不同区域与东亚不同经济体进行对接，从而进一步巩固中国在东亚生产分工网络中的核心地位。

第二，促进价值链分工地位攀升与国内产业结构升级的良性互动，提升中国在东亚生产网络中的分工位置。价值链分工地位攀升和国内产业结构升级分别是中国经济高质量发展在国际和国内层面的表现，其实质和内涵也是高度一致的。未来，可以把参与东亚区域生产分工作为中国对外开放的重要桥梁，同时把东亚区域经济合作作为中国企业进入国际市场的重要平台。中国在参与东亚生产分工过程中，可以发挥价值链分工地位攀升带来的外溢效应，带动国内产业结构的不断升级，而反过来国内产业结构升级也可以为价值链分工地位的提升奠定基础，从而形成中国经济高质量增长的良性互动。在参与东亚生产分工过程中，一方面，应当鼓励制造业企业不断提升产品质量、做强品牌和开拓市场，为企业从加工组装环节向生产高质量中间品转变提供良好的营商和发展环境；另一方面，鼓励服务业企业，尤其是生产性服务企业，提供更加优质的服务，不仅有利于产业结构的不断升级，而且有助于制造业企业生产效率的提高。

第三，在参与东亚生产分工过程中，促进企业出口国内增加值的提高，获取更多的国际生产分工利益。出口中的国内增加值反映了本国在价值链分工中获取的收益，而企业是创造出口价值和获取分工利益的直接载体。虽然在参与东亚生产分工过程中，中国的分工利益在逐渐上升，但是相比其他经济体，仍有很大的上升空间。一方面，目前在东亚各经济体中，中国中间品的进口单位价值处于中等水平，因此制定并落实针对性的进口鼓励政策，促进企业进口更高质量的中间品，有助于提升企业的出口国内增加值，使其获取更高的分工利益。另一方面，虽然中国中间品的单位出口价值在逐渐提高，但相比发达经济体仍处于较低水平，因此进一步提高对知识产权的保护程度，帮助企业进行技术创新和产品质量改进，帮助企业在出口竞争中培育新的竞争优势，促进企业提高出口产品的单位价值，有助于企业获得更高附加值和更多分工利益。

二、在地区生产分工中充分发挥中国的比较优势

改革开放以来，中国整体经济和对外贸易实现了快速增长，这与中国基于比较优势积极参与国际生产分工密切相关。在东亚生产分工中，中国比较优势的状态和演进，不仅关系到中国参与区域生产分工的效率，也关系到整个东亚区域生

产分工的优化。从不同方面来看，中国比较优势的现状和变化趋势的特征表现如下：

第一，丰裕的劳动力数量和低廉的劳动力成本是中国劳动力要素的重要特征，使得中国在参与区域生产分工网络过程中，密集使用劳动力要素的生产阶段具有非常大的比较优势。目前，相比其他东亚经济体，中国的劳动力比较优势仍处在较高水平，人口红利在短期并未出现消失的迹象，传统的加工制造等劳动密集型生产阶段仍具有一定的优势。中国在改革开放之后逐渐放开了人口的自由流动，农村剩余劳动力转移至城市工业部门，中西部地区的劳动力跨区域流向东部沿海地区，但户籍制度限制了劳动力的充分流动，也限制了中国人口红利的进一步释放。

第二，物质资本的不断积累为中国实现经济快速增长提供了必要的物质条件，对于中国当期和未来生产能力至关重要。中国物质资本经过快速的积累，已经达到了相对较高的水平，并且未来仍将表现出一定的上升趋势，这对于中国参与物质资本密集型生产阶段至关重要，也有助于发挥中国在东亚生产分工优化中的作用。

第三，随着知识技术的快速积累和研发创新投入产出效率的提高，中国的技术优势实现了大幅提升，具备了较强的研发新产品和创造新工艺的能力，有助于中国在东亚生产分工中形成新的比较优势，参与到高技术和高附加值生产环节。

第四，人力资本作为比较优势的重要来源，不仅对于提升生产率和促进经济增长至关重要，而且在国际生产分工中发挥着关键作用，然而中国的人力资本并未得到充分培育和显著提升，因此，从人力资本的角度来看，未来中国若要继续发挥在东亚生产分工中的关键作用，其人力资本水平亟待提高。

第五，在一国参与国际生产分工中制度质量是重要的比较优势来源，高水平的制度质量有助于降低交易成本和提高交易效率，中国的制度质量仍处于较低水平，并且没有表现出明显的上升趋势，一方面说明中国的制度质量有待提高，另一方面也说明中国仍有释放制度红利的巨大空间。

基于比较优势的现状和变化趋势，未来中国可以从如下几个方面着手，在积极参与东亚生产分工过程中，推动东亚生产分工的优化。具体而言：

首先，继续发挥中国传统的劳动力比较优势。中国在劳动力方面的比较优势仍然存在，未来在参与东亚生产分工过程中，应继续释放人口红利，为参与劳动密集型生产阶段创造条件。中国劳动力资源的绝对量依然较大，劳动力供给潜力有待继续挖掘，而劳动力的地域和产业转移也可能产生较大红利。并且，中国拥有相对完整的生产体系和庞大的消费市场，这也是中国在参与区域分工时的优势所在。近年来，越南、泰国和马来西亚等东南亚国家在承接劳动密集型生产阶段时与中国的竞争越来越激烈，但是由于东亚区域生产分工网络的复杂程度在不断加深，中国在处理好与这些国家竞争关系的同时，要与东亚经济体保持紧密的合作关系，并越来越多地参与更高层次的生产环节中。

其次，利用在经济发展过程中新形成的物质资本和知识技术比较优势。随着中国经济的快速发展和对外贸易的迅速增长，中国得益于国内外两个市场的共同发展，积累了越来越丰裕的物质资本和知识技术。中国应当根据自身在东亚生产分工中的定位，更积极地利用这两种新形成的比较优势，一方面，继续增加对物质资本的积累，并逐步提升物质资本的利用效率，更好地参与物质资本密集型的生产阶段；另一方面，不断增加研发和创新的投入，提高研发转化为应用成果的效率，培养本国企业研发新产品和创造新工艺的能力，更多地参与知识技术密集型的生产阶段。东亚的发达经济体，如日本和韩国，已经积累了大量的物质资本和先进的知识技术，中国应当与这些发达经济体加强在物质资本利用和知识技术提升方面的合作，促进自身价值链分工地位的提升和地区生产分工的深化。

最后，注重培育在人力资本和制度质量两方面的比较优势。无论是人力资本积累，还是制度质量改进，都是一国经济长期增长的重要动力。未来在参与东亚生产分工过程中，中国应更加注重人力资本的积累，不仅要加强对正规教育的投入，而且要加强对劳动者的在职培训，提升劳动力的基本素质和职业技能，为承接高技术含量的产品和高附加值的生产环节奠定基础，这也有助于中国在参与东亚生产分工中的效率提升。同时，中国也应不断地提升本国的制度质量，不断地降低交易成本，提高交易效率，对内进一步深化改革、简政放权和提升行政办公效率，对外继续扩大开放和逐步接纳国际贸易投资新规则，进而释放深层次的制度红利和发挥制度质量比较优势，这将有助于提高中国参与东亚区域生产分工的效率，并可能成为东亚生产分工优化的长期动力。

第二节　东亚生产分工优化与中国的区域经济一体化对策

一、中国参与东亚区域经济一体化的实践

积极参与区域经济一体化，是中国对外开放的重要手段，有利于构建开放型经济新体制，也为地区和世界经济增长注入了新的动力。截至 2021 年 5 月，中国已经签署的自由贸易协定总共 21 个，涉及 26 个国家或地区，其中与东亚地区相关的自由贸易区有 8 个；中国正在谈判中的自由贸易区有 10 个，其中与东亚地区相关的自由贸易区有 2 个；此外，中国正在参与研究的自由贸易区有 8 个，其中与东亚地区相关的自由贸易区有 1 个。从表 10.1 中可以看出，在东亚地区，中国已经签订协议或正在谈判的自由贸易区，包括了双边、次区域和区域的自由贸易区。其中已经达成的中国-东盟和中国-韩国自由贸易区具有重要的示范意义，可以为中国与其他东亚经济体构建双边或次区域经济合作提供经验。中国的区域经济一体化实践，不仅有助于加强中国与伙伴国的经贸关系，也可以为东亚生产分工优化奠定区域经济合作基础。

表 10.1 中国参与的自由贸易区

类型	已签协议的自由贸易区	正在谈判的自由贸易区	正在研究的自由贸易区
与东亚地区相关的自由贸易区	中国-韩国、中国-新加坡、中国-东盟、内地与港澳更紧密经贸关系安排、中国-柬埔寨、中国-东盟（"10+1"）升级、中国-新加坡升级、《区域全面经济伙伴关系协定》（RCEP）	中日韩、中国-韩国自贸协定第二阶段谈判	中国-蒙古国
其他自由贸易区	中国-毛里求斯、中国-格鲁吉亚、中国-冰岛、中国-秘鲁、中国-智利、中国-巴基斯坦、中国-马尔代夫、中国-澳大利亚、中国-瑞士、中国-哥斯达黎加、中国-新西兰、中国-智利（升级）、中国-巴基斯坦（第二阶段）	中国-海合会、中国-斯里兰卡、中国-以色列、中国-挪威、中国-摩尔多瓦、中国-巴拿马、中国-巴勒斯坦、中国-秘鲁自贸协定升级谈判	中国-哥伦比亚、中国-斐济、中国-尼泊尔、中国-巴新、中国-加拿大、中国-孟加拉国、中国-瑞士自贸协定升级联合研究

资料来源：中国自由贸易区服务网，http://fta.mofcom.gov.cn/。

长期以来，亚太地区保持了强劲的经济增长，区域经济一体化是其背后的重要驱动力，在全球价值链分工日益深化的背景下，亚太地区也是价值链联系和整合最为密切的地区。亚太地区经济一体化的快速发展，是对多边贸易体制的有益补充，促进了区域贸易投资自由化，但也难以避免地出现了"意大利面碗"效应，区域自由贸易协定表现出明显的碎片化特征。

中国作为东亚地区的大国，面对规则的碎片化，应主动引领亚太地区的区域合作制度建设。2014 年的亚太经合组织北京峰会决定开启亚太自由贸易区进程，APEC 成员集体通过亚太自由贸易区路线图，体现了 APEC 在区域合作上的包容精神。亚太自由贸易区支持以规则为基础的多边贸易体制，并为其提供有益的补充，因此亚太自由贸易区不仅仅是狭义的自由化，而将是全面的、高质量的自由贸易区，并涵盖下一代贸易投资议题。

APEC 对全球价值链在区域内的发展给予了高度重视与关注，北京峰会决定实施全球价值链领域的合作倡议，帮助各成员更好地融入区域经济一体化，尤其是帮助发展中成员更好地融入区域生产分工中。为此，北京峰会制定了"APEC 推动全球价值链发展合作战略蓝图"（简称"蓝图"），成为"推进全球价值链发展合作的政策指南和行动纲领，也成为全球范围内第一个制定全球价值链政策性、纲领性文件的区域合作组织"。"蓝图"旨在促进高效、顺畅的全球价值链发展与合作，加强各成员的经济技术合作和能力建设，营造有利于全球价值链发展的管理体制和政策环境。在 APEC 未来的合作中，可以尝试充分结合各经济体的比较优势，将区域生产分工优化作为一项主要目标。

《区域全面经济伙伴关系协定》是中国目前参与的最大规模的自由贸易区，成员除中国外，还包括东盟 10 国、日本、韩国、新西兰、澳大利亚，这些国家均是中国重要的经贸伙伴，不仅经济体量较大，也是中国在东亚生产网络和全球价值链合作中的重要伙伴。2017 年 11 月 RCEP 谈判领导人联合声明包含了关于全球价值链参与和发展的内容，指明要通过促进海关程序与贸易便利化，"创造有利于全球和区域供应链繁荣发展的环境"。RCEP 的签署为中国深度融入东亚生产分工提供了重要平台，也有助于中国发挥在区域生产分工优化中的作用。

中国应当发挥自身在东亚生产网络中的重要作用，灵活地利用多重区域经济合作机制，积极主动地制定战略目标，做出战略选择，以更加主动、包容和开放的态度接纳国际贸易投资新规则，为区域生产分工的优化提供动力。与此同时，应当注意的是，现有的区域经济合作议题和机制并未充分考虑到比较优势在塑造东亚地区生产分工中的作用，也就未能有效地提高比较优势和生产分工的匹配效率。因此，中国在未来仍然需要与东亚各经济体加强合作，充分考虑各经济体的比较优势状况和动态演变，共同推动地区生产分工优化。

二、中国在东亚生产分工优化中的区域合作对策

随着东亚生产分工网络的进一步发展，中国将与区域内其他经济体保持更为紧密的生产分工联系。东亚的区域经济合作和经济一体化，也为中国与其他经济

体的沟通和联系提供了重要的平台。区域经济合作可以进一步扩大市场，形成区域内部的规模经济，从而有利于维持和发挥中国的比较优势。中国在比较优势的演进过程中，一方面保持了传统的劳动力比较优势，另一方面也逐步形成了在物质资本和技术水平方面的比较优势。加强与区域内其他经济体的合作，可以推动中国在区域生产分工中对既有比较优势的整合和充分利用，为实现生产分工和比较优势的匹配提供可能的途径，从而在东亚地区实现资源的高效配置，充分利用国内、国外两个市场、两种资源。

为了更好地实现东亚生产分工优化，中国不仅应该充分发挥本国的经济规模优势和发展潜力，而且要利用东亚区域生产分工联系日益紧密的特征，以互联互通和优势互补作为区域合作战略，加强与东亚各经济体之间的合作与联系，与其他经济体进行发展战略的对接和比较优势的互补，尤其是要深化在贸易、投资、技术、金融和劳动力等领域的合作。具体做法如下：

第一，推动以贸易自由化和便利化为核心的区域经济合作，为东亚生产分工优化奠定基础。在全球价值链重塑和区域生产分工深化的背景下，各经济体之间贸易关系网络错综复杂，贸易尤其是中间品贸易激增，对贸易自由化和便利化程度的要求越来越高。在东亚区域内部各经济体中，中国具有庞大的市场规模和经济潜力，对最终消费品和中间投入品均具有较大的需求，发挥中国作为东亚地区重要市场的优势，以东亚地区的生产分工为基础，推动区域内部深层次的贸易自由化和便利化。APEC 的宗旨之一是促进贸易自由化，目前正在积极推动亚太自由贸易区的建设。中国可以尝试以 APEC 全球价值链发展合作的"蓝图"为依托，在推动亚太自由贸易区的谈判中，推进东亚各经济体在贸易自由化和便利化领域的深度合作，提高东亚的贸易自由化和便利化程度，尤其是中间品的贸易自由化和便利化。

第二，促进区域内部的投资自由化和便利化，为东亚生产分工优化提供长期动力。为了更好地促进区域内各经济体之间的价值链分工，提高资源配置效率，需要在区域内部开展更深层次的投资自由化和便利化合作。中国可尝试将 APEC

作为区域内部推进投资自由化和便利化的平台，通过 APEC 倡议，在东亚区域内部建立更完善的投资规则体系，减少或取消区域内部的投资准入限制，降低企业在区域内投资的市场准入门槛，降低各经济体投资性企业的准入条件，提高投资管理体制机制的透明度，完善各经济体参与区域投资的信息公开机制，建立区域内部促进投资合作的服务平台，鼓励各经济体的企业充分利用区内的资源和市场，实现东亚地区深层次的投资自由化和便利化。

第三，深化科学技术领域的交流与合作，为东亚生产分工优化提供智力支持。区域生产分工的拓展与深化需要科学技术的强有力支撑，也需要加强各经济体之间的技术合作。中国可以在 RCEP 签署的基础上，在推进 FTAAP 的过程中，与东亚各经济体商讨在技术领域的合作计划，积极推进各经济体对技术合作具体议题的协商。由于东亚各经济体的经济和技术发展水平处于不同阶段，应根据各经济体的具体情况推进谈判进程，确定与各经济体的技术合作重点领域，进一步明确各方在未来的技术合作项目。中国应当倡议加强区域内部的经济技术合作，特别是与东亚各经济体深化科技创新合作，探索区域内的联合科研机制、共同资助机制和科研人员交流机制，并将其作为东亚生产分工优化的智力资源，这将有助于各经济体企业的技术创新和转型升级。中国与日本和韩国等发达经济体的技术领域合作互补性较强，未来可以着重与这些国家加强交流合作。

第四，加强区域在金融和货币领域的合作，为东亚生产分工优化提供重要保障。随着东亚区域内部生产分工体系的日益复杂化，各经济体之间的贸易依存度逐渐提高，而贸易和投资的不断发展，需要经济体在货币、汇率等金融领域加强合作。中国应当以 APEC、RCEP 和 FTAAP 谈判等为平台，不断提升区域内部的投融资便利化，尝试逐步推进金融领域的开放创新，探索金融服务业的进一步开放，推动金融业务模式的进一步创新，促进区域内部金融市场的进一步发育。中国也可以尝试在东亚区域内部，开启或增加与东亚经济体的货币互换，逐步形成具有互助性质的货币互换协议，提高人民币跨境使用的范围和程度，这既有助于加快人民币的国际化步伐，也能为贸易、投资政策与金融政策的深度融合奠定基础。此外，中国也应与东亚各经济体加强在金融风险防控体系方面的合作，建立区域内部的金融风险监测评估机制，为识别重大金融风险和防范系统性金融风险奠定基础。

第五，推动区域各经济体在劳动力领域的合作，为东亚生产分工优化增添活力。东亚区域性生产网络的形成和演化是以各经济体劳动力市场的发育为基础的，有活力的劳动力市场可以为各经济体参与区域生产分工提供支持。中国劳动力的数量丰裕，成本较低，可以利用自身在劳动力方面的比较优势，与东亚其他经济体加强在劳动力领域的相关合作。一是可以与其他经济体相互协作，建立有利于劳动力跨国流动的合作机制，为东亚各经济体劳动力一体化提供基础，有助于在东亚生产分工过程中实现劳动力的高效配置；二是加强与各经济体在劳动力在职培训和继续教育方面的合作，为共同提高劳动力素质和提升劳动力技能水平搭建平台；三是与发达经济体，尤其是日本和韩国等国加强在高技术人才交流方面的合作，为各经济体的企业高级管理人员、专家和技术人员的相互沟通和交流提供强有力的支持；四是与东亚经济体加强劳工权利权益保障相关制度的合作，劳动力的输出国和输入国均应采取有效措施，保障劳动者跨国流动的健康和规范发展。

附　录

附表 1　2013 年全球重要经济体比较优势主要载体的综合得分情况

经济体	劳动力成本优势	物质资本优势	人力资本优势	技术优势	制度质量优势
阿根廷	-0.449 1	-0.254 0	-0.114 5	-0.397 1	-0.281 4
澳大利亚	0.185 6	0.517 2	0.754 8	0.268 4	1.129 9
奥地利	0.132 6	-0.227 6	0.760 8	0.466 8	0.796 0
比利时	-0.484 0	-0.460 2	0.667 1	0.380 5	0.923 0
巴西	0.415 9	0.183 1	-0.124 5	-0.373 4	-0.324 0
加拿大	0.401 0	0.020 7	0.533 6	0.456 0	0.579 4
瑞士	0.516 6	-0.381 6	0.904 2	0.625 6	0.646 0
智利	0.070 1	0.032 2	0.174 7	-0.522 6	0.333 4
中国内地	1.036 2	2.752 0	-0.813 4	0.277 1	-1.138 8
哥伦比亚	0.181 1	0.540 4	-0.402 2	-0.719 4	0.389 0
捷克	0.100 5	-0.273 4	-0.059 5	0.068 4	0.361 6
德国	0.007 5	-0.445 8	0.491 1	0.495 9	0.935 6
丹麦	-0.074 7	-0.425 8	1.015 4	0.783 2	0.994 2
阿尔及利亚	-1.115 7	2.011 4	-0.549 5	-0.936 2	-1.000 4
西班牙	-0.259 0	-0.718 4	0.422 4	-0.035 3	0.637 6
芬兰	-0.220 0	-0.702 7	0.843 7	0.880 3	1.067 1
法国	-0.583 7	-0.231 5	0.598 5	0.514 2	0.755 5
英国	-0.091 5	-0.269 7	0.317 7	0.269 4	0.912 4
中国香港	0.590 0	0.192 7	0.114 6	0.121 0	0.918 9
匈牙利	-0.330 1	0.165 5	-0.235 6	-0.038 2	0.351 4
印度尼西亚	0.052 4	1.109 1	-1.036 1	-1.060 9	-1.268 4
印度	-0.728 1	0.797 4	-1.032 3	-0.812 5	-1.066 0
爱尔兰	-0.250 1	-1.094 5	0.422 4	0.213 3	0.564 2

经济体	劳动力成本优势	物质资本优势	人力资本优势	技术优势	制度质量优势
以色列	-0.560 7	-0.133 1	0.266 3	0.889 5	0.071 3
意大利	-0.787 4	-1.175 9	0.245 2	-0.186 1	0.367 5
日本	-0.477 5	-0.089 6	0.383 5	0.903 7	0.241 5
哈萨克斯坦	0.486 4	0.261 4	-0.592 1	-0.347 3	-1.132 4
韩国	0.459 6	0.579 0	0.336 6	1.000 1	0.158 2
科威特	0.936 1	-0.316 4	-0.956 0	-0.570 4	-1.018 4
墨西哥	-0.337 6	-0.416 5	-0.505 5	-0.610 8	-0.079 8
马来西亚	-0.068 4	0.743 0	-0.503 5	-0.002 5	-0.445 6
尼日利亚	-2.116 6	-0.192 4	-1.495 8	-0.574 6	-1.500 8
荷兰	0.137 7	-0.981 5	0.802 9	0.483 8	0.925 6
挪威	0.164 1	0.681 8	1.000 5	0.674 9	0.673 9
菲律宾	-0.471 6	1.229 6	-1.019 8	-0.167 9	-0.903 9
波兰	0.068 2	-0.744 2	-0.142 2	-0.325 6	0.010 6
葡萄牙	-0.262 8	-1.295 2	0.210 2	-0.015 7	0.257 1
卡塔尔	2.581 8	0.169 8	-0.141 5	-0.494 3	-0.667 2
罗马尼亚	-0.229 9	-0.249 2	-0.575 9	-0.549 7	-0.208 4
俄罗斯	0.479 3	-0.462 4	-0.215 0	-0.105 8	-1.234 9
沙特阿拉伯	-0.415 0	0.371 9	-0.561 2	-0.600 8	-1.075 1
新加坡	0.838 6	0.388 0	-0.310 5	0.739 5	0.650 7
斯洛伐克	0.269 0	-0.320 7	-0.204 8	-0.133 2	0.171 3
瑞典	-0.066 0	-0.091 9	0.770 6	0.896 3	1.233 8
泰国	0.964 8	0.208 6	-0.441 4	-0.691 5	-0.662 1
土耳其	-0.799 3	0.274 6	-0.378 3	-0.494 9	-0.248 2
乌克兰	0.150 8	-1.626 4	-0.027 9	-0.510 8	-1.325 3
越南	0.993 2	0.528 2	-0.394 1	-0.418 5	-1.452 7
南非	-1.015 7	0.060 3	-0.588 5	-0.563 1	-0.641 1
美国	-0.024 6	-0.236 8	1.384 9	0.850 9	0.618 1

资料来源：根据因子分析模型的分析结果整理计算得到。

附表 2 机械行业产品的生产阶段分类

产品内生产分工阶段	产品编码
简单零部件 （53 种）	840290，840710，840731，840732，841090，844390，844811，844851，845090，845240，845290，848510，848590，850490，851120，851210，851230，851240，851790，852210，852290，852721，853400，853510，853661，853910，853931，853939，854011，854091，854129，854140，854150，854430，854511，854519，854610，854620，870831，870839，870860，870870，871411，871419，871491，871492，871493，871495，871496，871499，900662，900669，900990
复杂零部件 （207 种）	840140，840390，840490，840690，840733，840734，840820，840991，840999，841111，841112，841122，841191，841210，841290，841391，841392，841490，841590，841790，841891，841899，841990，842099，842199，842290，842390，842490，843120，843131，843139，843141，843142，843149，843290，843390，843590，843790，843890，844190，844250，844819，844820，844831，844832，844833，844839，844841，844842，844849，844859，845190，845230，845390， 845490，845530，845590，846620，846630，846692，846693，846694，846791，846792，846799，846890，847310，847329，847330，847340，847490，847690，847790，847890，847990，848110，848130，848180，848190，848210，848220，848230，848240，848250，848280，848291，848299，848310，848320，848330，848340，848350，848360，848390，848410，848490，850300，850710，850720，850730，850740，850780，850890，851110，851130，851140，851150，851180，851190，851220，851490，851590，851890，852729，852990，852910，853090，853190，853290，853310，853321，853329，853331，853339，853340，853390，853521，853529，853530，853540，853590，853610，853620，853630，853641，853649，853650，853669，853690，853710，853720，853810，853890，853929，854020，854081，854089，854099，854110，854121，854130，854160，854190，854219，854290，854390，854520，854590，854690，854711，860712，860719，860721，860729，860730，860791，860799，870600，870710，870790，870810，870821，870829，870840，870850，870880，870891，870892，870893，870894，870899，870990，871420，871494，871690，880310，880320，880330，880390，900590，900661，900791，900792，900890，901190，901390，901790，902290，902590，902690，902890，902990，903090，903190，903290，903300，910400

产品内生产分工阶段	产品编码
精密零部件 （33 种）	840590，840729，840810，840910，841121，841181，841182，841199，841690，842091，842191，843110，843143，843490，843691，843699，843991，843999，844090，844240，846610，846691，847321，847590，848120，848140，854012，901090，901290，901490，901590，902230，902490
半成品 （72 种）	850690，850790，850990，851090，851290，851310，851390，851610，851680，851690，853990，854411，854419，854420，854441，854449，854451，854459，854460，854470，854710，854720，854790，900110，900120，900140，900150，900190，900211，900219，900220，900290，900311，900319，900390，900691，900699，901831，901832，901839，910811，910812，910819，910820，910891，910899，910911，910919，910990，911011，911012，911019，911090，911110，911120，911180，911190，911210，911280，911290，911410，911420，911430，911440，911490，920920，920930，920991，920992，920993，920994，920999
消费品 （138 种）	840721，841451，841460，841510，841810，841821，841822，841829，841830，841840，842211，842310，843311，843319，845011，845012，845019，845121，845210，847010，850910，850920，850930，850940，850980，851010，851020，851621，851629，851631，851632，851640，851650，851660，851671，851672，851679，851921，851929，851931，851939，851999，852020，852311，852312，852313，852320，852390，852410，852719，853921，853922，870310，870321，870322，870323，870324，870331，870332，870333，870390，871110，871120，871130，871140，871150，871190，871200，871310，871390，871500，871610，880110，880220，890310，890391，890392，890399，890710，900130，900410，900490，900510，900651，900652，900653，900659，900711，900810，902111，902119，902121，902129，902130，902140，902150，902190，910111，910112，910119，910121，910129，910191，910199，910211，910212，910219，910221，910229，910291，910299，910310，910390，910511，910519，910521，910529，910591，910599，911310，911320，911390，920110，920120，920190，920210，920290，920300，920410，920420，920510，920590，920600，920710，920790，920810，920890，920910
资本品 （558 种）	其他

注：在 HS92 六分位编码下，参考 Kimura 和 Obashi（2010），并结合 HS92 编码和 BEC 分类标准的转换对照表，对机械工业中间品和制成品进行分组，其中，制成品包括消费品和资本品，中间品分为零部件和半成品，针对零部件产品更是基于产品复杂度指数的测算结果做出了进一步划分。

附表 3　1996 年全球重要经济体在产品内生产分工阶段下的 RSCA 聚类结果

经济体	零部件			半成品	资本品	消费品
	简单零部件	复杂零部件	精密零部件			
阿尔及利亚	III 类	III 类	III 类	III 类	III 类	III 类
阿根廷	III 类	III 类	III 类	III 类	III 类	III 类
澳大利亚	III 类	II 类	II 类	III 类	II 类	II 类
奥地利	II 类	I 类	II 类	II 类	I 类	II 类
加拿大	III 类	II 类	II 类	III 类	II 类	III 类
中国内地	I 类	II 类	III 类	I 类	II 类	I 类
哥伦比亚	III 类	III 类	III 类	III 类	III 类	III 类
捷克	I 类	I 类	II 类	II 类	II 类	II 类
丹麦	III 类	II 类	II 类	II 类	II 类	II 类
芬兰	III 类	II 类	II 类	III 类	III 类	III 类
法国	I 类	I 类	II 类	II 类	II 类	II 类
德国	I 类	I 类	I 类	I 类	I 类	I 类
中国香港	I 类	II 类	III 类	I 类	II 类	I 类
匈牙利	I 类	I 类	II 类	II 类	II 类	II 类
印度尼西亚	III 类	III 类	III 类	III 类	III 类	III 类
爱尔兰	III 类	III 类	II 类	III 类	III 类	III 类
以色列	III 类	II 类	II 类	III 类	II 类	II 类
意大利	I 类	I 类	II 类	II 类	I 类	II 类
日本	I 类	I 类	II 类	I 类	I 类	I 类
韩国	II 类	II 类	II 类	II 类	II 类	II 类
墨西哥	II 类	II 类	III 类	II 类	II 类	II 类
荷兰	II 类	II 类	II 类	II 类	II 类	II 类
挪威	III 类	III 类	II 类	III 类	III 类	III 类
波兰	I 类	II 类	II 类	II 类	II 类	II 类
葡萄牙	II 类	III 类	III 类	III 类	III 类	II 类
印度	II 类	II 类	III 类	III 类	III 类	II 类
西班牙	II 类	II 类	III 类	II 类	II 类	II 类
瑞典	II 类	I 类	II 类	III 类	II 类	II 类
瑞士	II 类	I 类	I 类	I 类	I 类	I 类
土耳其	III 类	III 类	III 类	III 类	III 类	III 类
英国	II 类	I 类	I 类	II 类	I 类	I 类
美国	I 类	I 类	I 类	II 类	I 类	I 类

资料来源：利用 SPSS Statistics 20 软件统计所得。

附表 4　2003 年全球重要经济体在产品内生产分工阶段下的 RSCA 聚类结果

经济体	零部件			半成品	资本品	消费品
	简单零部件	复杂零部件	精密零部件			
阿尔及利亚	Ⅲ 类	Ⅲ 类	Ⅲ 类	Ⅲ 类	Ⅲ 类	Ⅲ 类
阿根廷	Ⅲ 类	Ⅲ 类	Ⅲ 类	Ⅲ 类	Ⅲ 类	Ⅲ 类
澳大利亚	Ⅱ 类	Ⅱ 类	Ⅱ 类	Ⅲ 类	Ⅱ 类	Ⅱ 类
奥地利	Ⅱ 类	Ⅰ 类	Ⅰ 类	Ⅱ 类	Ⅰ 类	Ⅱ 类
比利时	Ⅱ 类	Ⅱ 类	Ⅱ 类	Ⅱ 类	Ⅱ 类	Ⅰ 类
巴西	Ⅱ 类	Ⅱ 类	Ⅱ 类	Ⅲ 类	Ⅱ 类	Ⅲ 类
加拿大	Ⅱ 类	Ⅱ 类	Ⅱ 类	Ⅲ 类	Ⅱ 类	Ⅱ 类
智利	Ⅲ 类	Ⅲ 类	Ⅲ 类	Ⅲ 类	Ⅲ 类	Ⅲ 类
中国内地	Ⅰ 类	Ⅰ 类	Ⅰ 类	Ⅰ 类	Ⅰ 类	Ⅰ 类
哥伦比亚	Ⅲ 类	Ⅲ 类	Ⅲ 类	Ⅲ 类	Ⅲ 类	Ⅲ 类
捷克	Ⅰ 类	Ⅰ 类	Ⅰ 类	Ⅰ 类	Ⅰ 类	Ⅱ 类
丹麦	Ⅱ 类	Ⅱ 类	Ⅱ 类	Ⅱ 类	Ⅱ 类	Ⅱ 类
芬兰	Ⅱ 类	Ⅱ 类	Ⅱ 类	Ⅲ 类	Ⅱ 类	Ⅲ 类
法国	Ⅰ 类	Ⅰ 类	Ⅰ 类	Ⅰ 类	Ⅰ 类	Ⅰ 类
德国	Ⅰ 类	Ⅰ 类	Ⅰ 类	Ⅰ 类	Ⅰ 类	Ⅰ 类
中国香港	Ⅰ 类	Ⅱ 类	Ⅲ 类	Ⅰ 类	Ⅱ 类	Ⅰ 类
匈牙利	Ⅰ 类	Ⅰ 类	Ⅱ 类	Ⅰ 类	Ⅱ 类	Ⅱ 类
印度尼西亚	Ⅱ 类	Ⅱ 类	Ⅱ 类	Ⅱ 类	Ⅲ 类	Ⅱ 类
爱尔兰	Ⅲ 类	Ⅲ 类	Ⅲ 类	Ⅱ 类	Ⅱ 类	Ⅲ 类
以色列	Ⅱ 类	Ⅱ 类	Ⅱ 类	Ⅱ 类	Ⅱ 类	Ⅱ 类
意大利	Ⅰ 类	Ⅰ 类	Ⅰ 类	Ⅰ 类	Ⅰ 类	Ⅰ 类
日本	Ⅰ 类	Ⅰ 类	Ⅰ 类	Ⅰ 类	Ⅰ 类	Ⅱ 类
哈萨克斯坦	Ⅲ 类	Ⅲ 类	Ⅲ 类	Ⅲ 类	Ⅲ 类	Ⅲ 类
韩国	Ⅱ 类	Ⅱ 类	Ⅱ 类	Ⅰ 类	Ⅱ 类	Ⅱ 类
马来西亚	Ⅰ 类	Ⅱ 类	Ⅱ 类	Ⅱ 类	Ⅱ 类	Ⅱ 类
墨西哥	Ⅱ 类	Ⅱ 类	Ⅱ 类	Ⅱ 类	Ⅱ 类	Ⅱ 类
荷兰	Ⅱ 类	Ⅱ 类	Ⅱ 类	Ⅱ 类	Ⅱ 类	Ⅱ 类
尼日利亚	Ⅲ 类	Ⅲ 类	Ⅲ 类	Ⅲ 类	Ⅲ 类	Ⅲ 类
挪威	Ⅲ 类	Ⅱ 类	Ⅱ 类	Ⅲ 类	Ⅲ 类	Ⅲ 类
菲律宾	Ⅱ 类	Ⅱ 类	Ⅱ 类	Ⅱ 类	Ⅲ 类	Ⅱ 类
波兰	Ⅰ 类	Ⅰ 类	Ⅱ 类	Ⅰ 类	Ⅱ 类	Ⅰ 类
葡萄牙	Ⅱ 类	Ⅱ 类	Ⅲ 类	Ⅱ 类	Ⅱ 类	Ⅱ 类

经济体	零部件			半成品	资本品	消费品
	简单零部件	复杂零部件	精密零部件			
科威特	III 类	III 类	III 类	III 类	III 类	III 类
罗马尼亚	II 类	II 类	II 类	II 类	III 类	III 类
俄罗斯	III 类	III 类	III 类	III 类	III 类	III 类
沙特阿拉伯	III 类	III 类	III 类	III 类	III 类	III 类
印度	I 类	II 类	II 类	II 类	II 类	II 类
新加坡	I 类	I 类	I 类	I 类	II 类	II 类
斯洛伐克	II 类	II 类	II 类	II 类	II 类	II 类
越南	II 类	III 类	III 类	II 类	III 类	II 类
南非	II 类	II 类	II 类	III 类	II 类	II 类
西班牙	I 类	I 类	II 类	II 类	II 类	I 类
瑞典	II 类	I 类	I 类	II 类	I 类	II 类
瑞士	II 类	I 类	I 类	I 类	I 类	I 类
泰国	I 类	II 类	III 类	II 类	III 类	II 类
土耳其	II 类	II 类	III 类	II 类	II 类	II 类
乌克兰	III 类	II 类	II 类	III 类	II 类	III 类
英国	I 类	I 类	I 类	II 类	I 类	I 类
美国	I 类	I 类	I 类	I 类	I 类	I 类

资料来源：利用 SPSS Statistics 20 软件统计所得。

[11] 李平，江强，林洋.FDI与"国际分工陷阱"——基于发展中东道国GVC嵌入度视角[J]. 国际贸易问题，2018（6）：119-132.

[12] 刘耀彬，宋学锋. 城市化与生态环境耦合模式及判别[J]. 地理科学，2005，25（4）：408-414.

[13] 卢锋. 产品内分工：一个分析框架[J]. 经济学季刊，2004（4）：55-82.

[14] 鹿朋. 东亚区域分工模式转变与中国国际分工地位提升[J]. 亚太经济，2007（5）：6-9.

[15] 迈克尔·波特. 竞争优势[M]. 美国：西蒙公司，1985.

[16] 毛蕴诗，郑奇志. 论国际分工市场失效与重构全球价值链——新兴经济体的企业升级理论构建[J]. 中山大学学报（社会科学版），2016，56（2）：175-187.

[17] 彭支伟，白雪飞. 服务联系成本、基础设施建设和东亚垂直分工：1992—2006[J]. 世界经济研究，2010（6）：75-80，89.

[18] 彭支伟，刘钧霆. 东亚垂直专业化分工的发展及其影响因素的实证研究[J]. 世界经济研究，2008（12）：74-78.

[19] 彭支伟，佟家栋，白雪飞. 地区分工、外部冲击与东亚经济合作[J]. 世界经济，2010，33（6）：25-44.

[20] 彭支伟，佟家栋，刘竹青. 垂直专业化、技术变动与经济波动[J]. 世界经济，2012（7）：3-21.

[21] 邵安菊. 全球价值链重构与我国产业跃迁[J]. 宏观经济管理，2016（2）：74-78.

[22] 石柳，张捷. 东亚主要经济体的比较优势、贸易互补性与竞争性研究[J]. 产经评论，2013，4（2）：133-149.

[23] 史龙祥. 从比较优势看东亚经济发展模式的变迁[J]. 亚太经济，2006（1）：13-16.

[24] 谭人友，葛顺奇，刘晨. 全球价值链重构与国际竞争格局——基于40个经济体35个行业面板数据的检验[J]. 世界经济研究，2016（5）：87-98，136.

[25] 陶涛. RCEP 将为东亚区域产业合作做好准备[N]. 第一财经日报，2020-11-23.

[26] 唐海燕，张会清. 产品内国际分工与发展中国家的价值链提升[J]. 经济研究，2009（9）：81-93.

[27] 田民. 灰色关联度算法模型的研究综述[J]. 统计与决策，2008：24-27.

[28] 王晓红，张宝生. 知识流动视角下的组织制度与组织环境耦合度分析[J]. 工业技术经济，2011（6）：89-93.

[29] 吴金平，赵景峰. 东亚区域经济一体化的历史演进：一个制度变迁视角[J]. 亚太经济，2009（3）：8-12.

[30] 薛敬孝，张伯伟. 东亚经贸合作安排：基于可计算一般均衡模型的比较研究[J]. 世界经济，2004（6）：51-59.

[31] 杨丹辉. 构建全球价值链治理新体系[W]. 中国社会科学报，2016-08-24.

[32] 杨高举，黄先海. 中国会陷入比较优势陷阱吗?[J]. 管理世界，2014（5）：5-22.

[33] 于津平. 中国与东亚主要国家和地区间的比较优势与贸易互补性[J]. 世界经济，2003（5）：33-40，80.

[34] 张伯伟，胡学文. 东亚区域生产网络的动态演变——基于零部件贸易产业链的分析[J]. 世界经济研究，2011（3）：81-86.

[35] 张伯伟，彭支伟. 东亚地区经济内部化及产业分工体系研究[J]. 南开学报，2006（5）：110-117.

[36] 张帆. 论"后雁行模式"时期的东亚经济一体化[J]. 国际贸易问题，2003（8）：13-17.

[37] 张明之，梁洪基. 全球价值链重构中的产业控制力——基于世界财富分配权控制方式变迁的视角[J]. 世界经济与政治论坛，2015（1）：1-23.

[38] 张天顶. 全球价值链重构视角下中国企业国际化的影响因素[J]. 统计研究，2017，34（1）：33-43.

[39] 张茜，杨攻研，刘洪钟. 东亚金融一体化现状及挑战——基于细分市场的研究[J]. 亚太经济，2012（5）：37-42.

[40] 张彦. RCEP 区域价值链重构与中国的政策选择[J]. 社会科学文摘，2020（12）：34-36.

[41] 郑昭阳，孟猛. 中国对外贸易的相对技术水平变化分析[J]. 世界经济研究，2009（10）：45-52.

[42] Akamatsu K. Trade of woolen products in Japan[J]. Studies of Commerce and Economy, 1935, 13(1): 129-212.

[43] Akhtar S. Economic integration in East Asia: Trends, challenges and opportunities[J]. Symposium on "The Challenges and Opportunities of Economic Integration in East Asia", held. Vol. 27. 2004.

[44] Alfaro L, Chor D, Antras P, et al. Internalizing global value chains: A firm-level analysis[J]. Journal of Political Economy, 2019, 127(2), 508-559.

[45] Amador J, S Cabral. Global value chains: Surveying drivers, measures and impacts[J]. Banco de Portugal, Economics and Research Department, 2014.

[46] Amsden A H, Chu W. Beyond late development: Taiwan's upgrading policies[J]. MIT Press Books, 2003, 1.

[47] Ando M, F Kimura. The formation of international production and distribution networks in East Asia[J]. International Trade in East Asia, NBER-East Asia Seminar on Economics, 2005, 14: 177-216.

[48] Antràs Pol, D Chor. Measuring the upstreamness of production and trade flows[J]. The American Economic Review, 2012, 102(3): 412-416.

[49] Antràs Pol, D Chor. On the measurement of upstreamness and downstreamness in global value chains[J]. Working Paper, 2018.

[50] Antràs Pol, D Chor. Organizing the global value chain[J]. Econometrica, 2013, 81(6): 2127-2204.

[51] Antràs Pol, E Helpman. Contractual frictions and global sourcing[J]. NBER Working Paper, 2006, No. W12747.

[52] Antràs Pol, E Helpman. Global sourcing[J]. Journal of Political Economy, 2004, 112(3): 552-580.

[53] Antràs Pol. Firms, contracts, and trade structure[J]. Quarterly Journal of Economics, 2003, 118(4): 1375-1418.

[54] Athukorala P C, N Yamashita. Production fragmentation and trade integration: East Asia in a global context[J]. The North American Journal of Economics and Finance, 2006, 17(3): 233-256.

[55] Athukorala P C. Product fragmentation and trade patterns in East Asia[J]. Asian Economic Papers, 2006, 4(3): 1-27.

[56] Azhar A K M, R J E Elliott. On the measurement of product quality in intra-industry trade[J]. Review of World Economics, 2006, 142(3): 476-495.

[57] Balassa B.Trade liberalisation and "revealed" comparative advantage[J]. The Manchester School of Economic and Social Studies, 1965, 33(2): 99-123.

[58] Baldone S, Sdogati F, Tajoli L. On some effects of international fragmentation of production on comparative advantages, trade flows and the income of countries[J]. The World Economy, 2007, 30(11): 1726-1769.

[59] Belloc M, Bowles S. The Persistence of Inferior Cultural-institutional Conventions. The American Economic Review, 2013, 103(3): 93-98.

[60] Bond S, Elston J A, Mairesse J, et al. Financial factors and investment in Belgium, France, Germany, and the United Kingdom: A comparison using company panel data[J]. Review of Economics and Statistics, 2003, 85(1): 153-165.

[61] Cattaneo O, Gereffi G, Miroudot S, et al. Joining, upgrading and being competitive in global value chains[J]. World Bank Policy Research Working Paper, 2013, No. 6406.

[62] Chirathivat S. East Asia FTA: Economic modalities, prospects and further implications[J]. Journal of Asian Economics, 2004, 15(5): 889-910.

[63] Choe J I. An impact of economic integration through trade: On business cycles for 10 East Asian countries[J]. Journal of Asian Economics, 2002, 12(4): 569-586.

[64] Chor D. Unpacking sources of comparative advantage: A quantitative approach[J]. Journal of International Economics, 2010, 82(2): 152-167.

[65] Costinot A, Komunjer I. What goods do countries trade? New Ricardian predictions[J]. National Bureau of Economic Research, 2007.

[66] Daudin G, Rifflart C, D Schweisguth. Who produces for whom in the world economy? [J] Canadian Journal of Economics, 2011, 44(4): 1403-1437.

[67] DFAIT. The evolution of global value chains, in "Canada's state of trade: Trade and investment update – 2011"[R]. Department of Foreign Affairs and International Trade Canada (DFAIT), 2011, chapter 8: 85-101.

[68] Dietzenbacher E, Luna I R, N S Bosma. Using average propagation lengths to identify production chains in the Andalusian economy[J]. Estudios de Economía Aplicada, 2005, 23(2), 405-422.

[69] Dixit A K, G M Grossman. Trade and protection with multistage production[J]. The Review of Economic Studies, 1982, 49(4): 583-594.

[70] Dixit A K, J E Stiglitz. Monopolistic competition and optimum product diversity[J]. The American Economic Review, 1977, 67(3): 297-308.

[71] Dollar D, E N Wolff. Competitiveness, convergence, and international specialization[J]. Cambridge, MA: MIT Press, 1993.

[72] Eaton J, S.Kortum. Technology, geography and trade[J]. Econometrica, 2002, 70(5): 1741-1779.

[73] Egger H, P Egger. Cross-border sourcing and outward processing in EU manufacturing[J]. The North American Journal of Economics and Finance, 2001, 12(3):

243-256.

[74] Fally T. Production staging: Measurement and facts[J]. University of Colorado, 2012.

[75] Feenstra R C, G H Hanson. Foreign investment, outsourcing and relative wages[J]. National Bureau of Economic Research, 1995.

[76] Feenstra R C. Integration of trade and disintegration of production in the globle economy[J]. Journal of Economic Perspective, 1998, 12(4): 31-50.

[77] Findlay R, Kierzkowski H. International trade and human capital: A simple general equilibrium model[J]. The Journal of Political Economy, 1983: 957-978.

[78] Gaulier G, Lemoine F, K D Ünal. China's emergence and the reorganization of trade flows in Asia[J]. China Economic Review, 2007, 18(3): 209-243.

[79] Gaulier G, Lemoine F, K D Ünal. China's integration in East Asia: Production sharing, FDI and high-tech trade[J]. Working Papers 2005-09, CEPII Research Center, 2005.

[80] Gereffi G, R Kaplinsky (eds.). The value of value chains: Spreading the gains from globalisation[J]. IDS Bulletin, 2001, 32(3).

[81] Goldberg L S, J Campa. The evolving external orientation of manufacturing: A profile of four countries[J]. FRBNY Economic Policy Review, 1997, 3(2): 53-81.

[82] Goto J. Economic preconditions for monetary integration in East Asia[J]. Research Institute for Economics and Business Administration, Kobe University, 2002.

[83] Grossman G M, E Helpman. Quality Ladders in the Theory of Growth[J]. The Review of Economic Studies, 1991, 58(1): 43-61.

[84] Grossman G M, E Helpman. Trade, Innovation, and Growth[J]. The American Economic Review, 1990: 86-91.

[85] Grossman G M, E Helpman. Comparative advantage and long-run growth[J]. The American Economic Review, 1990, 80(4): 796-815.

[86] Grossman G M, E Helpman. Integration versus outsourcing in industry equilibrium[J]. The Quarterly Journal of Economic, 2002, 117(0\1): 85-120.

[87] Grossman G M, E Helpman. Outsourcing in a Global Economy[J]. Review of Economic Studies, 2005, 72(1): 135-159.

[88] Grossman G M, E Helpman. Product development and international trade[J]. Journal of Political Economy, 1989, 97(6): 1262-1283.

[89] Hatch W, K Yamamura. Asia in Japan's embrace: Building a regional production alliance[J]. Cambridge University Press, 1996.

[90] Heckscher E. The effect of foreign trade on the distribution of income. Ekonomisk Tidskrift, 1919. (Reprinted in Howard S. Ellis and Lloyd A. Metzler (eds.), Readings in the Theory of International Trade[R]. Philadelphia: The Blakiston Company, 1949)

[91] Helg R, L Tajoli. Patterns of international fragmentation of production and the relative demand for labor[J]. The North American Journal of Economics and Finance, 2005, 16(2): 233-254.

[92] Hijzen A. A bird's eye view of international outsourcing: Data, measurement and labour demand effects[J]. Economie Internationale, 2005, 104(4): 45-63.

[93] Hufbauer G C, Y Wong. Prospects for regional free trade in Asia. Working Paper Series WP 05[J]. Washington: Institute for International Economics. 2005.

[94] Hummels D, J M Ishii, K Yi. The nature and growth of vertical specialization in world trade[J]. Journal of International Economica, 2001, 54(1): 75-96.

[95] Johnson R C, G Noguera. Accounting for intermediate production sharing and trade in value added[J]. Journal of International Economics, 2012, 86(2): 224-236.

[96] Jones R W, Kierzkowski H, Lurong C. What does the evidence tell us about fragmentation and outsourcing?[J]. International Review of Economics and Finance, 2005, 14(3): 305-316.

[97] Kasahara S. The flying geese paradigm: A critical study of its application to East Asia regional development[J]. UNCTAD Working Paper, 2004.

[98] Kawai M, G Wignaraja. ASEAN+3 or ASEAN+6: Which way forward?[J]. ADB Institute Discussion Papers, 2007, No. 77.

[99] Kenen P B. Nature, Capital, and Trade[J]. The Journal of Political Economy, 1965: 437-460.

[100] Kimura F, Obashi A. International Production Networks in Machinery Industries: Structure and its Evolution[J]. ERIA Discussion Paper Series, 2010 (2010-09).

[101] Kimura F. International production and distribution networks in East Asia: Eighteen facts, mechanics, and policy implications[J]. Asian Economic Policy Review, 2006(1): 326-344.

[102] Kogut B. Designing global strategies: comparative and competitive value added chains[J]. Sloan Management Review, 1985, 26(4): 15.

[103] Koopman R, Powers W, Wang Z, et al. Give credit where credit is due: Tracing value added in global production chains[J]. NBER Working Paper, No. 16426, 2010.

[104] Koopman R, Wang Z, S J Wei. Tracing value-added and double counting in gross exports[J]. American Economic Review, 2014, 104(2): 459-494.

[105] Krugman P. The narrow moving band, the Dutch disease, and the competitive consequences of Mrs. Thatcher: Notes on trade in the presence of dynamic scale economies[J]. Journal of Development Economics, 1987, 27(1-2): 41-55.

[106] Kuwamori H, N Okamoto. Industrial networks between China and the countries of the Asia-Pacific region[J]. The Journal of Econometric Study of Northeast Asia, 2007, 49.

[107] Kwan C H. Yen Bloc: Towards economic integration in Asia[J]. Brookings

Institution, Washington, 2001.

[108] Lall S, Weiss J, J Zhang. The "Sophistication" of exports: A new trade measure[J]. World Development, 2006, 34(2): 222-237.

[109] Lall S, Weiss J, J K Zhang. Regional and Country Sophistication Performance[R]. Asian Development Bank Institution Discussion Paper, 2005.

[110] Lemoine F, K D Ünal. Assembly trade and technology transfer: The case of China[J]. World Development, 2004, 32(5): 829-850.

[111] Lemoine F, K D Ünal. China in the international segmentation of production processes[J]. Working Papers 2002-02, CEPII Research Center, 2002.

[112] Levchenko A A, J Zhang. The evolution of comparative advantage: Measurement and welfare implications[J]. NBER Working Paper, 2011.

[113] Lucas R E. Making a Miracle[J]. Econometrica: Journal of the Econometric Society, 1993: 251-272.

[114] Lucas R E. On the Mechanics of Economic Development[J]. Journal of Monetary Economics, 1988, 22(1): 3-42.

[115] MacIntyre A, B Naughton. The decline of a Japan-led model of the East Asian economy[J]. Remapping East Asia: the Construction of a Region, 2005: 77-100.

[116] Melitz M J. The impact of trade on intra-industry reallocations and aggregate industry productivity[J]. Econometrica, 2003, 71(6): 1695-1725.

[117] Milberg W, D Winkler. Trade Crisis and Recovery—Restructuring of Global Value Chains[J]. World Bank Policy Research Working Paper, 2010, No 5294.

[118] Michaely M. Trade, Income Levels, and Dependence[M]. Singapore: Elsevier Science Ltd, 1984.

[119] Ng F, A Yeats. Major trade trends in East Asia: What are their implications for regional cooperation and growth?[J]. World Bank Policy Research Working Paper, 2003, No.3084.

[120] Ng F, A Yeats. Production sharing in East Asia: Who does what for whom, and why[J]. Policy Research Working Paper 2197, World Bank, Washington, DC,1999.

[121] North D C. Economic Performance through time[J]. The American Economic Review, 1994, 84(3): 359-368.

[122] Nunn N, Trefler D. Domestic institutions as a source of comparative advantage[J]. National Bureau of Economic Research, 2013.

[123] Ohlin B. Interregional and international trade[D]. Cambridge, MA: Harvard University Press, 1933.

[124] Orefice G, N Rocha. Deep integration and production networks: An empirical analysis[J]. The World Economy, 2014, 37(1): 106-136.

[125] Porter M E, V E Millar. How information gives you competitive advantage[J]. Harvard Business Review, 1985, No. 85415.

[126] Proudman J, Redding S J. Deconstructing growth in UK manufacturing. 1997.

[127] Ricardo D. On the principles of political economy and taxation[M]. London: J. Murray, 1817.

[128] Rodrik D. What's so special about China's exports?[J]. China and the World Economy, 2006, 14(5): 1-19.

[129] Romer P M. Growth based on increasing returns due to specialization[J]. The American Economic Review, 1987, 77(2): 56-62.

[130] Sanyal K, R W Jones. The theory of trade in middle products[J]. American Economic Review, 1982, 72(1): 16-31.

[131] Sato K, Z Zhang. Real output co-movements in East Asia: Any evidence for a monetary union?[J]. The World Economy, 2006, 29(12): 1671-1689.

[132] Schott P K. Across-product versus within-product specialization in international trade[J]. Quarterly Journal of Economics, 2004, 119(2): 646-677.

[133] Schultz T W. Capital Formation by Education[J]. The Journal of Political Economy, 1960: 571-583.

[134] Schultz T W. Investment in Human Capital[J]. The American Economic Review, 1961: 1-17.

[135] Shujiro, U. The shift from "market-led" to "institution-led" regional economic integration in East Asia in the late1990s[J]. RIETI Discussion Paper, 2004, Series04-E-012.

[136] Sturgeon T J. How do we define value chains and production networks?[J]. IDS bulletin, 2001, 32(3): 9-18.

[137] Swenson D L. Competition and the location of overseas assembly[J]. Canadian Journal of Economics, 2007, 40(1): 155-175.

[138] Swenson D L. Overseas assembly and country sourcing choices[J]. Journal of International Economics, 2005, 66(1): 107-130.

[139] Swenson D L. The nature of outsourcing relationships: Evidence from OAP prices[J]. Economic Inquiry, 2013, 51(1): 181-197.

[140] Timmer M. The world input-output database (WIOD): Contents, sources and methods[J]. WIOD Working Paper No.10, 2012.

[141] UNCTAD. Global value chains and development[M]. Geneva: UN Publicatoin, 2015.

[142] UNCTAD. Most favored nation (MFN) and effectively applied import tariff rates on Non-Agricultural and Non-Fuel products, annual, 1988-2014[M]. New York and Geneva: UNCTAD, 2015.

[143] UNCTAD. World Investment report 2013: Investor internationally: Policy challenges[M]. Geneva: UN Publication, 2013.

[144] WTO and IDE-JETRO. Trade patterns and global value chains in East Asia: From trade in goods to trade in tasks[M]. Geneva: WTO, 2011.

[145] Yeats A. Just how big is global production sharing?[R]. Policy Research Working Paper Series 1871, The World Bank, 1998.

[146] Yi K M. Can vertical specialization explain the growth of world trade[J]. Journal of Political Economy, 2003, 111(1): 52-102.

后 记

本书是南开大学亚太经济合作组织（APEC）研究中心承担的教育部人文社会科学重点研究基地重大课题"区域经济一体化背景下的东亚生产分工优化研究"（项目批准号：15JJD810013）的最终成果，该项目于2019年10月通过鉴定结项。

全球价值链分工深刻改变了国际经济格局和利益分配方式。东亚既是全球价值链的发源地，又是全球生产网络中三大区块（亚洲、北美洲、欧洲）的重要组成部分及合作最为紧密的地区。本书将全球价值链分工、地区分工优化与区域经济合作结合起来进行综合性研究，力图丰富有关区域经济一体化和东亚生产分工的理论与政策成果。

新一轮科技革命与产业变革，以及近年来逆全球化、欧美再工业化、新冠疫情暴发等使世界政治经济格局发生重大变化，也推动全球价值链转型重构。当前，发达国家产业链回流，全球产业链呈现跨境链条缩短、向区域化方向调整的趋势，这一变局在"后疫情"时代将进一步加速。在此背景下，东亚更加迫切地需要深化地区生产分工、加速区域一体化进程、提高整体竞争力，因此，对东亚生产分工和区域经济一体化问题持续加以关注和进一步深入研究极为必要。

本书由胡昭玲教授确定研究与写作框架并总纂，各章具体分工如下：第一章由胡昭玲撰写；第二至四章由胡昭玲、夏秋撰写；第五、六章由胡昭玲、张玉撰写；第七、八章由胡昭玲、高晓彤、何思微撰写，付昊、姜瑜提供了部分资料；第九、十章由胡昭玲、聂燕峰撰写。赵倩茹、张姝承担了书稿部分数据的更新工作。

在本课题进行研究和本书出版过程中，南开大学 APEC 研究中心刘晨阳主任、张雪老师和南开大学出版社的周敏编辑给予了大力支持和帮助，在此表示衷心的感谢。由于水平所限，书中难免存在偏颇与不足之处，恳请各位读者批评指正。

作　者

2021 年 2 月于南开园

续表

经济体	零部件			半成品	资本品	消费品
	简单零部件	复杂零部件	精密零部件			
葡萄牙	II 类	II 类	III 类	II 类	II 类	II 类
科威特	III 类	III 类	—	—	III 类	III 类
罗马尼亚	II 类	II 类	III 类	II 类	II 类	II 类
俄罗斯	III 类	III 类	III 类	III 类	III 类	III 类
沙特阿拉伯	III 类	III 类	III 类	III 类	III 类	III 类
印度	II 类	II 类	II 类	II 类	II 类	III 类
新加坡	II 类	I 类	I 类	II 类	II 类	II 类
斯洛伐克	III 类	II 类	III 类	II 类	II 类	II 类
越南	II 类	III 类	III 类	II 类	III 类	II 类
南非	III 类	II 类	II 类	III 类	II 类	II 类
西班牙	II 类	I 类	II 类	II 类	I 类	I 类
瑞典	II 类	I 类	I 类	II 类	I 类	I 类
瑞士	III 类	II 类	I 类	I 类	II 类	I 类
泰国	II 类	II 类	III 类	II 类	II 类	II 类
土耳其	III 类	II 类	III 类	II 类	II 类	II 类
乌克兰	III 类	II 类	II 类	III 类	II 类	III 类
英国	II 类	I 类	I 类	II 类	I 类	I 类
美国	II 类	I 类	I 类	I 类	I 类	I 类

资料来源：利用 SPSS Statistics 20 软件统计所得。

参考文献

[1] 北京大学中国经济研究中心课题组. 中国出口贸易中的垂直专门化与中美贸易[J]. 世界经济，2006（3）：3-11.

[2] 陈继勇,杨格. 新冠疫情对东亚产业链的影响分析[J]. 亚太经济,2020(2)：12-20，149.

[3] 陈静，Somnath Sen，胡昭玲，等. 东亚零部件贸易影响因素及特点分析[J]. 世界经济，2009（11）：83-96.

[4] 陈勇. 区域生产网络：东亚经济体的新分工形式[J]. 世界经济研究，2006（2）：82-88.

[5] 成新轩. 东亚区域产业价值链的重塑——基于中国产业战略地位的调整[J]. 当代亚太，2019（3）：29-46，157-158.

[6] 戴翔，宋婕. "一带一路"有助于中国重构全球价值链吗?[J]. 世界经济研究，2019（11）：108-121，136.

[7] 杜修立，王维国. 中国出口贸易的技术结构及其变迁：1980—2003[J]. 经济研究，2007（7）：137-151.

[8] 何晓群. 多元统计分析[M]. 北京：中国人民大学出版社，2004.

[9] 胡昭玲，张玉，宋晓丽. 东亚区域生产分工格局变迁——基于产品复杂度的视角[J]. 亚太经济，2016（2）：11-17.

[10] 李丹，董琴. 全球价值链重构与"引进来""走出去"的再思考[J]. 国际贸易，2019（9）：63-69.

[133] Schultz T W. Capital Formation by Education[J]. The Journal of Political Economy, 1960: 571-583.

[134] Schultz T W. Investment in Human Capital[J]. The American Economic Review, 1961: 1-17.

[135] Shujiro, U. The shift from "market-led" to "institution-led" regional economic integration in East Asia in the late1990s[J]. RIETI Discussion Paper, 2004, Series04-E-012.

[136] Sturgeon T J. How do we define value chains and production networks?[J]. IDS bulletin, 2001, 32(3): 9-18.

[137] Swenson D L. Competition and the location of overseas assembly[J]. Canadian Journal of Economics, 2007, 40(1): 155-175.

[138] Swenson D L. Overseas assembly and country sourcing choices[J]. Journal of International Economics, 2005, 66(1): 107-130.

[139] Swenson D L. The nature of outsourcing relationships: Evidence from OAP prices[J]. Economic Inquiry, 2013, 51(1): 181-197.

[140] Timmer M. The world input-output database (WIOD): Contents, sources and methods[J]. WIOD Working Paper No.10, 2012.

[141] UNCTAD. Global value chains and development[M]. Geneva: UN Publicatoin, 2015.

[142] UNCTAD. Most favored nation (MFN) and effectively applied import tariff rates on Non-Agricultural and Non-Fuel products, annual, 1988-2014[M]. New York and Geneva: UNCTAD, 2015.

[143] UNCTAD. World Investment report 2013: Investor internationally: Policy challenges[M]. Geneva: UN Publication, 2013.

[144] WTO and IDE-JETRO. Trade patterns and global value chains in East Asia: From trade in goods to trade in tasks[M]. Geneva: WTO, 2011.

[145] Yeats A. Just how big is global production sharing?[R]. Policy Research Working Paper Series 1871, The World Bank, 1998.

[146] Yi K M. Can vertical specialization explain the growth of world trade[J]. Journal of Political Economy, 2003, 111(1): 52-102.

后　记

　　本书是南开大学亚太经济合作组织（APEC）研究中心承担的教育部人文社会科学重点研究基地重大课题"区域经济一体化背景下的东亚生产分工优化研究"（项目批准号：15JJD810013）的最终成果，该项目于 2019 年 10 月通过鉴定结项。

　　全球价值链分工深刻改变了国际经济格局和利益分配方式。东亚既是全球价值链的发源地，又是全球生产网络中三大区块（亚洲、北美洲、欧洲）的重要组成部分及合作最为紧密的地区。本书将全球价值链分工、地区分工优化与区域经济合作结合起来进行综合性研究，力图丰富有关区域经济一体化和东亚生产分工的理论与政策成果。

　　新一轮科技革命与产业变革，以及近年来逆全球化、欧美再工业化、新冠疫情暴发等使世界政治经济格局发生重大变化，也推动全球价值链转型重构。当前，发达国家产业链回流，全球产业链呈现跨境链条缩短、向区域化方向调整的趋势，这一变局在"后疫情"时代将进一步加速。在此背景下，东亚更加迫切地需要深化地区生产分工、加速区域一体化进程、提高整体竞争力，因此，对东亚生产分工和区域经济一体化问题持续加以关注和进一步深入研究极为必要。

　　本书由胡昭玲教授确定研究与写作框架并总纂，各章具体分工如下：第一章由胡昭玲撰写；第二至四章由胡昭玲、夏秋撰写；第五、六章由胡昭玲、张玉撰写；第七、八章由胡昭玲、高晓彤、何思微撰写，付昊、姜瑜提供了部分资料；第九、十章由胡昭玲、聂燕峰撰写。赵倩茹、张姝承担了书稿部分数据的更新工作。

在本课题进行研究和本书出版过程中,南开大学 APEC 研究中心刘晨阳主任、张雪老师和南开大学出版社的周敏编辑给予了大力支持和帮助,在此表示衷心的感谢。由于水平所限,书中难免存在偏颇与不足之处,恳请各位读者批评指正。

作 者

2021 年 2 月于南开园